中国法治现代化研究丛书 | 第六卷

全 面 依 法 治 国 的 新 时 代

当代中国的县域法治发展

The Development of County Rule of Law in Contemporary China

朱华仁 主编

当代中国的县域法治法展

主　　编　朱华仁

副 主 编　沈国新　倪　斐

撰写人员（按姓氏笔划排序）

王彦强　任国平　刘　昱　刘　旭

张　威　张启兵　范沁芳　柏佳春

骆天纬　倪　斐　唐　宁

总　序

马克思在《〈黑格尔法哲学批判〉导言》中提出这样一个重要的论断，指出："理论在一个国家实现的程度，总是取决于理论满足这个国家需要的程度。"[1]当代中国正处在一个深刻的社会转型过程之中。与社会转型发展相伴而行，当代中国法治发展也正在经历着一个从传统型法制向现代型法治的历史变革过程。这是一个从传统法律转变为现代法治进而建构现代化法治体系的过程，是一个与国家治理现代化进程内在联系的国家法治现代化的过程。这场深刻的法治革命，是与国家需要紧密结合在一起的，集中体现了"完善和发展中国特色社会主义制度，推进国家治理体系和治理能力现代化"[2]的现代化法治需要。

在人类法治文明发展的历史进程中，往往交织着诸多矛盾运动。这种矛盾运动既会引起法律生活领域的根本性变化，也会促进法律生活关系的某些部分改变。从社会学的一般意义上来说，每一次社会革命都标志着整个社会体制的一次基本变化，力图寻求某种合法性根据；而从法律意义上讲，每次社会革命最终产生了一种新的

---

〔1〕《马克思恩格斯选集》(第1卷)，人民出版社2012年版，第11页。

〔2〕参见《中共中央关于全面深化改革若干重大问题的决定》，人民出版社2013年版，第3页。

法律体系。因之,伴随着社会革命的法律革命,带来了法律领域全新的变化。新中国60多年的法治革命,不仅从根本上改变了传统的法律制度的本质与结构,创设了人民共和国的法治架构,而且成为当代中国经济社会革命的法治基础,从而为新的社会经济生活系统确立了有效的规范与制度保障。这场极为深刻、影响深远的法治革命,之所以具有理论与实践的力量,就在于它是适应当代中国国家发展及其现代化的需要而逐步形成和发展起来的。当下正在蓬勃兴起的全面依法治国、建设法治中国的时代进程,“是国家治理领域一场广泛而深刻的革命”,〔1〕适应了中国国家治理现代化的迫切需要。因之,当代中国的法治革命,必然导致中国法律文明体系的巨大创新,有力地推动着中国法治文明的成长与跃进,从根本上改变国家生活、社会生活与法律生活领域的基本面貌,进而呼唤着中国法治现代化理论的时代回应。

习近平同志在中共十八届四中全会第二次全体会议上的讲话中,精辟阐述了现代化与法治之间的关系,指出:“法治和人治问题是人类政治文明史上的一个基本问题,也是各国在实现现代化过程中必须面对和解决的一个重大问题。纵观世界近现代史,凡是顺应实现现代化的国家,没有一个不是较好解决了法治和人治问题的;相反,一些国家虽然也一度实现快速发展,但并没有顺利迈进现代化的门槛,而是陷入这样或那样的‘陷阱’,出现经济社会发展停滞甚至倒退的局面。后一种情况很大程度上与法治不彰有关。”〔2〕这充分表明,在人类政治文明发展历程中现代化与法治化密切相联、相互依存、相互作用、不可分割,法治问题是国家现代化进程中必须解决的一个重大问题,法治现代化是国家现代化的题中应有之义。

第二次世界大战结束后,特别是20世纪60年代以来,随着现代化理论在全球范围内广泛兴起,法治现代化理论日益传播开来。从一般意义上讲,法治现代化理论所关注的问题,乃是现代社会变化与法治现象变化之间的相互作用关系,特别是现代社会变革对法律制度的影响机理。作为一个世界性的历史进程,法治现代化乃是人类社会自近代以来所经历的一场涉及社会与法律生活主要领域的深刻的法治变革过程。随着社会的转型发展,

---

〔1〕 参见《中共中央关于全面推进依法治国若干重大问题的决定》,人民出版社2014年版,第8页。

〔2〕 中共中央文献研究室编:《习近平关于全面依法治国论述摘编》,中央文献出版社2015年版,第12页。

作为一种新的法律意识形态,法治现代化反映着各国政府积极推进各自国家的法治变革以及通过这一法治变革实现国家现代化的目标、推动国家现代化进程的时代趋向。在这一价值目标下,推进法治现代化成为国家的总体法治政策和自觉的法治战略行动计划。

中国法治现代化是一个既与世界法治文明基本准则相互沟通,又具有浓郁民族风格的法治现象,蕴含着在法治变革发展进程中自觉选择法治现代化道路或模式的深刻必然性。进入改革开放的历史新时期以来,邓小平同志反复强调:“过去搞民主革命,要适合中国的情况,走毛泽东同志开辟的农村包围城市的道路。现在搞建设,也要适合中国的情况,走出一条中国式的现代化道路。”[1]他还指出:“每个国家都有自己的情况,各自的经历也不同,所以要独立思考。不但经济问题如此,政治问题也是如此。”“要紧紧抓住合乎自己的实际情况这一条。所有别人的东西都可以参考,但也只是参考。世界上的问题不可能都用一个模式解决。中国有中国自己的模式。”[2]习近平同志也指出:“坚持独立自主,就要坚持中国自己的事情必须由中国人民自己作主张、自己来处理。世界上没有放之四海而皆准的具体发展模式,也没有一成不变的发展道路。历史条件的多样性,决定了各国选择发展道路的多样性。人类历史上,没有一个民族、没有一个国家可以通过依赖外部力量、跟在他人后面亦步亦趋实现强大和振兴。那样做的结果,不是必然遭遇失败,就是必然成为他人的附庸。”[3]中国的法治现代化是在特定的时间和空间条件下所展开的法治观念、法治体系、法治体制、法治制度和法治机制的改革与创新实践,具有独特的历史传统和社会条件。对于中国法治现代化进程来说,在外部世界提供的法治模式中,是找不到现成答案的,只能凭据自身基于自己国家需要和条件的创造性行动,进而实现民族法制的现代化改造。

在新中国60多年的历史进程中,中国共产党人坚持从中国具体国情和历史条件出发,独立自主,开拓奋进,锐意改革,选择自己的法治现代化道路,不断深化对共产党执政规律、社会主义法治建设规律和社会主义法治改革规律的认识,努力创设具有鲜明中国风格的社会主义国家体制与法律制度,从而赋予中国特色社会主义法治事业蓬勃生机与活力,开辟了自主型的

---

〔1〕《邓小平文选》(第2卷),人民出版社1994年版,第163页。

〔2〕《邓小平文选》(第3卷),人民出版社1994年版,第260~261页。

〔3〕习近平:《习近平谈治国理政》,外文出版社2014年版,第29页。

中国法治现代化进程的崭新境界。经过新中国成立 60 多年来特别是改革开放 30 多年来中国法治现代化道路或模式的艰辛探索与实践，历史性地生成了这一道路或模式的总体性特征。

第一，作为强有力的执政党，中国共产党有效地实施着对国家、社会与法律生活的领导，从而保证中国社会与法治变革的平稳有序推进。依法治国是中国共产党领导人民治国安邦的基本方略，依法执政是中国共产党治国理政的基本方式，法治中国是中国共产党领导人民全面实现依法治国的奋斗目标。

第二，在当代中国，法治现代化是国家治理现代化的基础与保障。适应变革时代的法治发展要求，把实现国家治理现代化构筑在坚实的法治基础之上。通过法律的制定与实施，将国家治理现代化的基本要求、体制机制、程序方法转化为国家治理主体的实际行动，彰显法理型国家治理方式的基本性质及其内在价值。

第三，强大的国家政权与权威型政府主导着法治现代化进程的走向。各级领导干部的信念、决心、行动，对全面依法治国具有十分重要的意义。中国法治发展必须依靠党和国家强有力的组织推动，必须充分发挥领导干部这个"关键少数"在全面依法治国进程中的"关键作用"。与此同时，当代中国法治现代化进程，是一个法治发展的社会内生动力系统逐步强化的过程。中国法治现代化最深厚的动因基础，来自社会主体的积极性、能动性和首创精神，"人民是依法治国的主体和力量源泉"。[1] 推进法治现代化必须激发社会主体的法治热忱，充分发挥人民群众在全面依法治国进程中的主体作用。因此，中国法治现代化进程是强化政府推动与保持社会活力的有机统一，是自上而下与自下而上的内在结合。

第四，中国法治现代化，不仅重视形式正义，把国家权力的运作纳入法律设定的轨道之中，坚持法律规范的严格性和法律体系的完整和谐，而且更加关注实质正义，社会主体在这一有序化的法治体系中获得自由和权利，致力于促进和实现社会公平正义，使之成为法治发展进程的基本价值准则，努力创造一个正常的社会生活条件，使个人的合法愿望和尊严能够在这些条件下实现。

第五，在推进中国法治现代化的进程中，强化能动主义的法治要求，把法律视为治国理政最重要的规矩，把社会变革纳入法治化的轨道，法治成为

〔1〕 参见《中共中央关于全面推进依法治国若干重大问题的决定》，人民出版社 2014 年版，第 6 页。

社会变革与发展的有力工具，成为确保党和国家长治久安的根本性、全面性、长期性的制度保障。

第六，在务实主义的法治改革路线指引下，抛却法治浪漫主义的理想模式，以客观、冷静、严谨的理性态度，正视法治改革过程中的复杂矛盾运动，以法治领域中的重大问题为导向，推出强有力的法治改革举措，可控地、循序渐进地推进法治的变革与创新。

中国法治现代化研究院是江苏省首批新型高端智库之一，是组织开展中国法治现代化领域理论研究与决策咨询的非营利性的公共研究机构。加强理论建设，是中国法治现代化研究院的重点工作方向之一。“中国法治现代化研究丛书”是中国法治现代化研究院组织编撰的一套连续性的学术出版物，旨在坚持以中国特色社会主义法治理论为指导，把握推进中国法治现代化、实现国家治理现代化的战略目标，紧紧围绕全面依法治国、建设法治中国进程中的重大理论与实践问题，深入开展法治现代化的基本理论与方法论研究，组织推进中国法治现代化领域的战略研究与应用研究，深刻认识中国法治国情特点，积极构建具有鲜明中国风格的、崭新的法治现代化理论分析框架，努力建设中国法治现代化研究领域的理论高地，进而为相关法治决策咨询打下坚实的理论根基。这套丛书的编辑出版工作，得到了江苏省委宣传部、江苏省委政法委和江苏省哲学社会科学规划办公室以及南京师范大学的大力支持，得到了全国法学界与法律实务界的热忱指导，得到了法律出版社的鼎力相助，在此谨致以诚挚的感谢！

中国法治现代化理论是中国特色社会主义法治理论体系的有机组成部分，鲜明地表达了与中国法治国情条件相适应的中国法治现代化的话语形态，致力于揭示中国法治现代化模式的法治逻辑，努力体现中国法治现代化道路的法治立场。面对全面依法治国、建设法治中国、推进国家治理现代化的重大战略任务，我们要在中国特色社会主义法治理论的指导下，把握全球视野，深入系统开展中国法治现代化的理论研究与咨询研究，悉心探讨中国法治现代化领域的重要理论与实践问题，着力构建中国法治现代化理论分析系统，以期回应大变革时代中国法治现代化的理论需要。

公丕祥

2016 年 6 月于南京

前 言

中共十八大以来,以习近平同志为核心的党中央从坚持和发展中国特色社会主义、确保党和国家长治久安的战略全局出发,提出并形成了“四个全面”重大战略布局,把全面推进依法治国、加快建设社会主义法治国家放在“四个全面”的重大战略布局中来加以战略谋划和扎实推进,坚定不移厉行法治,从法治上为解决党和国家事业发展面临的一系列重大问题提供制度化方案,从而为中国特色社会主义的宏伟大业提供根本性、全局性、长期性的制度保障,全面推进依法治国的时代进程取得了历史性的重大进展,当代中国法治现代化进入了一个新的时代。2017 年 10 月召开的中国共产党第十九次全国代表大会,在全面推进依法治国、加快建设法治中国的历史进程中具有划时代的里程碑意义。习近平同志在大会报告中回顾总结了十八大以来历史性变革中全面依法治国的重大进展,作出了“中国特色社会主义进入新时代”的重大判断,阐述了新时代中国特色社会主义思想,提出了新时代中国特色社会主义基本方略,并且对包括法治发展在内的从 2020 年到本世纪中叶的国家现代化进程作出了新时代中国特色社会主义发展的战略安排,从而为建设法治中国、实现中国法治现代化指明了前进方向。

为了从理论与实践的结合上全面系统地反映十八大以来全面推进依法治国的非凡历程和重大成就,深入总结全面依法治国的基本经验和内在规律,庆祝中国共产党第十九次全国代表大会的胜利召开,2016 年 10 月,经中国法治现代化研究院院务(扩大)会议研究决定,组织智库研究人员撰写“全面依法治国的新时代”六卷本的系列研究著作,确定了各卷写作的基本思路、具体要求和工作安排。该系列研究著作由《当代中国的法治现代化》《当代中国的立法发展》《当代中国的法治政府建设》《当代中国的司法体制改革》《当代中国的法治社会建设》和《当代中国的县域法治发展》六卷本组成,分别由中国法治现代化研究院法治发展战略研究所、立法发展研究所、法治政府研究所、司法改革与现代化研究所、法治社会研究所、区域法治发展研究所承担具体写作任务。经过半年多的努力,该系列研究著作的初稿基本完成。2017 年 6 月 25 日,中国法治现代化研究院召开各卷主编、副主编统稿会议,并且邀请有关专家莅临指导交流。按照该系列著作统稿会议的要求,各卷主编、副主编又作了进一步的修改加工。中共十九大召开以后,作者又根据十九大精神对各卷相关内容进行了充实完善。然后送交出版社编辑印行。

“全面依法治国的新时代”六卷本的写作和出版,得到了中共江苏省委宣传部、江苏省哲学社会科学规划办公室、南京师范大学人文社会科学研究院、南京师范大学法学院和法律出版社的鼎力支持,得到了全国法学界有关专家的指导帮助。在此,谨深致谢忱。

中国法治现代化研究院

2017 年 10 月于南京

综论　全面依法治国的新时代

中国法治现代化经历了一个极不平凡的历史进程。中共十八大以来，以习近平同志为核心的党中央高瞻远瞩，总揽全局，科学把握中国共产党执政规律、社会主义建设规律和人类法治文明发展规律，着眼于正在进行的“具有许多新的历史特点的伟大斗争”，[1]从坚持和发展中国特色社会主义、确保党和国家长治久安的战略高度，提出与推进“四个全面”战略布局这一在新的历史条件下中国治国理政的总方略，对全面推进依法治国、加快建设社会主义法治国家作出了重大战略谋划和精心部署。习近平同志深刻指出：“全面依法治国是坚持和发展中国特色社会主义的本质要求和重要保障，事关我们党执政兴国，事关人民幸福安康，事关党和国家事业发展。随着中国特色社会主义事业不断发展，法治建设将承载更多使命、发挥更为重要的作用”。[2] 正是在习近平新时代中国特色社会主义法治思想的指引下，十八大以来全面依法治国、建设法治中国波澜壮阔地展开，有力推动了当代中国特色社会主义法治事业的创新发展。中共十九

---

〔1〕《中国共产党第十八次全国代表大会文件汇编》，人民出版社2012年版，第12页。

〔2〕《习近平在中国政法大学考察时强调：立德树人德法兼修抓好法治人才培养　励志勤学刻苦磨炼促进青年成长进步》，载《人民日报》2017年5月4日，第1版。

大的召开,在当代中国国家现代化历史进程中具有划时代的里程碑的重大意义。大会作出了中国特色社会主义进入了新时代。我国社会主要矛盾已经转化为人民日益增长的美好生活需要和不平衡不充分的发展之间的矛盾等重大政治判断,新修改的《中国共产党章程》把习近平新时代中国特色社会主义思想确立为党的行动指南,提出了新时代坚持和发展中国特色社会主义的基本方略,对从全面建成小康社会到基本实现现代化、再到全面建成社会主义现代化强国作出了新时代中国特色社会主义发展的战略安排,并且对深化依法治国实践作出了重大战略部署[1],从而开启了全面依法治国、实现当代中国法治现代化进程的新时代。

一、治国理政总方略中的全面依法治国

当代中国正处于一个深刻的社会转型与变革的历史过程之中,一个利益多元、充满活力的社会正在形成。在这个急剧变革的社会转型时期,利益关系格局重新调整,社会矛盾错综复杂,经济社会发展面临着严峻的挑战。"四个全面"重大战略布局的提出与推进,集中体现了习近平同志的重大战略思想,充分展示了当代中国共产党人宏阔而深邃的战略视野,是中国共产党推进治国理政宏伟大业、确保当代中国社会转型变革进程既充满生机活力又平稳健康有序的战略抓手,是在新的历史条件下统筹改革发展稳定、推进治党治国治军进而实现国家治理现代化的历史抉择。习近平强调,"四个全面"战略布局,是一个相辅相成、相互促进、相得益彰、相互融通的有机整体,"这是中国在新的历史条件下治国理政方略,也是实现中华民族伟大复兴中国梦的重要保障"。在协调推进"四个全面"战略布局这一治国理政总方略的进程中,全面依法治国具有举足轻重的基础性、保障性作用,"必须把依法治国摆在更加突出的位置,把党和国家工作纳入法治化轨道"。[2] 中共十八大以来,以习近平同志为核心的党中央把全面依法治国放在"四个全面"战略布局中加以谋划和推进。十八届三中全会把"完善和发展中国特色社会主义制度,推进国家治理体系和治理能力现代化"作为全面深化改革的

---

〔1〕 参见习近平:《决胜全面建成小康社会 夺取新时代中国特色社会主义伟大胜利——在中国共产党第十九次全国代表大会上的报告》(2017 年 10 月 18 日),载《人民日报》2017 年 10 月 25 日。

〔2〕《习近平关于协调推进"四个全面"战略布局论述摘编》,中央文献出版社 2015 年版,第 18、98 页。

总目标,提出了"推进法治中国建设"的重大战略任务;[1]十八届四中全会在中国共产党历史上第一次专题研究全面依法治国重大问题,第一次专门作出《中共中央关于全面推进依法治国若干重大问题的决定》,把"建设中国特色社会主义法治体系,建设社会主义法治国家"确定为全面依法治国的总目标;[2]十八届五中全会对全面建成小康社会进行了专题研究,提出"法治是发展的可靠保障",要"把经济社会发展纳入法治轨道";[3]十八届六中全会以审议通过《关于新形势下党内政治生活的若干准则》和《中国共产党党内监督条例》为重点专题研究全面从严治党,强调"党的各级组织和领导干部必须在宪法和法律范围内活动,增强法治意识,弘扬法治精神","模范遵守宪法法律"。[4] 因此,十八大以来党中央关于全面依法治国、建设法治中国的一系列重大战略决策部署,形成了全面依法治国的全面严谨的逻辑系统,构成了"四个全面"战略布局这一治国理政总方略的有机要素、制度基础和重要保障。在十九大报告中,习近平把"坚持全面依法治国"确立为新时代中国特色社会主义基本方加略的有机组成部分,[5]从而使之成为当代中国共产党人治国理政的重大战略意志和战略行动。

一是确立全面依法治国的总抓手。习近平指出:"全面推进依法治国涉及很多方面,在实际工作中必须有一个总揽全局、牵引各方的总抓手,这个总抓手就是建设中国特色社会主义法治体系。依法治国各项工作都要围绕这个总抓手来谋划、来推进。"[6]从形成中国特色社会主义法律体系到建设中国特色社会主义法治体系,鲜明地展示了当代中国共产党人对中国特色社会主义法治发展规律的崭新认识。把握好这个总揽全局、牵引各方的全面依法治国的总抓手,就必须加快形成完备的法律规范体系、高效的法治实施体系、严密的法治监督体系、有力的法治保障体系,形成完善的党内法规体系。这就为全面推进依法治国、加快建设社会主义法治国家指明了前进

---

〔1〕 参见《中共中央关于全面深化改革若干重大问题的决定》,人民出版社2013年版,第3、31页。

〔2〕 参见《中共中央关于全面推进依法治国若干重大问题的决定》,人民出版社2014年版,第4页。

〔3〕 参见《中共中央关于制定国民经济和社会发展第十三个五年规划的建议》,人民出版社2015年版,第6页。

〔4〕 《关于新形势下党内政治生活的若干基本准则 中国共产党党内监督条例》,人民出版社2016年版,第36、46页。

〔5〕 参见习近平:《决胜全面建成小康社会 夺取新时代中国特色社会主义伟大胜利——在中国共产党第十九次全国代表大会上的报告》(2017年10月18日),载《人民日报》2017年10月28日。

〔6〕 习近平:《关于〈中共中央关于全面推进依法治国若干重大问题的决定〉的说明》,载《中国共产党第十八届中央委员会第四次全体会议文件汇编》,人民出版社2014年版,第81页。

方向。

二是把握全面依法治国的工作布局。在中国的法治国情条件下,全面依法治国、建设法治中国是一项历史性的重大战略任务,需要从工作布局上整体谋划、统筹协调、合力推进。因之,习近平提出,要"准确把握全面推进依法治国工作布局,坚持依法治国、依法执政、依法行政共同推进,坚持法治国家、法治政府、法治社会一体建设"。[1] 这充分表达了中国特色社会主义法治发展的整体观。在当代中国法治现代化进程中,依法治国、依法执政、依法行政是一个内在统一的有机整体,必须坚持共同推进。其中,依法执政处于关键的支配性地位,这既是依法治国的内在要求,是依法治国的根本保证,也是依法行政的基础和基本条件,从而标志着党的执政方式和领导方式的重大创新。所以,十八大以来,以习近平同志为核心的党中央高度重视全面从严治党的法治化制度化建设,强调"必须坚持依法执政,全面提高党依据宪法法律治国理政、依据党内法规管党治党的能力和水平";[2]"各级党组织和党员领导干部要带头厉行法治,不断提高依法执政能力和水平,不断推进各项治国理政活动的制度化、法律化"。[3] 此外,在全面依法治国的进程中,法治国家、法治政府、法治社会这三者之间相互联系、各有侧重、相辅相成,必须坚持一体建设。因此,"全面推进依法治国是一项庞大的系统工程,必须统筹兼顾、把握重点、整体谋划,在共同推进上着力,在一体建设上用劲"。[4] 这无疑深刻反映了当代中国法治现代化进程的内在机理。

三是明确全面依法治国的重点任务。在新的历史条件下全面推进依法治国、加快建设法治中国,涉及党的建设、国家发展和社会生活的各个领域,需要突出重点任务、扎实协调展开。习近平强调,要从目前法治工作基本格局出发,"准确把握全面推进依法治国重点任务,着力推进科学立法、严格执法、公正司法、全民守法"。[5] 科学立法是全面依法治国的前提,要围绕提高立法质量、实现良法善治的目标要求,恪守立法为民理念,尊重立法工作规律,完善立法体系和机制,积极推进重点领域立法,充分发挥立法的引领

---

〔1〕 习近平:《加快建设社会主义法治国家》,载《求是》2015 年第 1 期。

〔2〕《中共中央关于制定国民经济和社会发展第十三个五年规划的建议》,人民出版社 2015 年版,第 41 页。

〔3〕《习近平关于全面依法治国论述摘编》,中央文献出版社 2015 年版,第 109 页。

〔4〕 习近平:《加快建设社会主义法治国家》,载《求是》2015 年第 1 期。

〔5〕 同上。

和推动作用。严格执法是全面依法治国的关键环节，要以建设法治政府为目标，严格行政责任，完善执法程序，强化对行政权力的制约和监督，切实解决执法不规范、不严格、不透明、不文明以及不作为、乱作为等突出问题，努力建立权责统一、高效权威的依法行政体制，确保法律公正有效实施。公正司法是全面依法治国的重要保障，要紧紧围绕“让人民群众在每一个司法案件中都感受到公平正义”的目标，[1]严格遵守实体法和程序法，积极回应人民群众的司法关切，让司法权在阳光下运行，努力实现办案的法律效果与社会效果的统一，不断提高司法公信力，进而用司法公正引领社会公正。全民守法是全面依法治国的基础性环节，要着力增强全民守法观念，任何组织和个人都必须在宪法和法律的范围内活动，特别是领导干部更要“带头遵守法律、执行法律，带头营造办事依法、遇事找法、解决问题用法、化解矛盾靠法的法治环境”。[2]

四是加强全面依法治国的有力保障。在当代中国，全面推进依法治国是事关党和国家工作全局的重大战略问题，必须加强领导，健全机制，有效推进。十八大以来，以习近平同志为核心的党中央着眼于中国共产党更好地治国理政、执政兴国的重大全局性抉择，精心研究谋划和部署推进全面依法治国、建设法治中国的宏伟大业，提供了坚强有力的保障。强化推进法治建设的组织保证。2016 年 12 月，中共中央办公厅、国务院办公厅出台《党政主要负责人履行推进法治建设第一责任人职责的规定》，要求党政主要负责人应当切实履行依法治国重要组织者、推动者和实践者的职责，把本地区各项工作纳入法治化轨道，并且对领导干部这个“关键少数”推进法治建设实绩的考核制度作出具体规定，“对不认真履行第一责任人职责的党政主要负责人，上级党委要及时告诫和约谈，严肃批评”。[3] 加强法治工作队伍建设。习近平对立法、执法、司法这三支专门的法治队伍建设提出具体要求，指出“全面推进依法治国，首先要把这几支队伍建设好”；[4]并且强调“建设法治国家、法治政府、法治社会，实现科学立法、严格执法、公正司法、全民守法，都离不开一支高素质的法治工作队伍。法治人才培养不上去，法治领域不能人才辈出，全面依法治国就不可能做好”。要“立德树人，德才兼修，培

〔1〕 参见《习近平谈治国理政》，外文出版社 2014 年版，第 145 页。

〔2〕《习近平关于全面依法治国论述摘编》，中央文献出版社 2015 年版，第 124 页。

〔3〕《习近平关于协调推进“四个全面”战略布局论述摘编》，中央文献出版社 2015 年版，第 113 页。

〔4〕《习近平关于全面依法治国论述摘编》，中央文献出版社 2015 年版，第 103 页。

养大批高素质的法治人才”,[1]从而为加快建设社会主义法治国家提供有力的人才保障。坚定推进法治领域改革。习近平强调,要“适应推进国家治理体系和治理能力现代化要求,直面法治建设领域突出问题,回应人民群众期待”,扎实开展法治领域改革。[2] 十八大以来中央出台了对全面依法治国具有重要意义的一系列法治改革举措,当代中国法治领域改革正在向纵深推进,成效显著,借以为全面依法治国、建设法治中国提供科学有效的体制、制度和机制保障。

二、全面推进依法治国的重大进展

中共十八大以来的五年,是中国特色社会主义事业砥砺奋进、取得重大成就的五年,也是全面依法治国、建设法治中国取得重大进展的五年。中国特色社会主义法治发展的深入推进,已经或正在极为深刻地改变着中国国家与社会生活的基本面貌,当代中国法治现代化进入了一个新的历史发展阶段。

第一,把全面贯彻实施宪法提高到一个新水平。宪法是国家和社会治理的根本大法,是国家长治久安的根本法治保证。习近平精辟阐述了当代中国共产党人在新的历史条件下崭新的治国理念,指出:“依法治国,首先是依宪治国;依法执政,关键是依宪执政”。[3] “必须把宣传和树立宪法权威作为全面推进依法治国的重大事项抓紧抓好,切实在宪法实施和监督上下功夫”。[4] 因此,必须坚持不懈地抓好宪法实施工作,把全面贯彻实施宪法作为全面推进依法治国的首要任务和基础性工作。

十八届三中全会决定提出要进一步健全宪法实施监督机制和程序。十八届四中全会决定进一步提出,要完善全国人大及其常委会宪法监督制度,健全宪法解释程序机制;加强备案审查制度和能力建设,把所有规范性文件纳入备案审查范围,依法撤销和纠正违宪违法的规范性文件;将每年12月4日定为国家宪法日;在全社会普遍开展宪法教育,弘扬宪法精神;并且决定

[1] 《习近平在中国政法大学考察时强调:立德树人德法兼修抓好法治人才培养 励志勤学刻苦磨炼促进青年成长进步》,载《人民日报》2017年5月4日,第1版。

[2] 参见习近平:《关于〈中共中央关于全面推进依法治国若干重大问题的决定〉的说明》,载《中国共产党第十八届中央委员会第四次全体会议文件汇编》,人民出版社2014年版,第75页。

[3] 习近平:《在首都各界纪念现行宪法颁布施行30周年大会上的讲话》(2012年12月4日),人民出版社2012年版,第11页。

[4] 《十八大以来重要文献选编》(中),中央文献出版社2016年版,第148页。

建立宪法宣誓制度，明确凡经人大及其常委会选举或者决定任命的国家工作人员正式就职时公开向宪法宣誓。全国人大常委会先后于2014年11月和2015年7月，分别通过了关于设立国家宪法日的决定和关于实行宪法宣誓制度的决定。在党中央的集中统一领导下，全国人大常委会宪法解释程序机制进一步健全完善，宪法实施监督得到了进一步加强。[1] 一个恪守宪法原则、弘扬宪法精神、维护宪法权威的生动局面正在神州大地形成和发展。

第二，法律体系随着时代和实践发展而不断发展。经过新中国成立以来特别是1978年改革开放30多年的不懈努力，形成了中国特色社会主义法律体系，国家生活和社会生活各方面总体上实现了有法可依，"这是一个了不起的重大成就"。[2] 面对着社会转型时期广泛而深刻的社会变革，立法工作的任务依然繁重而艰巨。习近平指出："实践是法律的基础，法律要随着实践发展而发展"。[3] 因之，推动中国特色社会主义法律体系的完善和发展，已经成为摆在党和国家议程上的一个重大课题。

十八大以来，党和国家始终把完善中国特色社会主义法律体系放在治国理政活动法治化的大局中来谋划和推进，着力推动法律体系随着时代前进的步伐和实践发展的要求而不断完善和发展，为治国理政总方略的有效实施提供制度化的方案。五年来，全国人大及其常委会围绕"五位一体"总体布局，坚持立法先行，凝聚立法共识，紧紧抓住事关改革发展稳定的重大立法项目，加强立法工作组织协调，民法总则、立法法、慈善法、国家监察法、国家安全法、网络安全法、公共文化服务保障法、资产评估法、民办教育促进法、环境保护法、企业所得税法等一批重要法律陆续出台，为建设中国特色社会主义法治体系奠定了坚实的基础。

第三，改革和完善立法体制。立法体制是国家治理体制的重要制度安排，在很大程度上影响着国家法治发展的进程及其走向。中国是一个经济社会发展很不平衡的东方大国，东中西部各个区域之间的经济社会发展状况存在着明显的差异性，必然影响或制约着各个区域法治发展的进程。基于这一国情特点，"八二宪法"确立了"在中央的统一领导下，充分发挥地方

---

〔1〕 参见乔晓阳：《党的十八大以来立法工作新突破》，载《求是》2017年第12期。

〔2〕 习近平：《关于〈中共中央关于全面推进依法治国若干重大问题的决定〉的说明》，载《中共中央关于全面推进依法治国若干重大问题的决定》，人民出版社2014年版，第52页。

〔3〕《习近平关于全面依法治国论述摘编》，中央文献出版社2015年版，第43页。

的主动性、积极性”的宪法原则,建立了统一性与分层性相衔接、中央立法与地方立法相结合的中国特色的立法体制。2000 年的立法法,进一步明确了我国的立法体制。

面对大变革时代对立法工作的新需求,习近平强调,“关键是完善立法体制”,要“抓住提高立法质量这个关键”,“优化立法职权配置”。“要明确立法权力边界,从体制机制和工作程序上有效防止部门利益和地方保护主义法律化”。[1] 中共十八届三中全会提出推进国家治理体系和治理能力现代化的重大战略任务,立法体制必须适应这一新的时代要求,进一步加以改革和完善,使之在推动治国理政基础性制度更加成熟更加定型的进程中发挥重要作用。为落实党的十八届四中全会关于“依法赋予设区的市地方立法权”的精神,2015 年 3 月 15 日,十二届全国人大三次会议通过的立法法明确规定:“设区的市的人民代表大会及其常务委员会根据本市的具体情况和实际需要,在不同宪法、法律、行政法规和本省、自治区的地方性法规相抵触的前提下,可以对城乡建设与管理、环境保护、历史文化保护等方面的事项制定地方性法规”。新立法法还授权省、自治区人大常委会确定设区的市开始制定地方性法规的具体步骤和时间。至此,地方立法权扩大至所有设区的市。目前,全国享有设区的市地方立法权的地方,总数为 322 个,除原有的 49 个外,新获得地方立法权的有 273 个,其中 269 个经批准开始制定地方性法规。在当代中国,从地方没有立法权,到赋予省一级地方立法权,再到少数设区的市拥有地方立法权,进而到所有设区的市均被赋予地方立法权,形成了从中央到地方的人大制度的完整立法体系。这是一个与国家现代化和法治发展进程相适应的循序渐进、逐步放开的过程,是当代中国立法体制的一次重大变革,深刻反映了推动人民代表大会制度与时俱进的必然要求,在当代中国法治发展史上具有里程碑性质的重大意义。

第四,加快建设法治政府。在当代中国,加快建设法治政府,这是一场殊为深刻的政府革命。习近平强调,各级政府要“在法治轨道上开展工作,加快建设职能科学、权责法定、执法严明、公开公正、廉洁高效、守法诚信的法治政府”。[2] 中共十八大和十八届五中全会都把“法治政府基本建成”确

---

[1] 习近平:《加快建设社会主义法治国家》,载《求是》2015 年第 1 期。

[2] 习近平:《关于〈中共中央关于全面推进依法治国若干重大问题的决定〉的说明》,载《十八大以来重要文献选编》(中),中央文献出版社 2016 年版,第 150 页。

定为2020年全面建成小康社会宏伟目标的重要内容。2016年1月,中共中央、国务院制定了《法治政府建设实施纲要(2015—2020年)》,强调要围绕全面推进依法治国的总目标,坚持从中国的实际出发,依宪施政,依法行政,简政放权,把政府工作全面纳入法治轨道,加快建设法治政府,如期实现法治政府基本建成的奋斗目标;并且提出了"法治政府基本建成"的衡量标准,对加快建设法治政府的七大主要任务、40个具体措施作出了部署安排。

在全面深化改革、全面依法治国的新时代,正确处理政府与市场、政府与社会的关系,切实转变政府职能,深化行政审批制度改革,对推动政府自身革命、加快建设法治政府无疑具有关键性作用。十八大以来,党中央、国务院采取有力措施,积极推进以简政放权、放管结合、优化服务为主要内容的行政审批制度改革,大力推进权力清单、责任清单和负面清单制度,坚决消除权力设租寻租的空间,当代中国的政府革命正在向纵深发展。

第五,加快建设法治经济。在现代社会,建立法治型经济体系,这是现代市场经济发展的必然产物。习近平分析说,"社会主义市场经济本质上是法治经济,经济秩序混乱多源于有法不依、违法不究,因此必须坚持法治思维、增强法治观念,依法调控和治理经济"。[1] 因此,十八届五中全会鲜明提出"加快建设法治经济"的历史性任务。[2] 这是完善社会主义市场经济的内在要求,也是建设中国特色社会主义法治体系的重要内容,集中体现了大变革时代中国经济转型发展的法治需求。

十八大以来,以习近平同志为核心的党中央作出加快推进供给侧结构性改革的战略决策,这是引领经济新常态的重大创新举措,也是加快建设法治经济的题中应有之义。从法权意义上讲,供给侧结构性改革的核心要义在于释放作为市场主体的企业的创造活力,加大制度创新和制度供给力度,降低市场交易费用,依法调控经济运行,为激发市场主体能动作用创设坚实的法治基础。产权是现代市场经济的基石,是激励市场主体创新发展、改善供给侧的制度安排,也是法治经济的价值所在。十八届三中全会决定和四中全会决定都把完善产权保护制度作为全面深化改革、全面依法治国的重要内容;十八届五中全会把"产权得到有效保护"确定为全面建成小康社会

---

〔1〕《习近平关于全面依法治国论述摘编》,中央文献出版社2015年版,第115页。

〔2〕参见《中共中央关于制定国民经济和社会发展第十三个五年规划的建议》,人民出版社2015年版,第6页。

的目标要求之一，明确提出要“推进产权保护法治化”，加快形成有利于创新发展的产权制度。因之，推进供给侧改革，加快建设法治经济，必须把产权保护法治化放在更加突出的位置。2016 年 11 月，中共中央、国务院发布《关于完善产权保护制度依法保护产权的意见》，对完善产权保护法律制度机制提出了顶层设计方案，强调“加强产权保护，根本之策是全面推进依法治国”，要“着力推进供给侧结构性改革，进一步完善现代产权制度，推进产权保护法治化，在事关产权保护的立法、执法、司法、守法等各方面各环节体现法治理念”。[1] 这是在新的历史条件下推进产权保护法治化的纲领性文献，意义重大，影响深远。民法是调整市场经济关系的基本法律，是产权保护法治化的法典化样式，因而是法治经济的制度基石。十八届四中全会决定提出“编纂民法典”的重大法治任务。2017 年 3 月 15 日，十二届全国人大五次会议审议通过了《中华人民共和国民法总则》，高扬权利本位、产权保护旗帜，规定“民事主体的人身权利、财产权利以及其他合法权益受法律保护，任何组织或者个人不得侵犯”（第 3 条），并且规定民事主体依法享有物权、债权、知识产权、股权和其他投资性权利以及法律规定的其他民事权利和利益，强调贯彻公平原则，“民事主体的财产权利受法律平等保护”（第 11 条），依法保护各种所有制经济产权和合法利益，从而彰显了强化私权保障的现代法治价值取向，标志着当代中国法治经济制度建设的历史性进步。

第六，加快建设法治社会。法治社会是一个信仰法治、依法治理的社会。在当代中国，法治社会意味着法治是社会生活健康运行的重要条件，整个社会有机体构筑在坚实的法治基础之上，同时要培育全社会成员对宪法和法律的信仰，在全社会形成崇尚宪法和法律、维护法治尊严和权威的良好氛围。十八大以来，法治社会建设成为全面依法治国工作布局的有机组成部分，并且作为法治国家和法治政府的基础，摆上了党和国家的重要议事日程。

习近平深刻阐述了推进法治社会建设的重要性及其工作重心，指出：“全面推进依法治国需要全社会共同参与，需要全社会法治观念增强，必须在全社会弘扬社会主义法治精神，建设社会主义法治文化。要在全社会树立法律权威，使人民认识到法律既是保障自身权利的有力武器，也是必须遵

---

[1] 《中共中央国务院关于完善产权保护制度依法保护产权的意见》（2016 年 11 月 4 日），载《中华人民共和国国务院公报》2016 年第 34 号，第 5 页。

守的行为规范,培育社会成员办事依法、遇事找法、解决问题靠法的良好环境,自觉抵制违法行为,自觉维护法治权威”。[1] 十八届三中全会提出,要坚持法治国家、法治政府、法治社会一体建设;坚持依法治理,改进社会治理方式,激发社会组织活力,运用法治思维和法治方式化解社会矛盾。[2] 十八届四中全会对增强全民法治观念,推进法治社会建设作出了全面部署,强调要推动全社会树立法治意识,推进多层次多领域依法治理,建设完备的法律服务体系,健全依法维权和化解纠纷机制。[3] 十八届五中全会进一步强调,要加快建设法治社会,弘扬社会主义法治精神,增强全社会特别是公职人员尊法学法守法用法观念,在全社会形成良好的法治氛围和法治习惯;加强和创新社会治理,完善党委领导、政府主导、社会协同、公众参与、法治保障的社会治理体制。[4] 2016 年 4 月,中共中央、国务院转发了《中央宣传部、司法部关于在公民中开展法治宣传教育的第七个五年规划(2016—2020)》,强调要通过深入开展法治宣传教育,传播法律知识,弘扬法治精神,建设法治文化、充分发挥法治宣传教育在全面促进依法治国中的基础作用;同年 4 月 28 日,十二届全国人大常委会第二十二次会议通过了《关于开展第七个五年法治宣传教育的决定》,提出要使全社会法治观念明显增强,法治思维和依法办事能力明显提高,形成崇尚法治的社会氛围。正是在党和国家关于加快建设法治社会的一系列重要的决策部署的有力推动下,当代中国法治社会建设的伟大实践深入开展,一个既充满生机活力又井然有序的现代法治社会正在向我们走来。

第七,扎实推进司法体制改革。全面依法治国、建设法治中国的重大任务,对深化司法体制改革提出了新的更高的要求。中共十八大以来,以习近平同志为核心的党中央从坚持和完善中国特色社会主义司法制度、推进和实现国家治理体系和治理能力现代化的战略高度出发,立足于中国的司法国情条件,加强对深化司法体制改革的战略筹划和总体设计,增强推进司法体制改革的计划性、组织性和系统性,逐步推出深化司法体制改革的顶层设

---

〔1〕 习近平:《加快建设社会主义法治国家》,载《求是》2015 年第 1 期。

〔2〕 参见《中共中央关于全面深化改革若干重大问题的决定》,人民出版社 2013 年版,第 31 ~ 32、49 ~ 50页。

〔3〕 参见《中共中央关于全面推进依法治国若干重大问题的决定》,人民出版社 2014 年版,第 26 ~ 30 页。

〔4〕 参见《中共中央关于制定国民经济和社会发展第十三个五年规划的建议》,人民出版社 2015 年版,第 6、42 页。

计方案、试点方案以及一系列具体的司法改革项目,健全机制,强化责任,因地制宜,狠抓落实,努力形成推动司法体制改革的强大动力。

习近平强调,司法是维护社会公平正义的最后一道防线,如果司法这道防线缺乏公信力,社会公正就会受到普遍质疑,社会和谐稳定就难以保障。而“司法不公的深层次原因在于司法体制不完善、司法职权配置和权力运行机制不科学、人权司法保障制度不健全”。[1] 因之,“司法体制改革在全面深化改革、全面依法治国中居于重要地位,对推进国家治理体系和治理能力现代化意义重大”。[2] “深化司法体制改革,一个重要目的是提高司法公信力,让司法真正发挥维护社会公平正义最后一道防线的作用”。[3] 基于此,党和国家以司法领域中的重大问题为导向,抓住司法工作中群众反映强烈、事关司法发展全局的关键问题,深入调查研究,周密谋划部署,推出强有力的司法体制改革举措。十八届三中全会决定提出的涉及司法体制改革的措施有20多项,十八届四中全会决定明确了40多项重要司法体制改革项目。在党中央的坚强统一领导和各有关方面的协同支持下,司法机关坚定不移走中国特色社会主义法治道路,坚定不移推进司法体制改革,锐意进取,攻坚克难,试点先行,整体推进,当代中国的司法体制改革取得了突破性进展。按照中央的统一部署,完善司法人员分类管理、完善司法责任制、健全司法人员职业保障、推动省以下地方法院检察院人财物统一管理等四项重大改革,分三批在全国范围内开展试点,逐步推开,有序推进,并且取得重要的阶段性成果。加强人权司法保障,健全有效防范刑事冤假错案工作机制,十八大以来纠正聂树斌案、呼格吉勒图案等重大刑事冤假错案34起,[4] 提振了司法的社会公信力。稳步推进以审判为中心的刑事诉讼制度改革,探索建立跨行政区划的人民法院和人民检察院,最高人民法院设立六个巡回法庭,在北京、上海、广州三地探索建立知识产权法院,在部分地区开展检察机关公益诉讼试点、人民陪审员制度改革试点、刑事速裁程序试点、刑事案件认罪认罚从宽制度试点等司法改革试点工作,等等。这些重大司法体制改革

---

[1] 习近平:《关于〈中共中央关于全面推进依法治国若干重大问题的决定〉的说明》,载《中国共产党第十八届中央委员会第四次全体会议文件汇编》,人民出版社2014年版,第88~89页。

[2] 《习近平对司法体制改革作出重要指示强调:坚定不移推进司法体制改革 坚定不移走中国特色社会主义法治道路》,载《人民日报》2017年7月11日,第1版。

[3] 《习近平关于全面依法治国论述摘编》,中央文献出版社2015年版,第78页。

[4] 周文武:《最高法发布人民法院司法改革成效数据报告 4年多纠正重大刑冤错案34起》,载《法制日报》2017年7月8日,第3版。

举措的提出和实施，有力推动了当代中国司法现代化的时代进程。诚如习近平所指出的，“党的十八大以来，政法战线坚持正确改革方向，敢于啃硬骨头、涉险滩、闯难关，做成了想了很多年、讲了很多年但没有做成的改革，司法公信力不断提升，对维护社会公平正义发挥了重要作用。”[1]

第八，坚持依法治国与依规治党统筹推进。“形成完善的党内法规体系”，这既是管党治党的重要依据，也是中国特色社会主义法治体系的有机组成部分，是建设社会主义法治国家的有力保障，体现了全面从严治党的法治化制度化要求。诚如习近平强调的，“我们党要履行好执政兴国的重大历史使命，赢得具有许多新的历史特点的伟大斗争胜利，实现党和国家长治久安，必须坚持依法治国与制度治党、依规治党统筹推进、一体建设”。[2]

十八大以来，以习近平同志为核心的党中央加大依法治国与依规治党统筹推进、一体建设的力度，以改革创新精神推进党内法规制度建设，出台了《中共中央关于加强党内法规制度建设的意见》和《中央党内法规制定工作五年规划纲要(2013—2017年)》，制定或修订中央“八项规定”、《中国共产党廉洁自律准则》《中国共产党纪律处分条例》《中国共产党巡视工作条例》《中国共产党问责条例》《中国共产党党内法规制定条例》等一系列党内法规，旨在为全面从严治党提供重要制度保障。特别是十八届六中全会审议通过的《关于新形势下党内政治生活的若干准则》和《中国共产党党内监督条例》，有力地推动了党内政治生活和党内监督制度化、规范化、程序化，为赢得具有许多新的历史特点的伟大斗争胜利进一步夯实了依规治党的制度基础。党内法规制度建设的扎实展开，促进了党内法规与国家法律的协调衔接，拓展了全面依法治国的广度和深度，更加突出了制度立国和制度治党的政治优势。随着到2020年全面建成内容科学、程序严密、配套完善、运行有效的比较完善的党内法规制度体系，依法治国与依规治党的协调推进必将呈现出崭新的局面。

第九，坚定推动依法治国与以德治国相结合。作为两种不同的治国理政方式，法治与德治尽管有着明显的区别，但是在国家治理的过程中，二者的联系是相当密切的，可以起到相辅相成的社会功用。十八大以来，以习近

---

〔1〕《习近平对司法体制改革作出重要指示强调：坚定不移推进司法体制改革　坚定不移走中国特色社会主义法治道路》，载《人民日报》2017年7月11日，第1版。

〔2〕《习近平就加强党内法规制度建设作出重要指示强调：坚持依法治国与制度治党、依规治党统筹推进、一体建设》，载《人民日报》2016年12月26日，第1版。

平同志为核心的党中央谋划和推进全面依法治国的一个重要着力点，就是站在实现国家治理现代化的新的时代起点上，把依法治国与以德治国有机结合起来，这无疑是一种治国方式的内在整合和历史选择。习近平强调，“中国特色社会主义法治道路的一个鲜明特点，就是坚持依法治国和以德治国相结合，强调法治和德治两手抓、两手都要硬”。[1] 并且指出：“法律是准绳，任何时候都必须遵循；道德是基石，任何时候都不可忽视。在新的历史条件下，我们要把依法治国基本方略、依法执政基本方式落实好，把法治中国建设好，必须坚持依法治国和以德治国相结合，使法治和德治在国家治理中相互补充、相互促进、相得益彰，推进国家治理体系和治理能力现代化”。[2] 十八届四中全会决定把“坚持依法治国和以德治国相结合”作为全面依法治国必须坚持的一个重要原则，提出“国家和社会治理需要法律和道德共同发挥作用。必须坚持一手抓法治、一手抓德治，大力弘扬社会主义核心价值观”。[3]

积极探索有效途径和方式，使社会主义核心价值观和社会主义法治建设相互促进、相得益彰，这是坚持依法治国与以德治国相结合的重要载体和有效机制。基于这一治国理政新理念，2016 年 12 月，中共中央办公厅、国务院办公厅印发了《关于进一步把社会主义核心价值观融入法治建设的指导意见》，明确指出要“运用法律法规和公共政策向社会传导正确价值取向”，“把社会主义核心价值观融入法治国家、法治政府、法治社会建设全过程，融入科学立法、严格执法、公正司法、全民守法各环节”。[4] 2017 年 4 月，中央宣传部和中央政法委又联合召开会议，对扎实推进社会主义核心价值观融入法治建设作出进一步部署和推动。以法治体现道德理念，强化法律对道德建设的促进作用，正在成为全面依法治国进程的生动实践。近年来，全国人大及其常委会制定的民法总则、慈善法、反家庭暴力法、刑法修正案（九）等法律及其实施，有力促进了社会的文明进步；有关单位正在研究制定《社会主义核心价值观融入法治建设的立法修法规划》；最高人民法院发布了保

---

〔1〕 参见《习近平在中国政法大学考察时强调：立德树人德法兼修抓好法治人才培养 励志勤学刻苦磨炼促进青年成长进步》，载《人民日报》2017 年 5 月 4 日，第 1 版。

〔2〕 参见《习近平在中共中央政治局第三十七次集体学习时强调：坚持依法治国和以德治国相结合推进国家治理体系和治理能力现代化》，载《人民日报》2016 年 12 月 11 日，第 1 版。

〔3〕 参见《中共中央关于全面推进依法治国若干重大问题的决定》，人民出版社 2014 年版，第 7 页。

〔4〕《习近平就加强党内法规制度建设作出重要指示强调：坚持依法治国与制度治党、依规治党统筹推进、一体建设》，载《人民日报》2016 年 12 月 26 日，第 1 版。

护英雄人物名誉权典型案例,加强联合惩戒失信机制建设,有效发挥了司法的教育、评价、指引、示范功能;公安部把严格规范公正文明执法摆上突出位置,围绕执法难点问题,研制可操作性、针对性强的执法指引,努力实现执法效果与社会效果相统一;体现教化作用的市民公约、乡规民约、行业规章等社会规范在基层社会治理过程中的功能价值得以展示,引导全社会崇德向善。因之,社会主义核心价值观是中国法治现代化之魂。悉心把握这一价值根基,对于实现良法善治、推进国家治理现代化的历史进程影响深远。

第十,坚持在法治轨道上全面深化改革。在全面深化改革、全面依法治国的新时代,改革和法治的关系已经成为当代中国法治现代化进程中的一个重大议题。习近平形象地把改革和法治的关系称为“鸟之两翼、车之两轮”,[1]强调“我们要着力处理好改革与法治的关系。改革和法治相辅相成、相伴而生”。“在法治下推进改革,在改革中完善法治,这就是我们所说的改革和法治是两个轮子的含义”。[2] 十八大以来,当代中国法治领域改革的一个鲜明特点,就是坚持依法改革的原则,把法治领域的改革纳入法治化的轨道,运用法治思维和法治方式谋划和推进改革,做到重大改革于法有据。在党中央的集中统一领导和总体运筹协调下,全国人大常委会注重充分发挥立法对于改革的引领、推动、规范和保障作用,积极主动适应改革进程的需要,紧紧抓住事关改革全局的重大立法项目,努力做到改革与立法同频共振、协调推进。

十八大以来的五年间,一大批与全面深化改革密切相关的立法成果不断问世。比如,适应推进行政审批制度改革的迫切需要,采取“一揽子”打包修改法律的统筹修法方式,审议通过了 13 个修法决定,涉及修改法律和有关法律问题的决定 74 件次,取消和下放一批行政审批事项,从而为行政审批制度改革提供法律支持;根据党中央重大决策部署,作出关于在北京市、山西省、浙江省开展国家监察体制改革试点工作的决定,并且制定国家监察法,为重大政治体制改革提供法治保障;先后两次作出决定,授权国务院在中国(上海)自由贸易试验区及扩展区域、中国(广东)自由贸易试验区、中国(天津)自由贸易试验区以及中国(福建)自由贸易试验区暂时调整有关

---

〔1〕 参见习近平:《在庆祝中国共产党成立 95 周年大会上的讲话》(2016 年 7 月 1 日),人民出版社 2016 年版,第 17 页。

〔2〕 参见中共中央文献研究室编:《习近平关于全面依法治国论述摘编》,中央文献出版社 2015 年版,第 51 ~ 52 页。

法律规定的行政审批，国务院在总结试点经验后提出议案，全国人大常委会对外资企业法等4部法律作出统筹修改，将自贸试验区试点的改革措施上升为法律，同时相应终止两个授权决定的法律效力，等等。改革和法治的有机衔接、相互促进，已经成为有力推动改革和法治发展的生动实践。

三、弥足珍贵的法治发展的中国经验

中共十八大以来全面推进依法治国的伟大实践，清晰地展示着当代中国法治现代化进程的运动方向，凝聚着殊为丰厚的中国法治建设与发展的宝贵经验，需要我们深入总结、悉心把握、长期坚持。借以为大变革时代的全面依法治国、建设法治中国提供不竭的动力。

第一，必须坚持中国共产党对法治建设的领导，坚定不移走中国特色社会主义法治道路。如何处理好党与法的关系，这对推进国家和社会生活的法治化进程，加快建设社会主义法治国家，实现当代中国法治现代化，具有重大意义。在当代中国法治建设与发展进程中，始终不渝地坚持中国共产党对全面依法治国的领导，这是建设中国特色社会主义法治体系、建设社会主义法治国家的最根本的政治保证。中国特色社会主义的最本质的特征，就是毫不动摇地坚持党对社会主义法治建设的领导。习近平指出："坚持党的领导，是社会主义法治的根本要求，是党和国家的根本所在、命脉所在，是全国各族人民的利益所系、幸福所系，是全面推进依法治国的题中应有之义；党的领导和社会主义法治是一致的，社会主义法治必须坚持党的领导，党的领导必须依靠社会主义法治"。[1] 中共十八大以来，从十八届三中全会作出"推进法治中国建设"的重大战略决策，到十八届四中全会提出全面依法治国的总蓝图、路线图和施工图，再到十八届五中全会描绘全面建成小康社会的法治蓝图，十八届六中全会对党内法规制度建设作出重大部署，全面依法治国、建设法治中国所取得的每一个重大进展，都是在以习近平同志为核心的党中央的坚强领导下取得的，凝结着中国共产党领导人民治国理政的重大法治化成果。中国共产党对全面依法治国进程的坚强有力的领导，确乎是当代中国法治建设与发展的一条基本经验，是当代中国法治现代化宏伟大业的不可动摇的根本政治保障。面对着中国共产党执政兴国的重

---

〔1〕 参见习近平：《关于〈中共中央关于全面推进依法治国若干重大问题的决定〉的说明》，载《中国共产党第十八届中央委员会第四次全体会议文件汇编》，人民出版社2014年版，第79页。

大时代使命以及中国特色社会主义事业更加广阔的发展前景，中共十九大将对全面推进社会主义法治国家建设作出新的总体部署和战略安排，提出从2020年到本世纪中叶法治发展可以分两个阶段安排：第一个阶段，从2020年到2035年，在全面建成小康社会的基础上，再奋斗15年，基本实现社会主义现代化，其中，“人民平等参与、平等发展权利得到充分保障，法治国家、法治政府、法治社会基本建成，各方面制度更加完善，国家治理体现和治理能力现代化基本实现”；第二个阶段，从2035年到本世纪中叶，在基本实现现代化的基础上，再奋斗15年，把我国建成富强民主文明和谐美丽的社会主义现代化强国，到那时，我国政治文明将全面提升，“实现国家治理体系和治理能力现代化”。[1] 这必将更加有力地推动当代中国法治现代化在实现第二个百年目标的历史新征程上迈出坚实步伐、取得崭新业绩。

第二，必须坚持确保党和国家长治久安、实现中华民族伟大复兴的中国梦的长远考虑，切实加强全面推进依法治国的战略谋划。2014年10月23日，在中共十八届四中全会第二次全体会议上的讲话中，习近平在论及四中全会部署全面推进依法治国工作的基本考虑时，讲了如下一段含义深刻、发人深省的话：“全面推进依法治国，是着眼于实现中华民族伟大复兴中国梦、实现党和国家长治久安的长远考虑。对全面推进依法治国作出部署，既是立足于解决我国改革发展稳定中的矛盾和问题的现实考量，也是着眼于长远的战略谋划。从现在的情况来看，只要国际国内不发生大的波折，经过努力，全面建成小康社会目标应该可以如期实现。但是，人无远虑，必有近忧。全面建成小康社会之后的路该怎么走？如何跳出‘历史周期律’、实现长期执政？如何实现党和国家长治久安？这些都是需要我们深入思考的重大问题”。[2] 很显然，把全面依法治国摆在更加突出的位置，着力把党和国家工作纳入法治化轨道，旨在为解决党和国家事业发展面临的一系列重大问题提供法治化制度化方案，夯实党和国家长治久安的法治基础，从而为完善和发展中国特色社会主义制度、实现中华民族伟大复兴的中国梦创设强大坚韧的法治空间。而法治之所以成为当代中国共产党人治国理政的基本方式和战略抉择，究其缘由，诚如习近平所指出的，“小智治事，中智治人，大智立

[1] 参见习近平：《决胜全面建成小康社会　夺取新时代中国特色社会主义伟大胜利——在中国共产党第十九次全国代表大会上的报告》（2017年10月18日），载《人民日报》2017年10月28日。

[2] 参见中共中央文献研究室编：《习近平关于全面依法治国论述摘编》，中央文献出版社2015年版，第11~12页。

法。治理一个国家、一个社会,关键是要立规矩、讲规矩、守规矩。法律是治国理政最大最重要的规矩。推进国家治理体系和治理能力现代化,必须坚持依法治国,为党和国家事业发展提供根本性、全局性、长期性的制度保障。我们提出全面推进依法治国,坚定不移厉行法治,一个重要意图就是为子孙万代计、为长远发展谋”。[1] 正因为如此,十八大以来,以习近平同志为核心的党中央对全面依法治国作出了全面系统的战略筹划,提出了全面依法治国的顶层设计方案,这“标志着依法治国按下了‘快进键’、进入了‘快车道’,对我国社会主义法治建设具有里程碑意义”。[2] 在这个战略行动方案中,全面依法治国构成了“四个全面”战略布局这一治国理政总方略的构成要素和战略举措,是推进国家治理体系和治理能力现代化的重要依托;坚持和拓展中国特色社会主义法治道路,是中国特色社会主义道路在法治领域的具体体现,党的领导、中国特色社会主义制度和中国特色社会主义理论这三个方面,实质上是中国特色社会主义法治道路的核心要义,因而是当代中国法治建设的“一个管总的东西”;[3] 全面推进依法治国,必须遵循坚持中国共产党的领导、坚持人民主体地位、坚持法律面前人人平等、坚持依法治国和以德治国相结合、坚持从中国实际出发的原则;全面依法治国的总目标是建设中国特色社会主义法治体系,建设社会主义法治国家;中国特色社会主义法治体系是国家治理体系的骨干工程,是全面依法治国进程中总揽全局、牵引各方的“总抓手”;加快形成完备的法律规范体系、高效的法治实施体系、严密的法治监督体系、有力的法治保障体系,形成完善的党内法规体系,乃是中国特色社会主义法治体系的基本构成要素,表达了全面依法治国的基本目标设定;坚持依法治国首先要坚持依宪治国,坚持依法执政首先要坚持依宪执政;全面推进依法治国的工作布局,是坚持依法治国、依法执政、依法行政共同推进,坚持法治国家、法治政府、法治社会一体建设;全面依法治国的重点任务,是全面推进科学立法、严格执法、公正司法、全民守法;全面推进依法治国,必须紧紧围绕保障和促进社会公平正义来进行;全面依法治国,必须注重党内法规同国家法律的衔接和协调,坚持依法治国与制度治党、依规治党统筹推进、一体建设;全面推进依法治国,必须加强法治工作队

---

〔1〕 参见中共中央文献研究室编:《习近平关于全面依法治国论述摘编》,中央文献出版社 2015 年版,第 12～13 页。

〔2〕 同上书,第 14 页。

〔3〕 同上书,第 26 页。

伍建设,创新法治人才培养机制;全面依法治国,必须抓住领导干部这个“关键少数”,等等。这充分表明,当代中国共产党人对在中国全面推进依法治国的规律性有了更加清醒的理性自觉和更为透彻的科学把握,开拓了全面依法治国、实现当代中国法治现代化的崭新境界。

第三,必须坚持以中国特色社会主义法治理论为指导,不断开创全面依法治国的新局面。改革开放三十多年来中国法治发展的实践表明,中国特色社会主义法治事业的每一个新进展,都伴随着中国特色社会主义法治思想的新飞跃,中国特色社会主义法治理论始终成为引领中国特色社会主义法治发展的科学指南。当代中国正处在一个极其深刻的社会转型的大变革时代。全面推进依法治国、加快建设法治中国的伟大实践,有力地推动着中国特色社会主义法治理论紧随着时代的脚步不断丰富发展。中共十八大以来,习近平同志着眼于实现中华民族伟大复兴中国梦、确保党和国家长治久安的长远战略考量,以当代中国共产党人正在进行的具有许多新的历史特点的伟大斗争为中心,运用历史唯物主义法学基本原理和方法论原则,深刻把握“四个全面”战略布局这一中国在新的历史条件下的治国理政总方略,科学阐释了中国特色社会主义法治发展的一系列重大理论与实践问题,创造性地形成了全面依法治国的理论逻辑系统,创立了习近平新时代中国特色社会主义法治思想,开辟了21世纪中国马克思主义法学创新发展的新境界。习近平的法治思想内涵丰富,精辟深刻,逻辑严谨,体系严整,涉及全面依法治国的战略考量、根本遵循、目标选择、主体力量、推进方略、工作布局、重点任务、动力机制、条件保障、内在规律等法治建设的重大问题,系统表达了具有鲜明中国风格的基本法治理念、法治主张、法治话语、法治逻辑和法治立场,构成了当代中国马克思主义法学的最新重大理论成果,为大变革时代的全面推进依法治国、加快建设社会主义法治国家提供了理论指南。在习近平新时代中国特色社会主义法治思想的引领下,中国特色社会主义法治事业充满生机和活力,全面依法治国的进程进入新时代,当代中国法治现代化正在向着全面推进法治中国建设的宏伟目标不断前进。

第四,必须坚持运用法治思维和法治方式推动发展,把新发展理念贯彻落实到全面依法治国的全过程和各环节。发展与法治的关系问题,是当代法治理论与法治实践领域中的一个基本问题。中共十八大以来,以习近平同志为核心的党中央提出创新、协调、绿色、开放、共享的新发展理念,这是对当代中国发展理论的重大创新发展,为经济新常态下的当代中国发展全局确立了新的发展思路与发展方向，进而成为全面推进依法治国、加快建设法治中国的战略引领和行动指南。中共十八届五中全会《建议》提出“法治是发展的可靠保障”，要“把经济社会发展纳入法治轨道”。[1] 这就突出了发展与法治之间的内在关联，确证了法治对于推动与保障发展的功能价值。法治以其特有的方式，标志着社会发展的进程和阶段，为新的发展系统建立了相应的规则和制度基础。新发展理念蕴含着深刻而独特的发展价值指向，指明了当代中国的发展思路、发展方向和发展着力点。因之，把新发展理念融入全面依法治国工作之中，就必须解决法治在实现什么样的发展、如何实现发展的历史进程中的功能定位，悉心发挥法治的引领、规范和保障功能。在这里，一个突出的问题就是要坚持以人民为中心的发展思想，处理好发展与社会正义的关系。随着改革进入“深水区”，一些深层次的社会矛盾和问题愈益反映出来，这就在很大程度上表明维护和实现社会正义的极端重要性。发展不能以牺牲社会主体的发展权益、忽视社会正义为代价。处于转型期的当代中国法治发展，必须认真对待社会正义问题，使之成为法治发展的基本价值基点。诚如习近平所强调的，“公正是法治的生命线”，“全面依法治国，必须紧紧围绕保障和促进社会公平正义来进行”。[2]

第五，必须坚持从中国的法治国情条件出发，坚定不移推进法治领域改革。中共十八大以来，全面依法治国进程的一个明显特点，就是法治发展与法治改革是内在地结合在一起的。坚定不移推进法治领域改革，有效解决法治领域存在的法治难题，努力克服影响法治发展的体制性、机制性、保障性障碍，进而推进中国特色社会主义法律制度的自我完善和发展，这是全面推进依法治国、加快建设社会主义法治国家面临的一项重大战略任务。以习近平同志为核心的党中央高度重视法治领域改革的系统性、整体性和协同性，加强对法治改革的统筹谋划、协调推进。十八届三中全会提出了330多项重大改革措施，其中相当部分与法治领域改革密切相关。十八届四中全会推出了180多项法治领域的重大改革举措，涉及重大的法治改革的战略目标、战略重点、优先顺序、主攻方向、工作机制和推进方式。因此，习近平强调，党的十八届四中全会研究和部署全面推进依法治国，“虽然不像三

〔1〕 参见《中共中央关于制定国民经济和社会发展第十三个五年规划的建议》，人民出版社2015年版，第6页。

〔2〕 参见中共中央文献研究室编：《习近平关于全面依法治国论述摘编》，中央文献出版社2015年版，第38页。

中全会那样涉及方方面面，但不可避免涉及改革发展稳定、内政外交国防、治党治国治军等各个领域，涉及面、覆盖面都不小。这次全会提出了一百八十多项重要改革举措，许多都是涉及利益关系和权力格局调整的'硬骨头'。凡是这次写进决定的改革举措，都是我们看准了的事情，都是必须改的。这就需要我们拿出自我革新的勇气，一个一个问题解决，一项一项抓好落实"。[1] 在加强法治改革方案顶层设计的同时，党中央坚持从中国的国情实际出发，遵循法治领域的客观规律，积极稳妥有序地推进法治改革。对于一些关乎法治建设全局的重大改革举措，坚持试点先行，鼓励不同区域进行差别化探索，及时总结经验，逐步推开，确保法治领域改革"决不能在根本性问题上出现颠覆性错误"。[2] 这充分表明，当代中国法治改革面临着全新的境况和重大机遇，正在进入一个全方位的深化发展的新的历史阶段。

第六，必须坚持在全球治理大变革进程中，把握当代中国法治现代化的时代方位。当今世界，全球治理大变革正在勃然兴起，深刻地改变着国际政治与经济格局，有力地推动着世界秩序的历史性重构。中国的和平崛起，已经或正在给当今全球发展进程带来极其深刻的影响，引起了全球权力中心的时代位移，历史性重塑着世界秩序体系，以往那种由西方主导的全球秩序结构正在历史性地终结。因之，当代中国法治发展及其现代化进程与全球治理大变革进程不可避免地交织在一起。中共十八大以来，以习近平同志为核心的党中央站在文明社会大历史发展的时代交会处，悉心把握全球治理大变革进程对全面推进依法治国进程的重要影响，深入分析全球治理体系的深刻变革给中国法治发展带来的机遇和挑战，确立了当代中国法治现代化在全球法治发展进程中的历史方位。习近平强调，"对世界上的优秀法治文明成果，要积极吸收借鉴，也要加以甄别，有选择地吸收和转化，不能囫囵吞枣、照搬照抄"。"我们有我们的历史文化，有我们的体制机制，有我们的国情，我们的国家治理有其他国家不可比拟的特殊性和复杂性，也有我们自己长期积累的经验和优势"。要"努力以中国智慧、中国实践为世界法治文明建设作出贡献"。[3] 因此，在全球治理变革深入推进的时代条件下，法

〔1〕 习近平：《加快建设社会主义法治国家》，载《求是》2015年第1期。

〔2〕 参见中共中央文献研究室编：《习近平关于全面深化改革论述摘编》，中央文献出版社2014年版，第42页。

〔3〕《习近平在中国政法大学考察时强调：立德树人德法兼修抓好法治人才培养　励志勤学刻苦磨炼促进青年成长进步》，载《人民日报》2017年5月4日，第1版。

治现代化的中国智慧、中国实践之历史天职，不仅在于传承和弘扬中华法律文明，而且在于以富有逻辑力量的崭新的法治理念和丰富的法治实践，推动世界法治文明的成长与进步，从而展示法治现代化的中国方案与中国道路的独特魅力。这一历史天职亦必然要求中国在积极参与全球治理体系变革的进程中，要着眼国家现代化的战略目标，坚持走自主型法治发展道路，争取制定国际规则、改革国际体系的法治话语权。诚如习近平所指出的，“不管全球治理体系如何变革，我们都要积极参与，发挥建设性作用，推动国际秩序朝着更加公正合理的方向发展，为世界和平稳定提供制度保障”。[1]

〔1〕《习近平谈治国理政》，外文出版社 2014 年版，第 324 页。

目 录

导　言

中共十八大以来，以习近平同志为核心的党中央把全面推进依法治国、加快建设社会主义法治国家放在“四个全面”重大战略布局中来加以战略谋划和推进，坚定不移厉行法治，为解决党和国家事业发展面临的重大问题提供制度化方案，全面推进依法治国的时代进程取得历史性的进展，当代中国法治现代化进入新的时代。

法治现代化是国家现代化的题中之义。中国法治现代化是一个既与世界法治文明基本准则相互沟通、又具有浓郁民族风格的法治现象，蕴含着在法治变革发展进程中自觉选择法治现代化道路或模式的深刻必然性。中国的法治现代化是在特定的时间和空间条件下所展开的法治观念、法治体系、法治体制、法治制度和法治机制的改革与创新实践，具有独特的历史传统和社会条件。

法治现代化建设是个系统工程，包括方方面面的具体内容，当代中国的县域法治建设毫无疑问是其中的重要组成部分。习近平总书记强调，各级政府要“在法治轨道上开展工作，加快建设职能科学、权责法定、执法严明、公开公正、廉洁高效、守法诚信的法治政府”。[1] 法

〔1〕 参见习近平：《关于〈中共中央关于全面推进依法治国若干重大问题的决定〉的说明》，载《十八大以来重要文献选编》（中），中央文献出版社 2016 年版，第 150 页。

治发展,不仅要尊重法治的统一性和普遍性,也要重视县域的个体性和地区特色;县域法治建设中,不仅要注重制度层面的法制建设,也要注重区域内普通民众在法律实施过程中的法律意识的培育。

"县域法治"源自我国的法治实践,是结合了"县域"与"法治"两者内涵的新概念,作为国家法治微观化、具体化形式的县域法治,是国家法治在一定区域内的展开,是根据不同县域的自然环境、经济基础、历史传统、民族习惯等因素实施依法治理,具有区域特色的法治运行模式。因此,县域法治是在坚持国家法制统一前提下的区域实践。

习近平同志高度重视县域治理,多次阐述怎样当好县委书记、怎样加强和改善县域党的领导,他强调:在我们党的组织结构和国家政权结构中,县一级处在承上启下的关键环节,是发展经济、保障民生、维护稳定、促进国家长治久安的重要基础,也是干部干事创业、锻炼成长的基本功训练基地。他把县域治理最大的特点形象地概括为既"接天线"又"接地气"。也就是说,对上要贯彻党的路线方针政策,落实中央和省市的工作部署;对下要领导乡镇、社区,促进发展、服务民生。强调县一级工作做好了,党和国家全局工作就有了坚实基础。

本书共六章,内容涵盖县域法治发展的学理基础、历史进程、建设现状等方面的内容,具体而言:

第一章——当代中国县域法治发展的学理探讨。主要探讨县域法治发展的法理基础、制度依据和动力机制。

国家法治是具体的,不是抽象的、宏大价值的实现,主要依赖具体政制、法律和程序,只有通过具体法治,才能使法治达到实至名归的境界。法治应该是接纳各种地域背景下的人文关怀并且与人的善念交相辉映的,这样的法治才能为民众所接受,也才符合现代法治的要求。

县域法治发展,是全球化与区域化并行发展趋势下的产物。依法治国方略路线图的确立、法治建设成效纳入政绩考核指标体系、地方立法权的扩容以及地方行政权和经济管理权的扩大等都为县域法治发展提供了制度动力。

县域法治发展是县域治理的直接要求。善治,是区域法治的目标转向。实现善治,就需要政府、社会组织与公民之间在法治的框架内实现平等对话与民主协商,实现县域从管理到治理再到善治的高级进化。

县域法治发展推动县域经济的发展。县域法治发展,就是为了吸纳优质资源,而积极改善本辖区的法治环境,在区域治理环境、社会治理方式、行政服务效率、司法公正程度等方面做出有利于目标资源的改变。

县域法治发展依赖政府竞争的激励。县级政府的政绩考核制度推动县域法治发展。辖区治理竞争推动县域法治发展,县域法治发展可以提高地方政府将社会矛盾法治化解决的能力。

第二章——县域法治发展的历史进程。回顾历史上的中国县域法制状况、新中国成立后的县域法治,以及改革开放以来的县域法治发展概况。

传统中国县域法制,主要表现为如下特点:一是机构和职能上行政与司法合一;二是“县”作为初审法院,审判权有限;三是“调解”在传统中国县域中解决纠纷中起到重要作用。近代中国的县域法制,较之传统中国的县域法制,有了一些新的发展和变化:一是司法与行政逐渐分立;二是地方自治,规范权力并保障权利;三是诉讼程序的初步建立。民国时期,在西方法制思潮的影响下,县域作为国家治理的基本单位,法制在立法、自治制度(地方自治团体、保甲制度)、权力架构以及司法机构等方面逐步形成。

新中国成立后的县域法治建设,大体上可以区分《共同纲领》期间的县域法治、1954 年《宪法》颁布后的县域法治、1959 年到 1978 年的县域法治以及改革开放以来的县域法治发展不同的发展阶段。

《共同纲领》期间,通过多部法律文件对县域内的区级政权的组织以及乡级政府的组织予以规定,形成了“分层分级立法调适的政权建设思路”“多级政府层级体系下的县域三级管理体制”“人事及财政上的中央直管县的体制”“政府主导型的人大民主及协商机制”“政府为主体的分层立法体制”等展现当时历史时期带有鲜明时代特色的国家政权建设方式。

1954 年《宪法》颁布后的县域法治。1954 年《宪法》正式确立了中央、省、县、乡为分级构成的政权体系,确立了以人大为根本权力机关的、一府两院形式的国家政权架构。1954 年到 1958 年,我国立法集中涌现,形成了覆盖多个领域的法律体系,这一时期,我国人民代表大会的根本政治制度渐趋成型,人民代表大会产生人民委员会、人民法院及人民检察院的政治体制得到进一步的巩固和完善,这一架构也成为改革开放以后我国继续实行的人民代表大会之下一府两院的政治制度的最初模板。

1959 年到 1978 年的县域法治。这一时期,国家整体法治建设经历波折,县域法治建设在当时的历史环境下也深受影响。1975 年《宪法》和 1978 年《宪法》,增加了在县域内农村人民公社的建制,规定公社作为政社合一组织的性质，并在公社推行人民代表大会制度。由此，1954 年《宪法》所确定的县域内县、乡两级体制变更为县、镇、公社三级体制。同时，地方政治结构又开始向新中国成立初期的做法回归，即地方各级革命委员会作为地方各级人民政府，同时又是地方各级人民代表大会的常设机关。

改革开放以来的县域法治发展。1979 年以后，经过国家建设指导思想上的拨乱反正，包括县域法治在内国家整体法治建设发生较大的改观，国家的立法、执法、司法及法律监督体制得到确立，并在改革开放的历史进程中保持较为稳定的状态。1982 年《宪法》以及之前及之后颁行的一系列与国家机关建设有关的法律，接续了 1954 年《宪法》及相关国家机关组织法对国家政权组成及机构的编制方法，即人大及政府按照中央与地方相区分的方式加以立法调整，对人民法院及人民检察院予以专门立法的方式进行调整。

第三章——县域法治发展的现状分析。这一部分主要包括县级行政区划概述、县级政权组织架构、县级政权决策机制、当前县域法治发展面临的挑战、党的十八大以来县域法治发展的新成就等。

本章简要介绍了我国县级行政区设置、县级政权组织架构、县级决策机制等基本情况，重点分析了当前县域法治发展面临的挑战，认为县域法治建设仍处于起步发展阶段，治理体系和治理能力与迅速发展的县域经济社会发展现状还不相称，这主要表现在：(1)法治意识淡薄，权力过于集中；(2)权力本位和长官意志依然突出；(3)权利本位、公民主人翁意识薄弱；(4)诚信守法、依法办事未成风尚；(5)社会功能未有效激活（行政主导色彩浓厚、社会功能薄弱等）；(6)社会治理方法简单，等不同程度存在法治不彰、秩序失范、风险加大、运转不佳等问题，亟须系统构建和规制，加快推动县域治理法治化进程。

本章重点阐述了党的十八大以来县域法治发展的新进展。党的十八大以来，中央对县域治理作出了一系列新的目标要求，作出了全面部署和规划。习近平同志高度重视县域治理县委书记队伍建设工作，特别强调："现在，县级政权所承担的责任越来越大，需要办的事情越来越多，尤其是在全面建成小康社会、全面深化改革、全面依法治国、全面从严治党进程中起着重要作用。"[1]从全面建成小康社会来看，全面推进经济建设、政治建设、文

〔1〕 习近平：《培养造就一支高素质县委书记队伍》，载中华网：http://3g.china.com/act/945_20289842.html，最后访问日期：2017 年 5 月 10 日。

化建设、社会建设、生态文明建设等各项工作，都要靠基层来落实，全面建成小康社会，最艰巨最繁重的任务是农村；从全面深化改革来看，十八届三中全会提出的全面深化改革总体部署和改革举措，需要通过县一级政权和县委书记落实到基层，传递到末梢神经；从全面依法治国来看，依法治国的根基在基层，要把全面推进依法治国的工作重点放在基层，发挥基层党组织在全面推进依法治国中的战斗堡垒作用，教育引导基层广大党员、干部增强法治观念、提高依法办事能力，努力把十八届四中全会提出的各项工作和举措落实到基层；从全面从严治党来看，县一级同人民群众的联系更直接，其不良作风将直接损害群众利益、伤害群众感情。县域治理中县委书记的地位格外突出，治理好一个县，关键要建立一个强有力的县委，县委书记这个岗位很重要。县委是我们党执政兴国的"一线指挥部"，县委书记就是"一线总指挥"，是我们党在县域治国理政的重要骨干力量。

第四章——县域法治建设的重点任务。从党委领导与依法施政、依法行政与法治政府、经济建设与法治经济、权利保障与法治为民、全民守法与法治文化等几个方面，对县域法治建设的重点任务展开论述。县域社会治理法治化和基层民主法治建设，也是县域法治建设的重点任务，但鉴于这两部分内容在县域法治中的特殊性，本书分列第五、六章分述。

就党委领导与依法施政而言：首先，深入推进县域法治建设，坚持党委领导是根本保证。坚持党委领导、依法施政，必须建立健全依法科学民主决策机制。其次，要建立健全依法科学民主决策机制，实现决策行为法治化，是新形势下加强党的执政能力建设和区域法治建设的重要任务。最后，推进县域法治建设，要从本地经济社会发展实际出发，注重运用法治思维和法治方式推进改革发展，自觉把权力关进法律制度的笼子，在法治的轨道上开展各项工作。

就依法行政与法治政府而言：深入推进县域法治建设，大力推进严格公正文明执法、坚持依法行政、建设法治政府是关键。县域法治政府建设在我国的整个法治政府建设中有着承上启下的重要作用。县域法治政府建设必须运用法治思维与法治方式来实现县域内的科学立法、严格执法、公正司法、全民守法。简言之，就是要在法治化的制度安排下用好权、履好职、有作为。

就县域经济发展与法治经济而言：在全面依法治国，建设法治政府的背景下，必须把县域经济的发展纳入法治之中。纵观江苏居于全国百强县的部分县(市、区)改革发展的历程,把法治作为县域核心竞争力,是这些地区积极适应新常态的战略选择。“市场经济就是法治经济。”法治既是市场经济发展的产物,也是构建市场经济秩序的基本保障。在发展经济的同时全面推进依法治理、大力加强法治建设。首先,要深入推进政府法治改革,在法治框架下厘清政府与市场、社会之间的关系。其次,要大力推进严格执法、公正司法和全民守法,积极营造良好的经济发展环境。最后,要积极引导各级领导班子和领导干部从过去注重经济 GDP 向注重法治 GDP 转变,切实践行“抓法治就是抓经济发展”的理念,切实提升各级领导干部的法治思维与依法办事能力。

就实现社会公平正义与保障权利而言:政府主导推进、社会广泛参与的社会主义法治建设必须依靠群众,法治建设成果必须惠及群众,特别是县域法治建设,更要坚持“法治建设为了人民、依靠人民、造福人民、保护人民,以保障人民根本权益为出发点和落脚点”。

就培育法治意识与弘扬法治文化而言:全面推进依法治县,不仅要大力推进法治政府建设和公正司法,而且要大力推动全民尊法守法、依法办事,加强基层法治社会建设,在基层群众当中培育尊法守法学法用法的浓厚氛围,积极推动县域治理纳入法治化轨道。

第五章——县域社会治理法治化。本章内容包括社会转型期加强县域社会治理的重要性,以法治思维和方式推进社会治理创新,县域社会治理创新的实践(以江苏为例)等方面。

首先,社会转型期加强县域社会治理的重要性。“郡县治则天下安”,县域治理体系是国家治理体系的有机组成部分和基础性环节。社会转型给社会治理领域带来新的课题。从经济层面来看,随着经济结构战略性调整不断推进,企业职工的下岗转岗和创业就业;农村富余劳动力的转移就业;地区、城乡之间发展差距以及部分社会成员收入分配差距;土地征用、城镇拆迁产生的大量矛盾;粗放发展方式带来的安全生产、环境保护、产品质量等方面的问题。从社会层面来看,在改革开放强劲推动下,社会流动性和开放性显著增强。从思想文化层面来看,改革开放以来,人们思想活动的独立性、选择性、多变性、差异性明显增强。这些转型时期的新问题,对县域社会治理提出新要求。这就需要改变日常社会治理中的思路、机制、法律、政策、方法和手段等方面存在的不适应问题,谋求与社会主义初级阶段基本国情相适应、与社会主义市场经济体制和我国政治制度相适应、与开放、动态、信息化社会环境相适应的治理理念,以理念的先进带动社会治理水平的提升。推进县域社会治理法治化的重要性来自县政的重要性。一是推进县域社会治理法治化,有利于夯实法治中国建设的根基。二是推进县域社会治理法治化,有利于更加扎实地推进国家治理体系和治理能力的现代化。三是推进县域社会治理法治化,有利于深化全民法治教育、弘扬法治精神。四是推进县域社会治理法治化,有利于依法化解矛盾维护稳定。推进县域社会治理法治化,必须围绕法治中国建设这个大局、必须坚持在党的领导下有序推进、必须以约束和规范公权力为重点、必须以激发基层社会活力为目的、必须以培育法治文化为基础。

其次,以法治思维和方式推进社会治理创新。中共十八届三中全会首次在文件中使用了“社会治理”这一概念,并就创新社会治理作出了重要部署。从管理到治理,虽然只有一字之差,但其内涵却发生了深刻变化。“社会治理就是对合作网络的管理,指的是为了实现与增进公共利益,政府部门和非政府部门等众多公共行动主体彼此合作,在相互依存的环境中分享公共权力共同管理公共事务的过程。”以法治引领县域社会治理创新:第一,要建立完善社会矛盾源头预防机制。不断强化源头治理,就是要推动社会治理关口前移,着力解决影响社会稳定的源头性、根本性、基础性问题。第二,着力加强流动人口和特殊人群的服务管理。构建流动人口服务管理体系、特殊人群服务管理体系,强化预防青少年违法犯罪工作措施。第三,要积极推进公共安全体系建设。包括建构立体化现代化社会治安防控体系;加强整治突出治安问题和治安重点地区;以及提升互联网等科技防范水平。又次,要着力构建覆盖城乡的公共法律服务体系。健全法律服务网络、拓展法律服务领域、创新法律服务方式、确保法律服务质量,推动建立覆盖城乡的公共法律服务体系。第四,要夯实基层基础。县域社会治理重点在基层、难点在基层,希望也在基层。必须始终把基层组织建设作为推进县域社会治理的一项重要内容。

最后,以江苏为例进行了县域社会治理创新的实践考察。多年来,江苏省各地在省委、省政府的正确领导下,多措并举加强县域社会治理,取得较好成效。通过强化典型引路,注重发挥先进典型的示范引领作用,有力推进县域治理法治化进程,进一步夯实社会治理的基层基础,群众安全感和法治建设群众满意度不断提升。

第六章——基层民主法治建设。主要安排了基层法治建设工作的重要性、基层民主与自治、基层民主法治建设面临的问题、基层民主法治化的推进方略等方面的内容。

当前,我国正处在改革攻坚期和深水区,注重从基层推进法治中国建设,是重大而紧迫的现实需要。农村和城市社区的情况又有所不同,在农村,随着改革的纵深发展,"三农"问题也日显突出,农业的稳步发展,农民权益保障,农村社会公平正义的实现受到关注。全面推进依法治国,根基在农村、难点在农村、希望也在农村。加强农村民主法治建设是推进社会主义新农村建设,保障农民群众根本利益的根本保证;加强农村民主法治建设是推进村民自治,维护农民群众合法权益的必然要求;加强农村民主法治建设是巩固党在农村执政的基础,更好地带领农民群众加强社会主义新农村建设的重大举措;加强农村民主法治建设有利于推动和谐社会建设。在城市社区,加强城乡社区法治建设,有利于畅通群众利益的诉求表达渠道,保障人民群众依法行使民主权利;有利于扩大群众参与,健全基层党组织领导的充满活力的基层群众自治机制;有利于找到群众意愿和要求的最大公约数,促进基层民主健康发展。

在基层民主与社会自治方面:中共十八大《坚定不移沿着中国特色社会主义道路前进为全面建成小康社会而奋斗》(以下简称中共十八大《报告》)指出:"在城乡社区治理、基层公共事务和公益事业中实行群众自我管理、自我服务、自我教育、自我监督,是人民依法直接行使民主权利的重要方式。"贯彻党的十八大精神,应当进一步健全基层民主制度,发展基层民主,保障人民享有更多更切实的民主权利。实现基层自治的工作要求:第一,要健全基层党组织领导的充满活力的基层群众自治机制;第二,要健全以职工代表大会为基本形式的企事业单位民主管理制度,保障职工参与管理和监督的民主权利;第三,要发挥基层各类组织协同作用,实现政府管理和基层民主有机结合。要实现民主自治中的基层良治:(1)民主选举:提升基层组织治理能力;(2)民主管理:基层社会治理必须得到群众信任和支持;(3)民主决策:群众自己的事自己做主;(4)民主监督:让基层治理置于阳光之下等方面。实践中,包括江苏太仓的"政社互动模式"、镇江新区的"全覆盖公共法律服务体系"、贵州仁怀的"学孔样本"、习水的"四事工作法"、贵阳的"三会一评"、凤冈的"党群直议制"等,都是基层民主自治有益的实践探索。

当前,基层民主法治建设面临许多问题,存在一些薄弱环节。主要表现在:(1)习惯性思维较多,不少基层干部习惯于管理思维、控制方式,不习惯于治理思维、协商解决问题,村民遇事仍然习惯以传统的思维和方法解决问题,较少选择使用法律手段;(2)解决具体问题力度不够;(3)少数干部群众法治意识仍然不足;(4)用“法”难、执“法”难等。此外,封建迷信活动在一些地方还比较盛行。这种现象的形成有其特定的客观原因:一是传统文化的影响;二是经济发展的制约;三是法律服务的缺位。在社区,社区组织体系同样存在一些难题,突出表现在:(1)在社区组织的体制建构方面,迄今为止在大多数城市社区中仍未形成足够成熟的社区组织体制。(2)社区组织的资源调动和利用能力也存在很大的差距。一是政府为社区提供的资金还远远不够。二是在政府以外的资源投入还很不够。(3)大量“单位人”已经向“社会人”转变,传统社会治理模式和方法受到严重挑战:治理对象变了,而治理方式未变;治理目的变了,认知方式未变;治理的主体变了,而观念滞后;治理的内容变了,治理方法和思维没有及时更新。单位体制的功能虽然在弱化,个人对单位组织的依附性虽有所减弱,但并没有实现根本的改观,单位组织的作用仍然很强大,单位成员依附于单位组织的情形还大量存在。

在基层民主法治化的推进方略中,党的领导是核心。在基层民主自治的探索中应当始终坚持“党建引领”,把准工作方向、把好关键环节、强化组织建设,党员深入群众听民情、解民惑,确保村、居民自治工作沿着正确的方向稳步有序推进。村、居民自治,必须在法律、规章的框架内开展。具体而言:第一,要坚持不懈地推进基层民主自治,完善村(社区)自治组织建设,健全以群众自治组织为主体、社会各方面广泛参与的新型城乡社区治理体系。第二,要进一步加强基层法律服务,依法维护基层社会和谐稳定。推进县域社会治理法治化,应当建立完备的法律服务体系,为基层单位和人民群众提供便捷有效的法律服务,依法及时化解社会矛盾纠纷,维护县域社会和谐稳定。第三,要提升重点工作的法治化水平。其一,要严格依法执法,推进政务公开;公正司法,司法为民,提升司法公信力。其二,要切实改善村(居)委会设施建设,加强工作用房和村居民公益性服务设施建设;还要不断健全城市社区居民委员会工作体系。第四,要营造良好的法治氛围。努力提高法治的社会影响力,进一步加大宣传力度,积极开展特色突出、契合社情民意的宣传教育活动。第五,大力打造基层村(居)工作队伍。辖区人口较多、治理和服务任务较重的村(居)委会适当增加若干工作人员。鼓励党政机关和企事业单位优秀年轻干部到村(居)委会帮助工作或建立经常性联系制度,鼓励高校毕业生、复转军人等社会优秀人才到村(社区)担任专职工作人员。

鼓励党政机关、企事业单位在职或退休党员干部、社会知名人士以及社区专职工作人员参与社区居民委员会选举，经过民主选举担任社区居民委员会成员。加强对社区居民委员会工作人员的教育培训。第六，深化基层依法治理载体建设。定期表彰省级法治乡镇（街道）创建先进单位，整体提升乡镇（街道）法治建设水平；坚持开展“民主法治示范村（社区）”“和谐村（社区）”、诚信守法企业等创建活动；更加注重联动融合、开放共治，更加注重民主法治、科技创新，提高社会治理社会化、法治化、智能化、专业化水平，提高预测预警预防各类风险能力。第七，加强对基层组织的领导力度。逐步理顺村（居）委会与相关组织的工作关系，村（居）委会应自觉接受村（居）党组织的领导，积极推进村（社区）党组织建设，为社会主义新农村以及和谐社区建设提供坚强组织保证。城市基层人民政府或者它的派出机关对社区居民委员会的工作给予指导、支持和帮助。

第一章 当代中国县域法治发展的学理探讨

当今,法治理论已进入一个相对成熟的阶段,从法治概念内涵、法治要素等定性研究为主的传统法治理论衍生出法治指数、法治评估等定量研究的现代法治理论,从以国家法治为中心的整体主义法治观拓展为国家法治与区域法治同等关注的整体与多样性兼顾的法治观。在走向实证研究、区域研究的现代法治理论背景下,县域法治发展既是对县域治理实践要求的理论回应,更是国家法治具体应用的必然要求。当前,国家立法权、行政权逐步下放,地方政府自主责任加大,为县域法治发展提供了制度基础;县域经济社会治理是县域法治发展的根本动力。

一、县域法治发展的法理基础

(一)“县域法治发展”的概念内涵

1. 法治、县域法治与县域法治发展

“法治”的概念,不同的法学家、法学流派的理解不尽相同。西方法学史中的“法治”概念在古希腊时代就已经见著于文献之中。例如,亚里士多德对法治做出过经典的描述,“已成立的法律获得普遍的服从,而大家所服从的法律又应该是本身制定得良好的法律”。他认为

"制定得良好的法律"(立法)与"法律被良好遵守"(守法)是法治的核心含义。[1] 古罗马法学家西塞罗则进一步对法治做出阐述,他从法律与官员以及法律与共和政体的关联性角度,认为"权力从属于法律""官员是会说话的法律,法律是不会说话的官员"。[2] 法国思想家孟德斯鸠在分析政治结构的过程中谈论了法治,提出了以分权制为核心的国家政权体制。系统提出法治思想的是19世纪末的英国法学家戴西。戴西提出了法治三要素的思想,指出,"绝对的或超越的法治,反对政府有专断的、自由裁量的无限制的特权,英国人可以因破坏法律而受到处罚,但不会因为其他任何事情而受处罚;法律面前人人平等,英国人不分阶级受治于同一法律体系,为同一法院所管辖;对于英国人来说,宪法不是一切法律规范的渊源,而是个人权利与自由的结果,而英国人的权利和自由是由宪法根据习惯法予以保障,任何人的权利受到他人的侵害,都有权通过法定的救济办法获得补救"。[3] 在中国的法学史中,"法治"一词最早是在先秦诸子的文献作品中被提出的。管仲认为,"以法治国,则举措而已";[4] 而韩非子则认为,"治民无常,唯法为治"。[5] 我国当代学者对法治的表述,是在对西方法哲学的理解过程中,立足我国政治以及法律思想历史特点,得出的一系列概念体系。张文显教授从多个面向来概括法治:就治理国家角度而言,法治是一种治国方略;从行为角度而言,法治意味着一种行为的模式;从社会稳定性而言,法治表征着一种秩序状态。"总而言之,法治是融汇多重含义的综合观念。"[6] 卓泽渊教授将"法治"与"法治国家"相结合,认为法治国家应当包括八个方面的基本特征,即应当具备民主制度完善、人权得到保障、法律地位崇高、法律制度完备、司法公平公正、权力监督严密、行政依法进行、权利得到彰显等特征。[7] 程燎原教授则将法治国家的标志概括为法治国家实行民主政治、良法善治、法律权威、司法独立、司法公正、法治文化及法治思维这几个方面。[8]

---

〔1〕[古希腊]亚里士多德:《政治学》,吴寿彭译,商务印书馆1983年版,第199~276页。

〔2〕[古罗马]西塞罗:《论共和论法律》,王焕生译,中国政法大学出版社1997年版,第255页。

〔3〕[英]戴西:《英宪精义》,雷宾南译,中国法制出版社2001年版,第244~245页。

〔4〕《管子·明法》。

〔5〕《韩非子·心度》。

〔6〕张文显:《法治与法治国家》,法律出版社2011年版,第1~5页。

〔7〕卓泽渊:《法治国家论》,中国方正出版社2001年版,第45页。

〔8〕程燎原:《从法制到法治》,法律出版社1999年版,第288~290页。

“县域法治”的概念,是中国法学学术界的新命题,这个命题实际上来自我国的法治实践。早在十多年前,一些东部沿海省份的地方政府就以一种积极的姿态参与到本区域法治发展的过程中,在国内较早提出了区域法治的发展规划问题。例如,省级法治发展的纲领性文件——《法治江苏建设纲要》,于2004年7月14日在江苏出台。[1] 该纲要对法治江苏的十年规划作出设计,并提出要在2015年在全省范围内基本实现法治化的目标。这部法治建设纲要被称为“全国第一部区域法治建设纲要”。[2] 在此框架下,江苏于2005年决定在全省开展法治合格县创建活动,在昆山召开了首届“县域法治发展论坛”。与此同时,浙江省和广东省也开始尝试在制度层面提出“县域法治”的治理目标。从学术史的角度考查,“县域法治”这一命题得到学术界关注,始于2013年。2013年10月,江苏高校区域法治协同创新中心在南京召开了“变革时代的区域法治发展”学术研讨会,会上很多专家提出应加强县域法治研究的命题。随后的2014年,中国政法大学县域法治研究中心在北京成立,该中心“是中国首家专门致力于县域法治理论与实践研究的学术机构”。[3] 传统公法上的“县域”概念是为了政治上统治、行政领域管理和协同法治发展而进行的具有科层制特点的划分。我国法律体系所涉及的“县域”概念实际上是根据行政区划界限所进行的一种划定。该区域概念以特定区域内(县域)的法治现象作为研究对象、以宪法和组织法规定的县级行政区划为范围、以行政法上的属地管辖为基本原则。自秦汉以来,中国推行了“郡县制”的行政安排,“郡县治,则天下安”。自秦设县以来,中国的基层组织管理都依靠县治,对贯彻落实中央政策精神与传达基层民情民意起到了不可忽视的重要作用。如今,随着经济社会的转型,全面深化改革的推进与法治建设的深入,给县域治理带来了新的机遇与考验,县域法治成为当下不能忽视的重要命题。

从语汇学的角度来说,“县域法治发展”是结合了“县域法治”与“法治发展”两者内涵的新的概念。在我国,由于经济制度的转变以及社会向现代化的转型,法律制度也需要随之由传统型法制向现代法理型法治的变革。

---

〔1〕 苏政法、戚阜生:《江苏纪念〈法治江苏建设纲要〉颁布十周年》,载中国江苏网:http://news.jschina.com.cn/system/2014/07/13/021386459.shtml,最后访问日期:2016年11月4日。

〔2〕 文正邦:《法治中国视阈下的区域法治研究论要》,载《东方法学》2014年第5期。

〔3〕《中国政法大学县域法治研究中心》,载中国政法大学网:http://www.cupl.edu.cn/info/1081/4336.htm,最后访问日期:2017年1月11日。

这个法律进化的过程,就是法治现代化的进程。[1] 我国传统法律制度重视权力的行使而忽视权利的保障,法律的形式化程度较低,司法与执法的程序化得不到应有的重视,本质上是一种"人治主义"的法律观。而法治发展要求将这一人治型的法律体系加以变革,使之转变为一种更加符合现代法治精神的法理型的规范与价值体系。县域法治发展意味着国家层面的法治发展在具体的县级行政区域内得到了发展,并且形成了具有区域特征和地方文化意义的法治特色。在发展法治的过程中,不仅要尊重法治的统一性和普遍性,也要重视县域个体性和地区特色;在县域法治的建设中,不仅要注重制度层面的法制建设,也要注重区域内普通民众在法律实施过程中的法律意识的培育;在推动制度现代化的同时也促进人的观念的现代化。

2."县域法治发展"概念的科学性

对"县域法治"概念的阐释,必然面临县域法治发展是否与法治统一性原则相背离这一问题的挑战。有学者认为,法律是"主权者的命令"。所以"主权是现代法治概念的基础"。由于国家主权的不可分性,因而"区域法治发展的概念忽略了法治与主权的关系,在逻辑上不能自洽"。所以,将"区域法治"的概念改成"区域法制"更为合理。[2] 从这一理路出发,如果"区域法治"的概念不能存在,那么"县域"和"法治"两个词语,结合而成的"县域法治"概念,逻辑上也违背"主权说"而难以自洽。认为法律是"主权者的命令"的观点实际上是将法治的概念放到国家政治运行这一层面的"法治"论中加以理解,这必然得出法治只能从国家的层面提起,而不可以微观化和具体化,更不可能从区域化来研究法治的结论。对于被人类文明史争议了多个世纪的"法治"概念,在理解其内涵时不能仅限一家之言。古今中外的法学家对"法治"一词的概念内涵,大体上是从观念意义上的法治、国家政治运行意义上的法治以及法律实施意义上的法治三个方面来阐述的。作为国家法治微观化、具体化形式的县域法治发展,也包含了法治的精神、法治的理念以及法治的实施等多重含义,也当然包含了国家主权意义下的法治架构在具体县域实施的这一层含义。公丕祥教授在《认真对待区域法治发展》一文中,对区域法治县存在的合理性、合法性及其意义作出深刻论述。他认

[1] 公丕祥主编:《法理学》,复旦大学出版社 2008 年版,第 380 页。

[2] 张彪、周叶中:《区域法治还是区域法制? ——兼与公丕祥教授讨论》,载《南京师范大学学报》(社会科学版)2015 年第 4 期。

为："中国是一个幅员辽阔的东方大国，不同区域法治发展的多样性统一，构成了中国法治发展的生动样式。"县域法治发展表征着法律文明及其价值基础在特定地域中展开的具体生动的法治场景。县域法治是国家法治在一定区域内的展开，是根据不同县域的自然环境、经济基础、历史传统、民族习惯等因素实施法治治理，形成具有区域特色的法治运行模式。毫无疑问，尽管县域法治发展这一概念出现的时间不长，但是这一概念经过国内诸多学者所论证后，已经成为一个科学的法律概念。如果从上述第三个层面来审视法治国家建设的现实，那么县域法治发展的概念不仅可以成立，甚至无疑具有十分重要的意义。因为与宏观层面的法律规则完善而言，法治在特定县域的具体运行更值得关注。有学者指出，如果分析改革开放以来我国法学研究的弊端，那么地方法治的边缘化无疑最值得反思。[1]

3. 县域法治发展并不违背法治统一性原则

在联邦制国家，县域法治的概念被广泛接受。这是由于联邦制国家中，联邦和各个州均具有自己的法律体系，彼此在国家宪法框架内并行不悖。然而在单一制国家中，虽然我国立法法认同地方立法权的存在，但是法制统一仍然被视为我国法治发展的一项基本原则。在单一制国家发展区域法治必须明确县域法治与国家法治的关系，县域法治是国家法治在县级行政区内的展开，是一种具有区域特色的法治运行模式。县域法治发展是在现有的国家法治内的具体化的实施景象，是为了更好实现法治国家的区域试验，县域法治发展并非是对现有法律体制的突破。

县域法治是在国家法制统一的前提下展开的。县域法治发展应当遵循国家法治的基本原则和规则，对于国家法律体系无明文规定的自由领域，县域法治也必须遵守国家法治的具体原则，不得抵触国家法治的基本精神。县域法治发展必须尊重国家法治的权威性，必须在国家法治统一的框架内有序地推进。因此，县域法治发展应当在不违反国家宪法与法律规定、不抵触中央法治精神的前提下，努力寻求县域法治的特殊性。推进县域法治建设，并非构建新的法治秩序，而是将国家的法治秩序和法治举措在本行政区内予以更好地实施与落实。县域法治发展是在现有的国家法治与政治文明的体系内，寻求一定的地方特色，其目的是为了更好地推进法治中国。

县域法治发展组成了国家法治发展不可或缺的一环。"依法治国"作为

---

〔1〕 黄文艺：《认真对待地方法治》，载《法学研究》2012年第6期。

治国方略,正不断地影响着我国地方社会的转型与县域经济制度的变迁。法治景象在我国这一经济社会发展不平衡的国度,必然呈现出纷繁复杂的样态。在国家全局角度推进法治中国建设,就不能忽视县域层面的法治发展问题。县域法治发展的程度表征着法治在实践中运行的水平以及法治中国宏伟目标在具体实践中的实现程度。当各个省的法治水平得到了提高且各个县域的法治举措得到落实,法治中国目标的实现就指日可待,依法治国的政治格局才能真正深入人心。从这个角度可以说,县域法治建设的成败直接关系到依法治国的成败,在国家法治建设大格局中,各个县域决不能推卸自己的法治责任。各大县域应当在国家的统一部署下,在尊重宪法权威和不与上位法冲突的前提下,深入研究地域特色并发掘县域法治特色,采取因地制宜和实事求是的态度,来创造性地开展县域内法治规划以及立法、司法和执法工作。

县域法治发展具备一定的法理基础。国家法治应当是具体的,而不是抽象的。国家法治是普遍适用的,但是国家所有的法治原则、规则最终都必须落实到具体的法律实践当中。有学者通过“具体法治”来论证法律的具体实施问题:宏大价值的实现,主要依赖于具体政制、法律和程序。只有通过具体法治,才能使法治达到名归实至的境界。[1] 我国目前法治发展已经具有了一定的具体特色。例如,在“一国两制”框架内实现港澳地区法治与内地的区别,以及在宪法关于民族的原则性规定下在少数民族聚居地区实现民族自治等,均是在保障国家法制统一前提下尊重具体地区特殊性的一种努力。从广义的角度而言,这也可以视为县域法治一种实践。法治的具体性也适用于我国目前各省份开展的地方法治先行的探索,国家的法治建设需要在各个县域得到具体的落实和有序地推进。著名的学者吉尔兹认为:“法学和民族志,一如航行术、园艺、政治和诗歌,都是具有地方性意义的技艺,因为它们运作凭借的乃是地方性知识。”[2] 他认为法并不仅仅是普适性的规则,实际上,法是特定情境下的一种地方性知识,具有时代性和地方性,是一种多元化的知识。吉尔兹以自身敏锐的视角和宽广的视野,在社会科学研究方面提出诸多充满思辨性的新观点和新方法,被誉为美国社会科学

---

〔1〕 贺卫方:《走向具体法治》,载《现代法学》2002 年第 1 期。

〔2〕 [美]克利福德·吉尔兹:《地方性知识:事实与法律的比较透视》,邓正来译,载梁治平主编:《法律的文化解释》,生活·读书·新知三联书店 1994 年版,第 126 页。

研究的“文艺复兴式”的人物。吉尔兹的这一理论为我们在大国范围内推行县域法治提供了科学的、跨学科的视角。法治并非一系列文本、规则与原则所堆积出的法律大厦，而是浸透着各种特色的文化寓意与价值诉求的良法善治。法治并不应该总是严苛和坚硬的，相反，法治应该是接纳各种地域背景下的人文关怀并且与人的善念交相辉映的，这样的法治才能为民众所接受，也才符合现代法治国的要求。我国幅员辽阔、人口众多，无论是语言、风俗习惯抑或生活方式，全国各地都存在不同的差异。普适性的法律在地方具体落实时候，也经常会遭到地方上的传统文化习俗与乡规民约的抵触。因此作为带有地方性知识色彩的法律，也很有必要接纳符合法治精神的地方性的文化风俗，为县域法治发展留有余地。

（二）县域法治发展的背景条件

1. 全球化与区域化并行发展中的县域法治发展

全球化和区域化是并行发展的，全球主义和区域主义相继崛起是近几十年世界发展的主要趋势。一方面，所有国家都被卷入全球化浪潮之中，由于各地区要素禀赋不尽相同，就使资本和贸易突破了资源配置的国家形式，区域将要直接面临经济全球化的竞争。全球化将生产要素的配置带入了全球模式，全球化以不可抗拒的态势席卷世界。另一方面，经济区域化是经济全球化的补充。[1] 政治、商业和信息的全球化将各国资源和要素直接地暴露在国际范围的流动中，竞争带来的压力加速了区域治理的兴起和区域性思维的产生，国家将不再具备完全的支持区域发展的能力以及必要性，因为他们政策关注国际金融资本和跨国公司日益增长的力量，而不是国内的地区。

全球化和区域化的同步崛起，使区域与区域的相互竞争加剧，地方政府竞争逐步展开。竞争的全球化倒逼各国改革政府机构，激发经济活力。虽然各国国情不尽相同，但是这一轮改革热潮总体上是以分散政府权力，尤其是分散中央政府权力为基础的，[2] 我国也不例外。在计划经济时代，中央实行高度集权，地方政府仅仅作为中央政府的代理人，负责中央指令的上传下达以及完成中央分配的事项，地方政府之间的横向关系极为简单。从事权来看，中央政府通过完整的指令性计划支配着地方所涉及的从宏观上的

---

〔1〕 叶卫平：《经济全球化与经济区域化》，载《中国人民大学学报》2001 年第 4 期。

〔2〕 孙伯英：《当代地方治理——面向 21 世纪的挑战》，中国人民大学出版社 2004 年版，第 67 页。

经济生产到微观上的粮油供给等几乎全部的事项；从财政权力来看，国家实行统一征收统一分配政策，地方政府在财政上极度依赖上级政府，既不是独立的财税利益主体，在财税收支和预算上也仅存在很小的自由度。因而，政府间竞争行为在计划经济时代是极其微弱的，最多也只是体现在对中央资源的争取上。在全球化、改革开放时代到来之后，随着中央权力下放、地方分权化改革以及市场化进程的加速，地方政府管理经济的自主权逐渐扩大，同时地方政府开始具备财政自主权和经济管理权。地方政府获得了独立的财政利益，并且掌握了追求利益的能力。地方政府不仅是中央政府的代理人，还成为具有独立利益格局的地方关键性角色。地方政府间的横向关系开始变得复杂，竞争成为横向关系的常态。

与全球化和区域化趋势同步的是区域治理压力的增大，客观上对区域法治发展提出了需求。区域法治发展与我国努力融入全球化过程中的市场化改革密切相关。一定的经济基础既是法的出发点，也是法的归宿。〔1〕“经济条件归根到底还是具有决定意义的，它构成贯穿于全部发展进程并唯一能使我们了解这个发展进程的红线。”〔2〕改革开放和全球化进程为我国带来了意识形态的松动和宪法秩序的变革，社会活力得到了释放，人们的利益诉求开始增加并且出现了利益的差异化。与社会分层和利益多元化同步的是社会矛盾的增加以及社会治理的复杂化。中央政府由此开始认可地方政府在辖区治理中的地位和作用，地方在发展经济和制度创新方面的能力得到认可，地方被赋予立法权和经济社会的治理权，而不像之前那样仅仅代理中央政府执行国家计划和指令。在此背景下，为了更好地治理地方的经济与社会，法治的意义逐渐为地方政府接受，法治成为地方政府不容忽视并且努力推动的竞争工具之一。发展法治，地方才能保障经济的法治化运行，才能调动起民众的积极性，才能在府际竞争中占据有利地位，并且在政治策略上与中央政府保持同步。

2. 依法治国路线图中的县域法治发展

2014 年 10 月，十八届四中全会审议通过了《中共中央关于全面推进依法治国若干重大问题的决定》，在“依法治国”方略提出 17 年之后，依法治国首次作为主题，无疑为未来中国建设法治国家描绘出新的路线图。今日

〔1〕 李龙主编：《法理学》，武汉大学出版社 1996 年版，第 56 页。

〔2〕 《马克思恩格斯全集》（第 3 卷），人民出版社 1998 年版，第 199 页。

中国,法治正在成为国家治理方略、社会共同信仰。会议提出建设法治国的六大任务:完善以宪法为核心的中国特色社会主义法律体系,加强宪法实施;深入推进依法行政,加快建设法治政府;保证公正司法,提高司法公信力;增强全民法治观念,推进法治社会建设;加强法治工作队伍建设;加强和改进党对全面推进依法治国的领导。正如习近平总书记说的那样,“我们要切实抓好落实,让全面深化改革、全面依法治国像两个轮子,共同推进全面建成小康社会的视野滚滚向前”。[1]

十八届四中全会特别要求,把法治建设成效作为衡量各级领导班子和领导干部工作实绩重要内容、纳入政绩考核指标体系。中央对法治在国家治理体系中作用的认识的深化释放出强烈的信号,这种信号传导到地方的表现,即地方政府对区域法治发展的重视程度的空前提高。县域法治得到地方政府的重视,与国家加速推进依法治国路线图、中央进一步重视依法治国密切相联。

在联邦制国家,地方政府具有独立的法律地位,因此政府间纵向关系并不体现控制与被控制的特点。但是在中央集权国家,一个国家主权范围内不可能同时并存多个权力极。[2] 随着分权化改革和市场经济的发展,我国中央政府掌握的资源总量虽然呈现出减少的态势,但是单一制国家的特点决定我国中央政府依然在权力行使、财力分配、发展规划和人事组织上控制着地方政府。因此地方政府必须与上级政府保持一致。地方政府与上级政府的关系往往表现为下级政府对上级路线和执政风格的领悟。

中央对法治国的整体部署,通过“上下逻辑”,传导到地方,引导县政府提高县域法治在县域治理工作中的地位。所谓“上下逻辑”,就是县域官员为了落实中央及上级政府的精神、部署和工作安排所进行的政府改革和创新行为。[3] 政绩考核机制以及干部任用机制是自上而下的,上级领导的认可是地方政府开展制度创新的关键动力。因此,具有进取心的县政府在贯彻落实上级具体指令或者主要精神时通常具备较大的主观能动性。国家层面对法治发展的设计传导到县域之内,体现在县政府对国家法治举措的创新性落实以及对本辖区法治先导区建设的积极推动。在“依法治国”的语境

---

〔1〕 习近平:《在中共十八届四中全会第二次全体会议上的讲话》,载《习近平关于全面依法治国论述摘编》,中央文献出版社 2015 年版,第 13 页。

〔2〕 程臻宇:《中国地方政府竞争研究》,山东大学出版社 2011 年版,导言第 3 页。

〔3〕 陈家喜、汪永成:《政绩驱动:地方政府创新的动力分析》,载《政治学研究》2013 年第 4 期。

下,如果说“法治国家”是从宏观方面立论,“法治政府”和“依法行政”是从中观层面立论的话,那么“县域法治”则是基于围微观层面寻求其理论支点和实践动力的源泉,[1]也是县政府在洞悉上级政府的法治部署之后,所做出的合理反应。

3. 地方行政权力扩大中的县域法治发展

虽然步伐谨慎,地方行政权力扩大是央地关系发展的一条主线。[2] 分权化改革是改革开放初期市场化改革进程的主要内容。要改变计划主导经济时代僵化的管理模式,最关键的措施是权力的下放。分权制的目标在于减轻中央政府的经济压力,将一部分经济管理权赋予地方,激发地方的积极性和责任意识,以激活国家经济和社会发展。在中央的鼓励和地方的积极回应下,分权化改革开始在国家运行、经济管理甚至人们的意识形态上得到推行。

地方行政权力扩大与1980年开始的财税分权改革紧密联系。在此之前,具有中央集权色彩的“统收统支”是国家一直推行的做法。1980年,为了与改革开放初期的经济政策相配套,国家采取了“划分收支、分级包干”的方法,第一次对财权进行了分级。这种“分灶吃饭”的做法固然有其缺陷,但是它对中央和地方的财政收入项目做了明确的划分,在客观上有助于中央和地方财政权力的明朗化,促进了地方利益主体的形成。随后,1985年到1987年实行的“划分税种、核定收支、分级包干”以及1988年到1993年施行的“财政大包干”等措施是财政分权的进一步尝试,均取得了一定的有益效果。但是这些措施分权程度较低,还不能认为地方据此获得了财政自由权。1994年的分税制改革,是具有划时代意义的财政分权化改革。这次改革将中央税与地方税加以区分,即何种税种由中央征收,何种税种由地方征收,均予以明确。此次改革还明确了中央与地方共享税的种类以及共享的方式。分税制改革使地方政府获得了发展经济的收益权,从而改变了过去依赖中央政府支持的局面,转而积极投入到市场竞争之中,寻求资源和生产要素以促进地方发展。

地方行政权力扩大与国家增大县域经济管理权的改革紧密联系。高度集中的计划经济时代,企业全部归国家所有,企业不存在自主权。因此,企

---

〔1〕 尹洪阳、杨玉圣:《县域法治论纲》,载《中国政法大学学报》2013年第6期。

〔2〕 杨小云:《论我国中央与地方关系的改革》,载《政治学研究》1997年第3期。

业管理也与行政机关管理一样出现了人浮于事、效率低下的弊病,生产受到了严重影响。企业生产的低效率使中央政府决定推行企业经营自主权,落实企业市场责任自负制度。中共十二届三中全会《中共中央关于经济体制改革的决定》(以下简称中共十二届三中全会《决定》)使企业经营与行政管理相分离,切实保障企业的经营自主权,并且由此让企业自主承担决策责任和市场责任。国家对企业的行政化放权体现着国家对市场认识的深化和对经济运行规律把握能力的提高。随后的中共十三大进一步明确了企业的市场化改革的方向,即实行所有权与经营权互相独立的原则,规定"下放权力必须以扩大中心城市和企事业单位的权力为重点。凡是规定下放到城市和企事业单位的权力,各中间层次一律不得截留"。[1] 这体现着中央保障企业自主经营权的决心。随着中央向地方下放财权和税权及企业管理权的同时,中央也随之将与财税和企业管理相关的人、财、物的调配权和经营权下放给地方。地方在重大项目投资审批事项和地方物价监督权等多项经营权方面获得更大权限。同时,随着对外开放的深入,在外资使用和外贸等事项上,中央政府也减少了对地方的干预。[2]

我国是单一制国家,但是我国的地方政府已经具备了远超法律文本描述的权力。自20世纪80年代开始,中国政治变革中"最重要、最令人困惑"的地方便是中央决策权力的下放,只要能在保持政治稳定的情况下实现经济增长,下层官员便能在上层领导者默许下按照其自身环境与偏好来执行既定的政策。[3] 甚至有学者认为,虽然从理论上讲中国是单一制政治体系,但在实际操作中,中国地方政府所享有的权力要比所有联邦制国家里的州和地方政府大得多。[4] 必须承认的是,在安排本地区经济发展以及社会的治理方面,地方政府无疑具有超过法律文本含义的自主权。权力的下放是中央引导地方发挥主动性所做出的理性选择,地方自主权的扩大是符合地方经济发展和地方社会治理的逻辑的。分权化改革使地方成为具有一定独立性的利益主体。为了顺应地方行政权力扩大这一趋势,与行政权力相配套的法治举措开始得到了发展。1979年,全国人大颁布的《中华人民共

---

〔1〕 杨小云:《论我国中央与地方关系的改革》,载《政治学研究》1997年第3期。

〔2〕 谢庆奎:《中国东方政府体制概论》,浙江人民出版社1998年版,第321页。

〔3〕 李侃如:《治理中国——从革命到改革》,中国社会科学出版社2010年版,第333~334页。

〔4〕 [新]郑永年:《中国的"行为联邦制":中央—地方关系的变革与动力》,邱道隆译,东方出版社2013年版,序言第4页。

和国地方各级人民代表大会和地方各级人民政府组织法》第 27 条规定的地方性法规的制定权限，是我国从法律层面最早规定地方立法权的法律文本。1982 年，地方组织法被修改，省会城市的立法权得到了认可。在 2015 年，立法权被进一步下移，所有设区的市在本辖区内均享有一定的立法权。尽管地方立法权的授予仅是区域法治的表现之一，但这在客观上使区域法治发展获得了初步的制度基础。地方被授予立法权是法治向区域化发展的开始，对区域法治的发展影响非常深远。同样的趋力也逐步传导到县域。在主动发展地方经济、治理社会的过程中，县域政府逐渐认识到区域经济社会的良性发展不仅取决于法治化，而且受益于法治化，法治不仅是区域经济社会良性发展的必要条件，更是区域经济发展的制度性基础。因而，作为具有独立的利益并且具备追求利益的自主权的县域政府，走向县域法治道路是一种理性考量后的合理选择。

二、县域法治发展的制度依据

(一)地方立法权的扩容

中共十八届三中全会提出："逐步增加有地方立法权的较大的市数量。"中共十八届四中全会亦明确提出，"依法赋予设区的市地方立法权"。2015 年 3 月 15 日，十二届全国人大三次会议表决通过了关于修改立法法的决定除原来 31 个省、自治区、直辖市和 49 个已赋予地方立法权的设区的市共 80 个主体外，立法法又赋予其他 237 个设区的市(立法法通过后，又有两个地区改为设区的市)、30 个自治州、4 个不设区的地级市享有地方立法权，地方立法主体总共达到 351 个。修改后的《立法法》规定，除省、自治区的人民政府所在地的市，经济特区所在地的市和国务院已经批准的较大的市以外，其他设区的市开始制定地方性法规的具体步骤和时间，由省、自治区的人民代表大会常务委员会综合考虑本省、自治区所辖的设区的市的人口数量、地域面积、经济社会发展情况以及立法需求、立法能力等因素确定，并报全国人民代表大会常务委员会和国务院备案。

然而，不能否认的是，获得"门票"易，如何保证有效行使地方立法权难。设区的市的立法所要解决的法治问题主要存在于各个区以及下属的县域之内，而这些区域能否支撑市人大立法，其情况就取决于各个区域、县域之内的法治情况。设区的市要开展立法工作，往往面临很多困难——下属区县机构的编制缺乏、人才有限。例如，在进行地方立法摸底时，广东省人大常委会调研发现，设区的市要开展立法工作，困难多多——没编制、没人才，立法进度不一样，部分经济欠发达的市，连相关的准备工作都尚未正式启动。调研结束后，他们从立法能力、立法需求和人口数量、地域面积、经济社会发展情况等方面对地市进行全面评估，并明确了地市立法权下放的工作原则，那就是“标准不能降低、底线不能突破，成熟一个、确定一个”。对于立法能力达不到要求、立法质量得不到保障的地方，暂不确定其行使地方立法权。〔1〕

地方立法权的扩容为县域法治发展提供了制度动力。地方立法必须要突出地方特色，地方法治发展的合法性与合理性，首先来自地方能否“因地制宜”“因时制宜”地根据地方性问题和区、县内的特色进行立法。例如，江苏省地方立法一直居于领先地位，江苏省总结提出的“不抵触、有特色、可操作”的地方立法经验，在全国得到了推广。江苏省的立法发展之所以能够取得良好效果，一方面在于江苏省经济社会发展领先于全国，与遇到问题相应早于其他地区有关；另一方面在于江苏省地方法治发展也领先全国。早在2004年江苏省就在全国率先提出了“法治江苏”这一区域法治命题，在全国率先出台省级法治建设纲要。较早推行省域、市域乃至县域法治建设，为更高层次的区域法治发展提供了足够的法治资源和实践资本。省（自治区、直辖市）、较大的市以及设区的市，不同层次的地方立法都应该关注县域的法治实践。县域的法治实践既可以为地方立法提供素材，同时县域的法治是检验地方立法的重要实践标准。因为县级政权是直接面对老百姓的，更能直接感受到社会生活、经济发展的哪些具体方面需要法律规范的调整，以及哪些法律规范是不符实用的，是需要修改的。〔2〕

（二）市、县政府依法行政的推进

推进依法行政、建设法治政府是深化行政管理体制改革的重要任务，也是加强政府自身建设的重要方面。1999年，国务院颁布《关于全面推进依法行政的决定》，2004年发布《全面推进依法行政实施纲要》，2008年又出台《关于加强市县政府依法行政的决定》。党的十八届四中全会公报更是细致地提出了推进依法行政的方式与方法：“健全依法决策机制，把公众参与、

---

〔1〕《15年来管法的法首次修改，地方立法权扩容》，载法制日报网：http://www.chinacourt.org/article/detail/2015/12/id/1770495.shtml，最后访问日期：2017年1月19日。

〔2〕徐祖澜：《依法治国的微观求证与实践探索——县域法治在地方法治体系中的价值》，载《兰州学刊》2015年第10期。

专家论证、风险评估、合法性审查、集体讨论决定确定为重大行政决策法定程序,建立行政机关内部重大决策合法性审查机制,建立重大决策终身责任追究制度及责任倒查机制。"2003 年以来,依法行政一直是国家机关重点推进的主要工作之一。中央政府对推进依法行政作出了一系列部署,每年都明确提出依法行政的重点工作和目标任务。但是,推进依法行政工作进展还不平衡,依法行政、依法办事的能力和水平与建设法治政府的要求相比还有不小差距。依法行政在基层政府的进展还不容乐观。

如何在基层推进依法行政,是县域法治不能回避的重大问题。县在"市—县—乡镇"这三层行政级别中处于中间位阶,县政府依法行政是基层依法行政的关键。县、乡两级基层政府都处在政府工作的第一线,承担着经济、政治、文化、社会等各方面的管理职责,直面广大群众,直面各种利益关系和社会矛盾,其能否做到依法行政,不仅会关系到政府的形象,而且还会关系到群众的切身利益和社会的和谐稳定。中共十八届四中全会《决定》对依法治国提出了新要求、指明了新方向。建设高度的社会主义民主是我国社会主义制度的本质要求和现代化建设中的一项重要任务。我国《宪法》规定,国家的一切权力属于人民,公民享有管理国家事务和社会事务等广泛的民主权利和自由。而人民民主权利的实现在一定程度上有赖于行政法制度的完善和有效运作。行政法通过创设行政公开制度、行政责任制度和对检举、揭发、控告、申诉和来信来访等行政制度的规定,确保了公民对国家行政机关及其工作人员的监督权。建立公平、公正、公开、高效、廉洁的政府是广大人民的希望,也是时代的要求。

由于我国有着几千年封建专制的历史,缺乏法治传统,在传统体制内行政权又不适当地被强化,行政权几乎无所不在,无所不能。基层行政行为不规范问题突出。这些现象已经严重制约了我国社会主义市场经济的发展和社会主义民主法制的建设。因此,我们要切实加强县域法治建设,使县级行政权力在法治框架内,严格依法行使。这对于建立社会主义法治国家,促进国家政治、经济、文化的全面发展,具有至关重要的意义。

(三)以"县"为中心的行政体制改革

1. 以"县"为中心的行政体制改革为县域法治发展提供制度基础

我国于 1982 年、1988 年、1993 年、1998 年、2003 年进行了五次大的行政体制改革,每次改革均涉及地方行政体制调整。2008 年中共中央《关于深化行政管理体制改革的意见》及中共中央、国务院《关于地方机构改革的意见》发布后,地方行政体制改革步伐加快。以“县”为中心的行政体制改革为县域法治发展提供制度基础,以“省管县”改革、乡镇体制改革为例,来阐述县政改革对县域法治发展的作用:

第一,“省管县”改革。改革开放后,我国将原属于省级人民政府派出机关的地区行署改组为市人民政府,市作为一级政府出现,普遍实行“市管县”。“市管县”体制缺乏宪法依据,且增加管理层级,增大行政成本和降低行政执行效率。因此,改革“市管县”体制,实行“省管县”体制,成为行政体制改革的重要举措。在“扩权强县”基础上推进以“市县分治”为核心的“省管县”行政体制改革,不仅有利于充分发挥县域经济发达的优势,推进城乡一体化进程,有利于加快中心城市的培育,促进经济发展的转型升级,而且有利于探索和构建地方政府间的公共服务职责分工体系,提高区域公共服务供给水平。

第二,乡镇体制改革。我国法律通常将行政执法权授予县级以上行政机关,一般不授予乡镇人民政府。解决乡镇执法权问题,成为乡镇体制改革要解决的一个重要问题。2010 年 4 月,中央编办、中央农办等部门联合下发了《关于开展经济发达镇行政管理体制改革试点工作的通知》,决定在全国 13 个省的 25 个镇开展经济发达镇行政管理体制改革试点,试点的内容主要是:一是加快推进体制创新;二是继续下放经济社会管理权限;三是创新机构编制管理。将部分县级经济社会管理权限以委托、授权形式下放到具备一定人口规模和经济实力的乡镇,这种方式被称为“扩权强镇”,将提高乡镇公共管理和公共服务的能力。

2. 以“县”为中心的行政体制改革为县域法治建设提供方向指引

尽管地方一直在探索各类行政体制改革的路径与方案,但是必须认识到这些改革的效果十分有限。以“县”为中心的行政体制改革的经验与得失,客观上为县域法治建设提供方向指引。

改革地方行政体制,需要思考宪法和地方组织法修改问题,但宪法与地方组织法修改并未纳入地方行政体制改革的视野。《宪法》赋予国务院“规定中央和省、自治区、直辖市的国家行政机关的职权的具体划分”的权力,未明确由谁划分省、市、县、乡四级地方政府间的权力。因此,谁是地方行政体制改革的推进主体,由谁制定地方行政体制改革方案,这是不明确的。《关于深化行政管理体制改革的意见》虽然涉及地方行政体制改革,但其本身未转化为法律,关于体制改革的规定也过于宏观,缺乏对改革程序、改革内容等的具体规定,导致可操作性不强。地方行政体制改革未纳入法治轨道,导致不少改革措施还存在违法的问题。此外,各地行政体制改革虽然是解决行政体制本身存在问题,但各类改革的目标不统一,未解决各层级政府权限划分不明确问题,也未形成市民导向型行政体制。虽然"省管县"解决涉及市、县两级政府权力配置问题,但这些权力仅涉及部分领域,且权力变更与机构设置并无关联性。这些问题,在当前的改革中很难找到答案,只能在县域法治发展中不断试验、反复探索。

在行政机关与行政相对人这一对关系中,传统观念强调行政机关的优越地位,强调行政机关对行政相对人的指挥与命令权,强调行政相对人的服从。这种观念的必然后果是,从行政机关角度思考行政体制改革,行政体制改革忽视行政相对人的参与和利益诉求。理顺各级政府的关系可以实现行政效率提升,增加基础政府的执行能力,间接可以满足行政相对人的诉求。但我国设计"省管县"改革方案却只从行政机关角度进行了思考,并未考虑行政相对人的利益诉求和参与。我国地方大部制改革、行政执法体制改革和乡镇体制改革等地方行政体制改革,希望解决的问题均是行政机关之间的关系,考虑如何减少行政机关或者明确行政机关之间的职权责任,很少考虑改善行政机关与行政相对人之间的关系。地方行政体制改革的目的是通过改革形成满足人民群众诉求的行政体制,这种体制也就是公众导向型行政体制。在这个过程中,很少有社会力量的参与。即使有社会力量参与其中,其力量的行使在政府的强势作用下很难显现。

民间力量推动法治有赖于政府提供的公众参与平台。[1] 公众参与地方法治的平台的多样化是民间力量推动地方先行法治化的重要基础。[2] 但是在实践中,民间力量很少有平台参与到县域法治的实践中,甚至从某种意义上来说,民众参与县域法治建设是以一种非常态的方式参与的。"乌坎事件"就是一个例子。有学者将这种民众参与县域法治建设的模式称为"协商型解决模式",并认为"协商型"解决模式的最大优点在于拒绝了形式上的"社会稳定",通过充分尊重社会中的所有平等主体,以最大限度实现当事人利益最大化的方式,兼以权力公开为基础,引导利益当事人选择基层民主

〔1〕 倪斐:《地方先行法治化的基本路径及其法理限度》,载《法学研究》2013年第5期。

〔2〕 同上。

和法治方案。[1] 因此,民间力量参与法治发展容易导致民权运动,从而“倒逼”政府与之对话与协商来实现的。在政府的被动回应下,自下而上的民意表达渠道方反而畅通无阻。这是一种非常态的公众参与法治的方式,容易引起社会秩序的混乱和法治发展的断裂。

三、县域法治发展的动力机制

(一)县域治理的直接需求

1989 年,“治理危机”(crisis in governance)一词被世界银行首先提出。随后“治理”一词被很多国际机构所使用,并在世界范围内得到了传播。[2] “过去 15 年来,它在许多语境中大行其道,以至于成为一个可以指涉任何事物或者毫无意义的时髦词语。”[3] 我国也逐步认识到治理理念的重要意义。随着志愿团体、慈善组织、社区组织、民间互助组织等社会自治组织力量的不断壮大,理论界开始重新反思政府与市场、政府与社会的关系问题。治理理论的兴起,则进一步拓展了政府改革的视角,它对现实问题的处理涉及政治、经济、社会、文化等诸多领域,成为引领公共管理未来发展的潮流。[4] 与已往地方管理思路不同的是,地方治理需要地方政府、社会组织和公民个人在政务参与、公共事务透明度以及地方规划和发展等方面开展较为平等的合作关系。这一变化对区域法治发展也存在诸多影响。

1. 权力谦抑:治理理念引导区域法治价值的回归

在“县域管理”思维尚未上升到“县域治理”的时代,政府之间经常开展零和博弈。为此,县级政府经常行使企业家职能,采用机会主义的手段。[5] 最大程度地争取外部资源进入,同时大力扶持本区域企业代理自己展开竞争。此时,县级政府同样会扩大自主权,保持自己具有更灵活、更有效的权力,强势介入市场和非公共领域,造成对私权的侵犯。不择手段竞争的结果就是地方会试探或者直接突破法律的限制,采取违法违规的手段主动出击,客观上对法治环境造成破坏。例如,2004 年常州的“铁本事件”中就可以发

---

〔1〕 周尚君:《地方法治试验的动力机制与制度前景》,载《法学研究》2014 年第 2 期。

〔2〕 俞可平主编:《治理与善治》,社会科学文献出版社 2010 年版,引论第 1 页。

〔3〕 [英]鲍勃·杰索普:《治理的兴起及其失败的风险:以经济发展为例的论述》,漆芜译,载《国际社会科学》(中文版)1999 年第 2 期。

〔4〕 陈广胜:《走向善治:中国地方政府的模式创新》,浙江大学出版社 2008 年版,第 95 页。

〔5〕 何显明:《市场化进程中的地方政府行为逻辑》,人民出版社 2008 年版,第 226~227 页。

现不正当竞争对地方法治的破坏。[1] 在治理思维深入人心的时代,县级政府权力应当向谦抑性转变。县级政府的治理环境发生了重大改变,县级政府必须调整职能、规范行为,致力于创造一个以合作和协商为主要沟通手段的平等对话机制。政府权力受到法律的严格界定,与之相对应的即是权力的谦抑性得到重视和权利保障得到彰显。在当前治理时代和社会多元化主体合作为发展主流的背景下,权力的谦抑性对法治发展的作用日趋显著,它不再仅是适用于某一法律的原理,而是贯穿国家法律领域的基本理念。作为新时代法治的重要理念之一,谦抑性不仅应当为法治的发展和完善提供理论上的启迪与指引,更重要的是要在国家法治实践中得到实现。

2. 追求善治:治理理念引导区域法治目标的转向

社会秩序是法的现象的价值形态之一。我国过去很长时间,均把维护阶级统治秩序当成法的主要价值,注重建立和维护国家政治秩序、生产交换秩序和社会生活秩序。县级政府为了给上级政府留下安定和谐的好的印象,同时吸引更多生产要素进入本区域从而在横向竞争中获胜,也十分注重区域秩序的建立。“这种要求社会生活有序模式的倾向,决不是人类所作的一种任意专断或者违背自然的努力。”[2]

追求秩序当然是法治精神的表现,但是过于追求秩序和稳定而忽视法治的柔性目标,则使国家法治系统过于刚硬而缺少人性关怀。县级政府处于压力型行政体系之中,自己并无解决深层次社会结构性矛盾的权力和能力。在以惩罚和打击为主的维稳思维之中,县级政府势必选择隐藏矛盾或者压制矛盾,以补偿性措施或者打压性措施来维持辖区短时期内的稳定,以营造出外表安宁实则暗流涌动、矛盾丛生的所谓安定和谐局面。无论是补偿性措施抑或打压性措施,其实质均是县级政府维稳的权宜之计,其实施必然以牺牲一方或者多方的利益作为代价。这两种手段均会导致矛盾不能化

〔1〕 按照法律规定,建设用地需要占用农田的,必须先办理农用地转用报批手续,经过省级以上国土部门批准,向具体项目实施供地后,才能由国土部门代表政府与村级组织签订征地补偿安置协议,然后企业才能进场施工。而从铁本项目的占地过程来看,整个手续是颠倒的。为了避开上级部门的审批,铁本公司和地方政府均存在违规操作,常州国家高新技术产业开发区(以下简称高新区)管委会将整个项目一分为四。同时,为了办理土地等手续,又将整个项目分成 14 个基建项目。省国土资源厅在一天内违规批准了铁本公司由整块土地拆分成的这 14 个土地项目,致使铁本项目部分非法占地合法化。载《江苏“铁本事件”始末》,载搜狐网:http://news.sohu.com/2004/05/10/66/news220076600.shtml,最后访问日期:2016 年 12 月 23 日。

〔2〕 [美]E. 博登海默:《法理学——法哲学及其方法》,邓正来、姬敬武译,华夏出版社 1987 年版,第 207 页。

解、危机难以解除的结果。然而值得深思的是，处于压力型体制之内的县级政府既无力也不愿改变这样的一种法治环境。县级政府过于追求稳定而忽视权利保护，在我国有诸多案例。这种以追求社会秩序为名义而推行的“法治”措施，实际上是一种违反法治精神的法治异化行为。

随着治理时代的到来，善治的理念被逐步接受。有学者总结出“善治”的多重性内涵。善治应是合法之治，具有开放性与参与性等多重特征，以追求正义和治理的有效性为目标，是一种协商性的治理模式。〔1〕善治的核心即是多元合作治理和多元平等治理，善治是政治国家与市民社会的一种平衡关系，是两者的最佳状态。〔2〕实现“善治”，就需要政府、社会组织与公民在法治的框架内实现平等对话与民主协商。这就为区域法治发展的目标提出更高的需求，促使区域治理法治以善治理念为目标，注重非打压性的协商民主的构建，增加柔性和温情的善意治理。以善意治理为目标的法治充满了人文主义精神，可以真正将多元治理和和谐治理相统一，实现从县域管理到县域治理再到县域善治的高级进化。

（二）县域经济发展的间接推动

县域治理的重要目标，在于发展县域内经济、提高县区内居民的生活水平。而经济发展的关键在于资本、人才和技术的合理利用。在市场中，资本、人才和技术等优质要素应该可以自由进入或者退出各种市场生产和交易环节之中。可以把地方政府视为公共物品和服务的供应商，而资本、人才和技术等流动要素视为公共物品和服务的购买者：如果一个供应商提供的产品相较于其他供应商产品更差，优质要素就会行使退出权，并转向其他供应商。〔3〕这样的“用脚投票”的模式使市场上的各供应商经常处于竞争之中。正是由于居民、资源和生产要素在不同的地方间的流动，迫使地方政府通过提供公共产品来从整体上提高资源配置的效率。〔4〕

这反映在县域法治发展上，就是为了吸纳优质资源进入本辖区，县级政府不得不积极改善本辖区的法治环境，在区域治安环境、社会治理方式、行政服务效率、司法公正程度等方面做出有利于目标资源的改变。只有提供

---

〔1〕 陈广胜：《走向善治：中国地方政府的模式创新》，浙江大学出版社 2008 年版，第 103～104 页。

〔2〕 俞可平主编：《治理与善治》，社会科学文献出版社 2000 年版，第 9 页。

〔3〕 刘亚平：《当代中国地方政府间竞争》，社会科学文献出版社 2007 年版，第 42 页。

〔4〕 [英]约翰·伊特韦尔、[美]默里·米尔盖特、[美]彼得·纽曼编：《新帕尔格雷夫经济学大辞典》（第 3 卷），经济科学出版社 1996 年版，第 239 页。

了安全的治安环境、提供优质高效的行政服务、创造了公正廉明的法治氛围的县区,才能吸引并落实资本、人才和技术在本行政区域内扎根。

对经济发展各种资源的吸引需求,能够推动县区内法律制度创新。制度经济学家柯武刚等人认为,制度竞争和制度选择是制度演化和变迁的重要途径。[1] 地方政府环绕(对于实现经济增长所必需的)生产要素的竞争和地方政府围绕产品市场而展开的竞争都可以归结为一种制度的竞争。[2] 地方政府对辖区内制度性公共物品的合理配置有助于提高政府竞争力和促进优质资源要素落户在本行政区内。制度竞争是一个过程,可以激发组织机构和经济要素的创造力,它为政府的政治和行政决策行为增加了企业家的精神,从而有预见性地参与到生产中来,创造性地加速增长。[3] 中国的地方政府逐渐认识到,单纯依靠开发区的补贴之类的政策优惠已经难以在持久的政府竞争中取得优势,从而将政府间竞争推动到以行政服务、政府信用、产权保护等制度性公共物品竞争为核心的全方位制度竞争之中。[4] 经济发展需求促进了区域法律制度的完善和创新。一个行政服务能力弱、制度僵化、创新能力匮乏且信用水平差的区县,是很难吸引到优质的发展资源的。因此,政府间制度竞争对区域法律制度创新提出了很高的要求,客观上促进了区域法治水平的提高。

县级政府财税收支模式也对发展县域法治提供动力。以财税竞争为例。县区政府对财税竞争的需求,会影响县级政府决策的法治化思维。财政竞争是指不同政府之间为了吸引资源、资本、居民、生产要素、调整产业结构等目的,通过增加公共支出或其他影响政府收支的方式而展开的竞争。[5] 财政竞争也被称为税收竞争。[6] 周业安教授根据地方政府财税收

---

〔1〕［德］柯武刚、史漫飞:《制度经济学——社会秩序与公共政策》,韩朝华译,商务印书馆 2000 年版,第 485～491 页。

〔2〕冯兴元:《地方政府竞争——理论范式、分析框架与实证研究》,译林出版社 2010 年版,第 4 页。

〔3〕［德］柯武刚、［德］史漫飞:《制度经济学——社会秩序与公共政策》,韩朝华译,商务印书馆 2004 年版,第 490～491 页。

〔4〕唐丽萍:《中国地方政府竞争中的地方治理研究》,上海人民出版社 2010 年版,第 53 页。

〔5〕孙亚忠:《政府竞争论》,南京大学出版社 2011 年版,第 123 页。

〔6〕同上。

支的模式将政府行为分为几类。[1] 其中较为理想的一类是进取型地方政府,即地方政府通过软环境来吸引投资以增加税源,同时通过激励创新来推进经济发展,江苏省苏州、无锡和浙江省的几个市、县可以归入此类;而作为反面存在的是掠夺性地方政府,该类地方政府对本地居民和企业进行税收掠夺,通过各种名义征收税费。对于不服从征收的个人和企业,则使用执法和司法手段予以打击。[2] 财税竞争中的市、县政府不同的竞争模式对政府的公信力、社会的公平性和权力与权利的相互关系产生影响。进取型市、县政府注重财政的可持续性,使用良性的手段激励企业创新,鼓励居民创业,对社会主体提供诸多福利。这种治理思维注重权利保障和依法行政的法治理念;而掠夺型财税竞争导致行政权力对私人领域的侵害,对法的公平正义理念造成了损害,严重侵犯了公民的民主权利,这种财政竞争方式影响了该区域法治的整体评价,对县域法治环境的损害程度难以估量。

县区内经济发展法治化的进程,需要县域法治提供支撑。中共十八大以后,社会主义市场经济本质上是法治经济的观念已经深入人心。法治是一种经济力量。[3] 法治经济意味着县级政府发展经济的目标、手段、程序均必须符合法治精神,县级政府的各项经济举措也要有法可依。区域法治的发展对县级政府法治经济的竞争具有重要作用。一方面,在我国当前发展法治经济的背景下,县级政府推动经济发展面临的法治风险在增加,权力的使用受到的监督也逐渐增多。县级政府要在保证经济增长的同时在制度上规避法律风险,就必须建立系统的依法行政的程序,并努力减少权力行使中的缺乏法律依据的不确定地带,确保自己的行政决策有法可依,使自由裁量权的行使符合法治精神的客观要求。另一方面,发展市场经济就必然会

---

〔1〕 周业安:《地方政府竞争模式研究——构建地方政府间良性竞争秩序的理论和政策分析》,载《管理世界》2002 年第 12 期。需要说明的是,周业安教授选取 2000 年各地政府的财税数据作为分析对象。经过十多年的发展,各地经济数据和经济发展状况又发生了诸多变化。考虑到研究内容是对区域法治发展动力的长期的、动态的考察,因此没有更新文章引证的数据。

〔2〕 2001 年 9 月,赤壁市境内的省属国有企业蒲纺集团下属三能公司因企业漏税受到税务部门的补税和罚款处理,而财务科长李科突然被赤壁市公安局以涉嫌偷税收审。公司领导向市政府反映后,被推到市公安局,公安局又推到市委政法委。公司送去 30 万元的罚款后,公安局还是不放人,并把李科剃成光头,在赤壁电视台曝光。接着,市法院裁定书又要求企业交纳 30 万元的防空费罚款。新华社对该市调查后将乱收费现象总结出以下特点:"只要企业一开张,收费部门一哄而上;文件里面找依据,不管实际不实际;只收费,不执法;大权在握,谁不服就整谁。"参见新华社"新华视点":《赤壁市乱收费现象严重,各项行政收费标准达 2500 多项》,载南方网:http://www.southcn.com/weekend/top/200204250044.htm,最后访问日期:2016 年 11 月 12 日。

〔3〕 孙文恺:《"法治经济"的理论解读》,载《江海学刊》2016 年第 1 期。

带来一定的经济风险。在过去的很长时间,县级政府会采取一切合法或者非法手段来化解和消化这些风险。但在当下发展法治经济的时代,县级政府的行政权力受到严格监督,县级政府只能通过法治途径释放经济风险。这也倒逼县级政府建立配套的法规与规章体系,从而在法治轨道下释放经济风险。

(三)政府竞争的激励

1.县级政府的政绩考核制度推动县域法治发展

在计划经济时代,县级政府政治领导人的政绩考核标准,是以其执行上级政府的计划指令的效果为判断标准的。对上级政治指令和经济政策执行得越加完美,那么其在政绩考核中得到的评价也就越高。中央的权力下沉使地方政府难以再进行简单的上传下达的行政管理模式。在权力与责任统一的原则下,县级政府必须为本辖区的经济发展和社会管理负起责任。让县级政府承担责任的主要手段即上级政府掌握政治上的绩效考评和晋升考核权力。因而各县级政府为了政治利益而开展经济竞争,经济竞争的结果又会影响县级政府间在政治市场上的竞争筹码。[1] 由于政治上的绩效考核和晋升制度的存在,区县政府竞争的动力进一步被激发。

按照公共行政学的观点,政治竞争市场和经济竞争市场在本质上具有相似性。二者均属于利益交换行为,而支配利益交换行为的动机均出于市场参与者的自利的理性选择。政治市场和经济市场不同之处仅仅在于市场参与者自利行为的手段和场合不同。[2] 由此出发,区县政府展开竞争的动力,不仅来自于经济自主权的增加,在更大的程度上还受到政治利益的诱导。有学者认为,地方政府竞争实质上是一种激励机制,主要由竞争标的和评判标准两个要素组成。[3] 中国是单一制的政治体制,在干部任用方面坚持"党管干部"的原则,因而官员的任免与选举制国家存在差别。对地方政府绩效考核的主体是上级政府而不是市场和当地居民,因此中国地方政府官员参加考核与晋升的关键不在于人大选票的多寡和本辖区民众的评价,而在于体制内自上而下的选拔。地方政府就像一个大型股份公司的事业部,中央政府则行使公司总部的职能。[4] 将中国称为"考试型"或"评估型"

---

〔1〕 周业安:《地方政府竞争与经济增长》,载《中国人民大学学报》2003 年第 1 期。

〔2〕 陈家喜、汪永成:《政绩驱动:地方政府创新的动力分析》,载《政治学研究》2013 年第 4 期。

〔3〕 柏必成:《论我国地方政府竞争激励机制的优化》,载《中共郑州市委党校学报》2011 年第 6 期。

〔4〕 周业安:《地方政府竞争与经济增长》,载《中国人民大学学报》2003 年第 1 期。

国家也许并不过分。[1]

确保地方政府在政治上的正确性是中央政府开展考核制度的初衷之一。我国的干部绩效考核对地方政府的评价围绕中心、维护大局、依法行政、政府效能建设等情况均作出规定。[2] 作为绩效考核关键标准的"政治正确",不仅体现在地方政府对中央和上级指派的任务和命令的完美执行,更体现在官员自身对中央和上级政府精神的领会与贯彻以及对上级官员所关注问题的主动回应上。有学者分析发现,具有政治敏锐性的地方官员对于中央和上级政府意图有着明晰的洞察和理解,因而将上级部署在本辖区内进行完美和富有创造性地执行,甚至总结出先行先试的经验以期被上级认可并加以推广,这样的地方官员更加容易得到体制内外的认可,自身的晋升机会也就更充裕。[3] 地方政府的绩效竞争有助于国家层面的法治在基层的具体落实,就这个意义而言,一些省份的县域法治迅速发展的激励因素在于地方政府的政绩竞争。党的十八大之后,依法治国理念在国家层面得到了更多的弘扬,法治成为中央较多关注的问题。县级政府为了贯彻执行十八届三中全会和四中全会的精神,也纷纷积极开展地方法治试验,以积极主动的方式参与到国家法治建设中来,并以区县法治的成效回应中央和上级政府的法治号召。

政绩考核中法治指标能够直观地转变县级政府官员的治理思维。从广义的政绩评价角度来看,实践中值得关注的法治考核指标有两类。一类是在政府绩效考核指标和经济发展指标中加入的法治部分指标,通过不同指标的权重分布来明确法治指标的地位。[4] 另一类是近十年来广受关注的区域法治化评价指标。这一类指标是在借鉴"世界正义工程"(World Justice Project)和"世界治理指标"(Worldwide Governance Indications,WGI)等量化考核标准。我国也兴起了研究区域法治发展指标的热潮。县域法治指标

---

〔1〕 倪星:《反思中国政府绩效评估实践》,载《中山大学学报》(社会科学版)2008 年第 3 期。

〔2〕 《体现科学发展观要求的地方党政领导班子和领导干部综合考核评价试行办法》,载中共中央组织部干部一局编:《干部综合考核评价工作指导》,党建读物出版社 2006 年版,第 60 ~ 78 页。

〔3〕 倪星:《反思中国政府绩效评估实践》,载《中山大学学报》(社会科学版)2008 年第 3 期。

〔4〕 例如,浙江省在 2000 年至 2015 年,一直将民主法制建设设置为全面建设小康社会评估指标中的一级指标,并得出浙江省全面建成小康社会民主法制指数从 2002 年的 67.03 上升到 2012 年的 84.26 的结论。参见浙江统计信息网:http//www.zj.stats.gov.cn/tjfx_1475/tjfx_sjfx/201403/t20140304_138553.html,最后访问日期:2015 年 11 月 2 日。又如,江苏省出台的《江苏全面建成小康社会指标体系(2013 年修订,试行)》中,也加入了民主法治的 3 项指标、权重 12 分,这一权重占到了经济发展指标权重的一半。

体系中具有代表性的是起始于 2007 年的“法治余杭”量化考核评估体系。这被一些学者认为是国内第一个法治指标。[1] 县域法治指标的产生是县级政府政绩竞争直接导致的，量化分析的法治将会对地方政府推进区域法治水平的提高产生更多的激励。

2. 辖区治理竞争推动县域法治发展

我国一直以来均十分注重社会的安定和谐与矛盾的化解。地方官员政绩考核指标催生了片面维稳的盛行。[2] 群体事件的发生频率和解决效果成为考核县级官员的重要指标，而进京上访人员的数量也成为一些区县评价官员政绩的重要方面。[3] 然而，“频繁发生的自发性社会运动和抗议事件表明，这些社会弱势群体依然缺乏有效的政治参与机制”。[4] 长期以来，县级政府为了维护本辖区的安定和谐局面殚精竭虑，如果一个地区群体性运动频繁、和谐氛围很差，那么地方政府在政绩考评和晋升方面容易陷入被“一票否决”的尴尬局面。[5] 因此，如何从县域法治发展的角度来认识和把握社会稳定的意义，以及如何以行之有效的法律手段来治理和维护社会稳定，这是当前县级政府参与竞争并建设区域法治必须面对的一项紧迫任务。

县域法治发展可以提高地方政府将社会矛盾法治化、制度化解决的能力。社会治理强调法律的控制，法律“是依照一批在司法和行政过程中使用的权威性资料来实施的高度专门形式的社会控制”。[6] 社会矛盾背后体现的是利益的不平衡和利益的冲突，[7] 而法律的作用和任务就在于承认、确定、实现和保障利益，或者说以最小限度的阻碍和浪费来尽可能满足各种相

---

〔1〕 刘莘主编：《区域法治化评价体系与标准研究》，中国政法大学出版社 2013 年版，第 40 页。

〔2〕 高军：《维稳陷阱及其破解之道》，载《理论导刊》2011 年第 11 期。

〔3〕 封丽霞：《法治视角下的社会稳定》，载《中国党政干部论坛》2011 年第 4 期。

〔4〕 郑永年：《中国模式：经验与困局》，浙江人民出版社 2010 年版，第 181 页。

〔5〕 尽管从总体看来，经济绩效属于核心指标，是官员获得晋升的至关重要的条件；但是安全生产、综治维稳和计划生育等近似于“一票否决”的指标，一旦其中一项指标不达标，就可能造成全部绩效考核的不合格。参见《体现科学发展观要求的地方党政领导班子和领导干部综合考核评价试行办法》，载中共中央组织部干部一局编：《干部综合考核评价工作指导》，党建读物出版社 2006 年版，第 60 ~ 78 页。

〔6〕 [美]罗斯科·庞德著：《通过法律的社会控制》，沈宗灵、董世忠译，商务印书馆 1984 年版，第 22 页。

〔7〕 有学者认为，目前国内不稳定事件主要还是下岗、失业、农民负担、拆迁等与人们切身相关的利益问题引发的，因此不应当把这些问题政治化和意识形态化，也不要把它当作一个刑事治安案件，而是要当作一个利益的问题来处理。参见徐凯：《公共安全账单》，载《财经》2011 年第 11 期。

互冲突的利益。[1] 通过法律治理并不能消除社会矛盾和暴力冲突，也未必就能在很短的时间实现良法善治，但是法治手段无疑是所有治理手段中恶性最小、成本最低、负面作用最小的手段。法治是“在法律规束住了国家权力和政府后而使权利在人与人之间得到了合理配置的状态”，[2] 因此法治所蕴含的权力制约、权利保障和社会关系合理配置的功能与现代社会的治理要求在内涵是契合的。从这个意义上来说，推进县域法治发展是地方政府在激烈的政府竞争中，实现区县良性治理的最优选择。

社会治理竞争可以引导政府反思自身的法治职能。首先，是权力的约束问题。县级政府在竞争中的一个显著特点即自觉扩张自己的权力，越来越倾向超越规范政府行为的法律和法规，以增强自己在纵向博弈和横向竞争中的力量。[3] 权力的过度延伸会对私人领域产生压抑作用，使县级政府与民众之间的信任基础产生裂痕。如果此时行政机关再有法不依、恣意妄为，那么民众的对立情绪就会产生，从而产生不稳定的因素。其次，应当增加针对区县立法产品的民主性和科学性。立法应当遵从民主化原则、科学化原则和法治化原则。[4] 切实调研是了解辖区内经济主体和民众需求的前提，了解各方面利益需求才能实现利益的合理配置和有效平衡，这就需要地方立法扩大民主参与度并关注程序正义。要提高立法的科学性，就应当重视法学专家的作用。立法还应当符合经济学的效应最大化原理，树立成本意识和效益意识。[5] 再次，应当强化司法作为终端争议解决机制的权威。当前，县域内的司法权威遭到多方面的挑战。县级政府对司法的干预导致司法难以中立，地方法院受制于地方政府。[6] 应当鼓励区县内探索有效的社会纠纷解决机制。尽管司法制度是社会公平的最后防线，但是司法并不是解决社会矛盾的最后手段，也不是唯一手段，甚至未必是最好手

---

〔1〕 Pound, *My Philosophy of Law: The Great Philosophers*, *Pennsylvania*, University of Pennsylvania Press, 1958, p. 533.

〔2〕 徐显明：《论法治构成要件——兼及法治的某些原则及观念》，载《法学研究》1996 年第 3 期。

〔3〕 何显明：《市场化进程中的地方政府行为逻辑》，人民出版社 2008 年版，第 226 ~ 227 页。

〔4〕 公丕祥主编：《法理学》，复旦大学出版社 2008 年版，第 219 ~ 220 页。

〔5〕 苏力：《法治及其本土资源》，中国政法大学出版社 2004 年版，第 103 页。

〔6〕 最高人民法院行政审判庭副庭长王振宇认为，在现行体制下，法院受制于地方政府。以行政诉讼为例，现在中国行政诉讼一大特点就是原告的胜诉率比较低，10 年前原告胜诉率占到 30% 左右，近年来基本是 10% 以下，6%、7% 的样子。有些省份甚至只有 2%。载财经网：《中国民告官胜诉率不到一成》，载财经网：http://china.caixin.com/2014-11-05/100747143.html，最后访问日期：2015 年 9 月 21 日。

段。[1] 最后,县级政府的自由裁量行为应当符合法治原则。法治"所有的权威机构、立法、行政、司法以及其他机构都要服从某些原则,这些原则一般被看作是表达了法律的一些特征"。[2]

---

〔1〕 封丽霞:《法治视角下的社会稳定》,载《中国党政干部论坛》2011 年第 4 期。

〔2〕 [英]戴维·M. 沃克:《牛津法律大辞典》,李双元译,法律出版社 2003 年版,第 790 页。

第二章　县域法治发展的历史进程

自古以来,我国的县域治理在国家治理中具有重要地位。回顾我国历史上的县域法制状况有助于明确当代县域法治发展的重要意义。国家与社会、中央与地方、法治与自治等国家治理中涉及的复杂问题在县域层面得到了集中体现。了解传统的县域法制发展历程,是县域法治文化的一种寻根之旅。传统的治理智慧也为当代县域法治提供了可资借鉴的制度思路。

一、1949 年新中国成立之前的县域法制状况概述

(一)传统中国的县域法制

自秦朝建立“郡县制”,“县”这一地方机构设置被历代所传承,逐渐形成了传统中国县域法制的特点。

1. 机构和职能上行政与司法合一

在传统中国的机构安排上,县行政机构与司法机构相合一,县长官的行政职能与司法职能相合一,这一直都是传统中国县域行政司法机构最显著的特点。

秦汉时期,县令为县所有事务的最高长官,县丞署文书,县典知仓狱,县尉主军事。隋唐时期也基本维持这样的制度设计,在地方机构设置中按照行政体制设立县。在职权方面《旧唐书之职官志》中载:“京畿及天下诸县令之职,皆掌导扬风华,抚字黎氓,敦四人民之业,崇五土之利,养鳏寡,恤孤穷。审察冤屈,躬亲狱讼,务知百姓之

疾苦。"县令的职责中不但包括促进民生、教化等行政职能,还包括审理案件,处理诉讼等司法职能。宋朝县的长官称"知县"或者"县令",主要属官有县丞、主簿和县尉。知县或者县令掌管县内一切事物,既有行政职能,也有司法职能。县丞协助县令处理县政,类似于副手的职务,也接收一定的诉讼案件;主簿主要负责文书工作,但也有协助县令处理诉讼职责的记载;县尉主要职责是负责治安,有侦破案件的职能。元朝作为少数民族政权建立的朝代,县同样是地方行政管理体制中最基层的一级机构,也是最基层的司法机关。各县最有权威的长官达鲁花赤掌印信和县尹(县令)共同兼理本县的司法审判工作,其专职司法官吏是县丞、典史、承史等。[1]

在明清时期有关县一级的相关史料较多。在明县级政府中,知县既是本县行政长官,也是司法长官,知县全面负责司法事务,并亲自担任法官,司法职能要求长官具备的能力更强,明朝要求县官必须要熟读律令,新任知县一般对律条生疏,也没有司法经验,除亲身讲读外,还常聘请精通律令的人以备顾问咨询,同时他也可批于首领官或佐贰办。[2] 清知县更是如此,"掌一县之政令,平赋役,听狱讼,兴教化,厉风俗,凡养老祀神,贡士读法,皆亲躬厥职,而勤理之,所谓亲民之官是也"。[3] 有学者专门对清朝县政府县长官的工作流程进行具体描述,"衙门清晨案牍分给书吏,衙门职员均必须到岗;接着州县官主持'早堂',接受衙门职员们所呈的书面或者口头报告,接受诉讼,然后州县官回到他的办公室,在那里接受或者签批文书,包括与当日将要听审的案件相关的书状;一般下午的时间是专门用来听理诉讼的,如果'午堂'上案件多得审不完,那么可以在晚上再开庭,每个月有几天被正式安排用于接受百姓告诉,州县官必须在开'早堂'时接受诉状"。[4] 清县一级长官既要"接受签批文书"行使其行政长官职能,又要作为司法长官"听讼"行使司法职能,从早到晚都在这两重身份中穿梭。

2. 县级初审法院具有有限的审判权

县作为最低一级的司法机构,历代都担任着初审法院的职能,审判权具有一定的限制,尤其是在刑事案件的处理上。

秦汉县令对于一般案件均自行决定受理,重大嫌疑案件报请中央的廷

---

〔1〕 韩玉林主编:《中国法制史通史》(第六卷),法律出版社 1999 年版,第 743 页。

〔2〕 何朝晖:《明代县政研究》,北京大学出版社 2006 年版,第 115~117 页。

〔3〕 萧一山:《清代通史》(一),中华书局 1986 年版,第 542 页。

〔4〕 瞿同祖:《清代地方政府》,范忠信、晏锋译,何鹏校,法律出版社 2003 年版,第 18~19 页。

尉审理。唐宋县令的案件受理范围是所有民事诉讼都必须先经过县一级，但对于刑事案件的审判权限"诸犯罪……杖以下县决之，徒以上及应奏者，并须追证勘结园备，方得送州"，[1]只能处理"杖"一下轻罪，对"徒"以上的案件只能做预审，查清案情，报州审判。元朝县掌笞刑罪五十七以下，[2]明罪刑合一，五十以下为笞，六十至一百为杖，"六十以下，各县断决决……"[3]明朝县令的审理权限范围主要是在民事案件和轻微刑事诉讼。清朝户婚田土及笞杖轻罪由县自己审理，对于徒刑及徒刑以上的案件县只有侦查和初审拟罪向上级汇报的职责。

3."调解"在传统中国县域中解决纠纷中起到重要作用

传统中国县域法制中注重"调解"在解决司法案件中的作用，在县一级"调解"的主体既有县长官的官方调解，又有县以下基层组织的代表里长、宗族的族长等进行调解。

传统中国县法官即县长官认为，"调解"解决案件优于庭上诉讼是较为主流的观念，他们认为"调解"可以息讼，维护社会秩序。这种思想可以最早追溯到孔子的"无讼"思想虽然对于孔子"无讼"的含义各有见解，但是在传统中国对这一理念的日常实践中，尤其是在汉唐之后，"无讼"更多地表现为县长官通过对民众进行情理上训导从而进行"息讼"。在明朝，通过对《教民榜文》的颁布，民间的调解在官方被上升为一种诉讼前置制度。清朝中期良吏汪辉祖在其《学治臆断·断案不如息案》道："勤于听断善矣。然有不必过分皂白可归和睦者，则莫如亲友之调处。盖听断于法，而调处以情。法则泾渭不可不分，情则是非不妨稍措。理直者既通亲友之情，义曲者可免公庭之法。"他认为虽然说对于审理案件解决案件很勤快是件好事，但是不必过于分清皂白，利用调解这种方式可以更好地解决案件。汪辉祖他早年多次应试未中，从二十岁开始了幕僚生活，作为"师爷"帮助过许多县长官处理相关事务，包括诉讼案件，在乾隆四十年中进士，做过宁远知县、新田知县，有丰富县域治理经验。而他认为调解可以优于诉讼的观念，"情理"更加优先，也反映了当时县长官在面对相关诉讼纠纷时的态度。美国学者黄宗智先生也说过："如果不结合民间的调解制度来考虑，官方的中国法制是无法

---

〔1〕《庆元条法事类》卷73检断。

〔2〕《元典章》卷40，《刑部》2。

〔3〕《皇明制书》卷51。

理解的。也许传统中国和现代西方在司法制度上的最显著区别就在于前者对民间调解制度的极大依赖。”

(二)近代中国的县域法制

清末君主立宪制度改革在地方体现为基层自治,形成了与传统封建社会有所不同的清末县域法制,呈现出三种特点。

1. 司法与行政逐渐分立

自古以来,中国社会的法律一直是以“诸法合一”的状态存在了上千年,而法律是基层官府治理地方的重要工具,由于法律的“合一性”带来了官府职能的“合一性”,即行政与司法的合一。鸦片战争打开清王朝国门的同时,也带来西方分权的思想。清末新政中的基层官制改革也体现了这一思想。清代光绪三十七年,经总核官制大臣庆亲王奕劻等人奏定《各省官制通则》三十四条,其中明确规定,督抚衙署均可设幕职,分科理事。各省设立各级地方审判厅,以为司法独立之基础。据此,清末各县增设了执法或司法科,负责地方司法等相关事宜。此外,《各省官制通则》将审判厅单独列出来,赋予了审判厅纠纷解决功能,司法职能从州县官所具备的职能中剥离出来,使司法与行政逐步分立,为之后北洋政府时期的地方法院的设置提供了理论和实践基础。

2. 地方自治规范权力并保障权利

传统的清朝地方行政体制,省级由总督或巡抚统领几省或一省的一切大权,州县以下,一切政事皆责成于州县官一人。[1] 这种责任划分的模式,实际上缺乏有效性,县管辖领域过于宽泛,同时负责的事务繁多冗杂,难以事事俱到。官方的权力只达到了县一级,对于县以下的乡镇则多依靠于地方的族长予以维持秩序的稳定。[2] 地方自治制度实施后,将县以下的区域进行详细划分,建立自治公所,由地方士绅和商人积极参与,减轻了县官的压力。同时乡绅和官员之间相互配合,探求地方治理之道,促进了地方行政事务迅速有效地开展。

清末的地方自治分两级进行,城镇(乡)自治为下级自治,府厅州县自治

---

〔1〕 范红霞、戴素萍:《简论清末地方自治与地方行政体制近代化》,载《兰州学刊》2005 年第 3 期。

〔2〕 黄东兰:《清末地方自治制度的推行与地方社会的反应——川沙“自治风潮”的个案研究》,载《开放时代》2002 年第 3 期。

为上级自治。[1] 城镇(乡)自治组织在城镇设有议事会和董事会,在乡则设有议事会和乡董,议事会为决策机构,董事会或者乡董为执行机构。如若议事会认为董事会或者乡董的执行方法超越了董事会的权限范围或者违背其他规定,议事会有权制止其行为;如若城镇董事会或者乡董坚持执行、拒不改正,那么交由府厅州县议事会进行公断。同样,如果董事会认为议事会决议事项存在不当之处,也有权移交府厅州县议事会公断。议事会与董事会之间形成一个权力制衡的关系,既防止了议事会一方独裁,保证了议事会决议的民主性和利民性,同时也敦促了董事会执行的合法性,保障议事会决策的顺利落实。

此外,议事会被赋予了民事调解的职责,公民的私权利得到了较大的保障。调解民事纠纷,如天津县民刘少锡曾在天津地方审判庭控告黄某之故父,称其欠本人银两尚未归还。后经议事会按照自治章程的相关规定予以调解。[2] 纠纷双方都同意先经过议事会的调解,如若调解不成再由地方官府予以解决。足以可见,议事会的民事调解职能在当地具有与官府判决相当的信服力。议事会这一职能的发挥不但减轻了官府的行政压力,而且同时也防止了官府在判案过程中采取严苛的刑罚手段对私权利造成侵害的现象发生。

3. 诉讼程序初步建立

中国古代的法律不仅是诸法合一,同时也比较注重刑事案件的审判,民事案件则不是州县官府审判的重心。因此,在清代,民事审判,其程序多准用刑事审判程序。[3] 修宪运动也是清末新政改革中的一个重要组成部分。清末《刑事诉讼律草案》和《民事诉讼律草案》的制定旨在将原来的重刑轻民模式,转变为民刑并驾模式。虽然《民事诉讼律草案》未经公布清王朝已经灭亡,但《民事诉讼律草案》的制定对中国县域司法观念上产生了重要影响。

(三)民国时期县域法治

虽然清末民初的中国处于动乱时期,但在西方法制思潮的影响下,县域作为国家治理的基本单位在立法、自治制度、权力架构以及司法机构等方面

---

〔1〕 龙长安:《清末地方自治与民权保障》,载《电子科技大学学报》(社会科学版)2007 年第 2 期。

〔2〕 徐建平:《清末天津县地方自治的社会学考察》,载《河北青年管理干部学院学报》2006 年第 4 期。

〔3〕 那思陆:《清代州县衙门审判制度》,中国政法大学出版社 2006 年版,第 6 页。

逐步形成。

1. 县域立法概况

清朝中国饱受外国列强的欺凌,有志之士开始反思中国自身的问题,"师夷长技以制夷",国人开始向西方列强学习,其中就包含学习西方法律制度。晚清政府时期制定了一系列的法律法规,其中自治法规主要包括:《城镇乡地方自治章程》《京师地方自治章程》《府厅州县地方自治章程》。在宪政编查馆大臣给光绪帝的奏折中对于自治事宜作了详细的说明:一是将地方自治名义界定为"以专办地方公益事宜,辅佐官治为主";二是划定了自治范围;三是对于自治经费的筹措与使用有了清晰的规定。受到西方法律思潮的影响,晚清政府开始重视对于权力的监督,其目的虽在于缓和革命形势,难以充分变现民治的精神,与欧美盛行的自治理论有着巨大的差别;[1]但是晚清政府颁布的这些自治法律却成为近代地方自治制度的开端,所颁布的《城镇乡地方自治章程》《府厅州县地方自治章程》所体现的权利制约与权力监督观念传播了现代法治精神。

民国时期,受清末自治思潮的影响,地方自治成为国家复兴、民族兴旺的不二法门。正如梁漱溟所言:"自治之能否成功,实即中华民族能否辟创其从来未走之政治新途径之问题。"[2]孙中山亦将地方自治确认为建国第一方略。南京国民政府完成形式上统一后,进入训政阶段,即将孙中山地方自治等总理主要遗教确认为"训政时期中华民国最高之根本法",[3]并以"完成县自治为训政时期最重要之工作"。[4] 于是孙中山进行了大张旗鼓的地方自治立法工作,以为推行地方自治的制度基础。[5] 南京国民政府时期颁布的自治法律大致可以分为三个阶段:第一个阶段从 1929 年《县组织法》颁布到 1934 年。这一阶段制定颁布的自治法律主要以《县组织法》为主,辅之以《县组织法施行法》《区自治施行法》《乡镇自治施行法》《乡镇闾邻选举暂行规则》《乡镇坊自治职员选举及罢免法》《县参议会组织法》《县参议员选举法》等相关法律制度。这一阶段重点县域自治建设,为 1934 年

〔1〕 吴永明:《清末民初的地方自治述论》,载《江西社会科学》2001 年第 3 期。

〔2〕 梁漱溟:《北游所见记略》,载《梁漱溟全集》(第 4 卷),山东人民出版社 1991 年版,第 904 页。

〔3〕 中国第二历史档案馆:《国民党政府政治制度档案史料选编》(上册),安徽教育出版社 1994 年版,第 591 页。

〔4〕 谢振民:《中华民国立法史》(下),中国政法大学出版社 2000 年版,第 687 页。

〔5〕 曾绍东:《南京国民政府地方自治研究——以赣南(1939 ~ 1949)为中心的考察》,西南政法大学 2011 年博士论文,第 39 ~ 45 页。

《县自治法》的颁布施行提供制度与观念上的引导。第二阶段，1934 年《县自治法》颁布到 1939 年《县各级组织纲要》颁布前夕。这一时期，由于南京国民政府对内进行"剿匪"对外要抵御外敌入侵，这段时间县域自治的立法活动基本上处于停滞状态，但这阶段进行裁局改科制度改革，为后来新县制的实施奠定了组织基础。这一时期颁行的法律有《县自治法》《县自治法施行法》《市自治法》《市自治法施行法》。第三阶段从 1939 年《县各级组织纲要》颁布到 1949 年这一时期南京国民政府颁布《县参议会组织暂行条例》、《县参议员选举条例》《乡镇组织暂行条例》《乡镇民代表选举条例》《县参议员选举条例》，国民政府依据这些法律法规进行县自治建设。民国三十年（1941 年）行政院公布《地方自治实施方案》，方案规定地方自治条件及其完成标准以及地方自治的实施及考核。"关于地方自治实施成绩之考核，应切实按照各省实施县各级组织纲要督导考核方案之规定办理，各级政府及内政部应将考核结果按照党政工作考核办法第四、第五两条所规定之考核程序，逐级呈核。"[1]

2. 县域自治制度

国民政府取得全国政权以后，一方面为了落实孙中山关于县自治的直接民权思想，另一方面也为了谋求整齐划一的基层编民组织，先后颁布了《县组织法》《乡镇自治施行法》《区自治施行法》《县各级组织纲要》《乡镇组织暂行条例》等一系列法律文件，以建立地方各级自治团体。县级自治制度设计一方面吸收借鉴了西方三权分立思想，建立地方自治团体包括县议会及其选举制度，另一方面继承中国传统法律制度的思想，建立保甲制度。

（1）地方自治团体。以县为单位实施地方自治是孙中山地方自治思想的核心内容，这在《地方自治开始实行法》和《国民政府建国大纲》中有过清楚地表述。此外，1931 年《训政时期约法》第 29 条明确规定，"地方自治依建国大纲及地方自治开始实行法之规定推行之"，国民政府时期县自治机构由县参议会和县政府组成。县参议会是议决机关，县政府是执行机关。根据《县各级组织纲要》第 15 条的规定，县设参议会，由乡（镇）民代表会选举的县参议员组成；每乡（镇）选举一人，并得酌加依法成立的职业团体代表为参议员，但不得超过总额十分之三。之后，1941 年颁布的《县参议会组织暂行条例》和《县参议员选举条例》又对县参议会的组织和选举程序进行了详

---

〔1〕 王建学编：《近代中国地方自治法重述》，法律出版社 2011 年版，第 305 页。

细规定,进一步完善了县参议会制度。

(2)保甲制度。国民政府一方面吸收借鉴了西方三权分立与权力制衡思想,另一方面也注重吸收借鉴中国的传统制度,保甲制度就是其中之一。保甲制度是封建统治者为了对人民进行有效控制,利用宗法伦理关系和家族制度,以“联保相劝”“连坐相纠”的方式在基层社会推行的一种社会管理制度。保甲制度最初由王安石创立,后被明清两代继承,是封建统治者控制基层社会的重要方式。清末新政以后,由于地方自治运动的兴起,保甲制度曾一度遭废弃。国民政府时期的《县各级组织纲要》确定乡镇以下办保甲和保甲融于自治,保甲制度得以成为县自治制度的重要组成部分。

3. 县域自治权力架构

按照国民政府的设计,县既是自治组织,同时也是行政组织,兼具自治与行政的双重属性。1930 年《县组织法》第 3 条规定:县设县政府于省政府指挥监督之下,处理全县行政,监督地方自治事务。县设县长一人,任期三年,可以连任。县政府设置公安、财政、建设、教育四个职能局,其局长人选由县长在考试合格人员中遴选,但是其最终任命权在于省政府。《县组织法》第 17 条规定:县政府各局各设局长一人,由县长就考试合格人员中遴选,呈请省政府核准委任之。但是这种做法受到了学者们的批评,“让公文在县专门局与省会的对口厅之间往来,不经过县长办公室,是削弱县政府,又是向地方政治诸如另一种保护制度的做法”。[1] 如果把行政权视为自治权的内容,那么县级行政权在多大程度上受制于省政府,也就意味着县自治权在多大程度上受到削弱。[2] 由于这种权力结构受到抨击,国民政府于是开始“裁局改科”改革,裁局改科就是裁撤县的专门职能局,将其职能并入县政府相应的各科,旨在通过行政改革加强县长的权力。1937 年行政院颁布《县政府裁局改科暂行规程》,开始在全国推行裁局改科行政体制改革,将各局原有的公安、财政、教育、建设等职能并入县政府下设的各科,此后,县政府机构的设置基本上以民政、财务、建设、教育、军事五科以及秘书、会计两室为标准,并一直延续到新县制实施,且以后也没有再有过大的改动。

地方自治的一项重要权力在于立法权,立法权由县参议会行使。1930

---

〔1〕 [美]费正清、费维恺编:《剑桥中华民国史》(下卷),刘敬昆等译,中国社会科学出版社 1994 年版,第 273 页。

〔2〕 莫鹏:《国民政府时期的县自治研究》,武汉大学法学院 2013 年宪法与行政法学博士论文,第 81 页。

年《县组织法》规定县设县参议会,由县民选举的参议员组成,参议员任期三年,每年改选三分之一。县参议会有权议决县预算决算及募债事项、县单行规则,并有权建议县政兴革事项及审议县长交议事项。1932 年《县参议会组织法》对县参议会制度进行了细化规定,第 2 条将县参议会的性质界定为"全县人民代表机关",〔1〕并将县参议员的任期从三年改为两年,并对参议员能否连任确定为"得被再选"。《县参议会选举法》对于县参议员的选举制度进行了详细的规定,前文已述及。值得一提的是,1939 年行政院公布《县各级组织纲要》第 15 条规定:县设县参议会,由乡(镇)民代表会选举县参议员组织之。每乡(镇)选举一人,并得酌加依法成立之职业团体代表为县参议员,但不得超过总额十分之三。这一条将县参议员选举制度由直接选举改变为间接选举,这对于基层民主可以说是一大退步,削弱了县参议会制度的民主成分。

4. 司法机构状况

民国初期的司法制度,是在晚清司法改革的基础上构建起来的,它一方面继承了晚清司法改革的成果,另一方面也背上了晚清司法改革留下的包袱。〔2〕民国时期的司法制度改革沿着司法独立与司法专业化的方向发展,具体经过了县知事兼理司法制度、司法公署、司法处与新式法院时期。

(1)县知事兼理司法时期。1914 年 4 月 6 日,民国政府公布了《县知事兼理司法事务暂行条例》,该条例规定,"凡未设法院各县之司法事务,委任县知事处理之",按照该法令,凡未设审判厅(包括初级审判厅和地方审判厅)的县,一审民事诉讼均委任县知事审理。县知事可以根据具体需要设立承审员来辅佐处理司法事务。承审员由县知事提请任命,虽然其进行具体的案件审理,但受县知事监督,对县知事负责,并非享有独立审判权的法官。〔3〕对于这种情况,有学者称这是"二十世纪二三十年代中国司法体制的一个有趣的现象",即中央政府革命似的大力推行司法机关独立审判,而地方政府特别是以县级为代表的基层政府的审判,在相当长的时间内都以类似传统中国的县衙审判方式——行政兼理司法的方式在运行。〔4〕

---

〔1〕王建学编:《近代中国地方自治法重述》,法律出版社 2011 年版,第 217 页。

〔2〕蒋秋明:《民国政府基层司法建设论述》,载《学海》2006 年第 6 期。

〔3〕朱观:《县司法法令判解汇编》,中正书局 1942 年版,第 79 页。

〔4〕刘昕杰:《政治选择与实践回应:民国县级行政兼理司法制度述评》,载《西南民族大学学报》(人文社会科学版)2009 年第 4 期。

(2)司法公署时期。由于人力与财政方面的原因,民国政府采取了县知事兼理司法的制度,但是这种制度设计招致学者与官员的批评,民国政府也深知县知事兼理司法制度的弊端,并且积极采取措施改进这种制度。1917年民国政府颁布《暂行各县地方分廷组织法》和《县司法公署组织章程》。《县司法公署组织章程》要求"凡未设法院各县应设司法公署",司法公署由审判官和县知事组成,审判官主管审判,县知事专司检察,包括检举、缉捕、勘验、刑事执行等各项事务。基于职责分工,审判官受高等审判厅厅长监督,县知事执行司法职责受高等检察厅厅长监督。[1] 然而,由于各省以各种理由拖延司法公署制度的推行,据统计,到1926年,全国建立的新式法院或司法公署仅140余处,而县知事兼理司法则多达1800余处,县知事兼理司法仍是基层审判权的主要运作方式。[2]

(3)司法处与新式法院时期。南京国民政府进行司法体制改革,将原最高司法机关大理院改称最高法院,各级审判厅一律改称为法院。1932年公布的《法院组织法》确立了三级三审制,但是基层司法制度仍然延续了县长兼理司法制度。1935年司法院召开全国司法会议,此次会议县长兼理司法制度仍然是批评的焦点,但由于财政等多方面的原因,在全国各地普设法院不太可能,于是大会决定将所有兼理司法之县改设为县司法处,作为将来设置地方法院的基础。[3] 国民政府1936年4月公布了《县司法处组织暂行条例》,规定"凡未设法院各县之司法事务,暂于县政府设县司法处处理之"。县司法处设置审判官,由高等法院院长呈请司法行政部核派,独立行使审判职务,县司法处检察职务和行政事务,由县长兼理,书记官由高等法院委派。根据《县司法处组织暂行条例》,司法行政部通令各省高等法院,自1936年7月1日起至1937年12月底止,以6个月为一期,分三期将兼理司法各县改设为县司法处;并自1938年1月1日起至1939年6月底止,也以六个月为一期,分三期将各省的县司法处改设为地方法院。由于改设县司法处主要是明确审判官与县长的职责分工,在组织方面并没有较大的调整,故进展较为顺利。据统计,至1937年6月,各省改设的县司法处已有610个。[4] 抗日战争爆发,改设地方法院的事务受到影响,据统计,从1938年到1947

---

[1] 蒋秋明:《国民政府基层司法建设述论》,载《学海》2006年第6期。

[2] 《调查法权委员会报告书》,法律评论社1993年版,第123页。

[3] 蒋秋明:《民国政府基层司法建设述论》,载《学海》2006年第6期。

[4] 同上。

年,全国共增设地方法院436个,改设县司法处446个,到1947年,全国除新疆以外,县长兼理司法制度已全部废除,地方法院的数量增加到748所。[1]

二、1949年新中国成立后的县域法治

作为中国传统延续而来的区域构成单元,县域也为新中国的国家结构及制度设计所继受,成为新中国成立后我国推行国家建设的基础性区划。

(一)《共同纲领》期间的县域法治

1949年9月29日通过的《中国人民政治协商会议共同纲领》(以下简称《共同纲领》)虽然并未专门开展政府层级的规定,但当时事实上的大行政区、省、县的政府架构,在这一宪法性的文件中得到了承认。《共同纲领》通过"各级人民代表大会和各级人民政府"作为人民行使国家政权载体的设定,明确了县一级政权在新民主主义政权中的地位。当时的县级政府,作为县级人民代表大会闭会期间人民行使政权的常设机构,而被赋予以相应的立法权。以1949年9月27日中国人民政治协商会议第一届全体会议通过的《中国人民政治协商会议组织法》和《中央人民政府组织法》两部法律为基础,以及在随后通过的《中国人民政治协商会议共同纲领》这一宪法性质文件的指导下,以中央人民政府委员会为立法主体,在1949年12月2日集中通过了《省各界人民代表会议组织通则》《市各界人民代表会议组织通则》《县各界人民代表会议组织通则》等多份法律文件,由此确立了新中国成立初政府体制的主要构成。此后,1950年1月6日政务院通过《县人民政府组织通则》,为县人民政府的组成明确法律依据。在1950年11月3日,政务院又通过了《大城市区各界人民代表会议组织通则》,对当时大城市内的区各界人民代表会议的组织工作加以明确。同年的12月8日政务院还一次通过《区人民政府及区公所组织通则》《区各界人民代表会议组织通则》《乡(行政村)人民代表会议组织通则》《乡(行政村)人民政府组织通则》等法律文件,对县域内的区级政权的组织以及乡级政府的组织予以规定。

1.1949年《县各界人民代表会议组织通则》

1949年12月2日中央人民政府委员会通过《县各界人民代表会议组织

---

[1] 司法行政部编印:《战时司法纪要·增设各级法院》,1948年。

通则》。这一文件明确了县人民代表会议向县人民代表大会过渡的性质，并分别对县人民代表会议的组织、代表产生、职权、管理体制等方面做出规定。具体来说其内容：

一是确立了由人民政府予以召集的会议组织方式。该法随着新政权的建立而颁布，各县普遍设立了县级人民政府作为县域政权机关，各县人民政府遂成为人大会议的召集主体。《县各界人民代表会议组织通则》第4条第1款规定了人民代表会议的参加单位及代表名额的分配，由县人民政府决定。

二是明确了多类型的人民代表产生方式。包括了充任方式、自行选派方式、邀请方式。从规定上看，“县各界”的含义涵盖了县人民政府、各民主党派、各人民团体、驻扎于县的各机关及部队、农民以及其他方面等界别。该法规定，县人民政府的代表实行县长、副县长充任的方式，各民主党派、各人民团体、各机关以及军队的代表由它们自行选派，其他方面代表由县人民政府邀请产生。另外，该法对于农民的代表，规定可以“由乡(行政村)农民代表大会或农民大会产生之”“亦可由区或县农民代表大会产生之”。

三是规定了由上级人民政府实施的对县人大会议的监督体制。该法规定，县各界人民代表会议经省人民政府批准后，可以代行县人民代表大会的听取及审查县人民政府工作报告、审查及通过县人民政府预决算、建议及决议县政改革事宜、向人民解释决议案及向人民动员推行、选举县长等县人民政府委员会成员等职权。在此之前，各界人民代表会议的职权仅限于听取工作报告、提出批评和建议、传递意见和要求以及协助动员等方面，并无审查工作报告、通过预决算、政府人员选举等方面的职权。该法还确立了上级人民政府对县人大会议的监督机制，其中，第8条规定，当县各界人民代表会议的决议与上级人民政府的政策法令相抵触时，上级人民政府得废除、修改及停止其执行。

四是明确了县各界人民代表会议的组成机构。该法规定了大会主席团及其秘书长的设置，规定了代表会议之内提案审查委员会及其他委员会的设置，同时还规定了休会期间常设委员会的设置。常设委员会的职权包括了提出对县人民政府的建议、协助动员人民、负责下届代表会议准备等内容。

2. 1950年《县人民政府组织通则》

1950年1月6日政务院通过的《县人民政府组织通则》依照《共同纲

领》的指导方针，在当时的时代背景下形成了体现当时法制建设特点的制度架构。

一是明确县人民政府是政务院及省政府直接领导下的、执行上级决议和命令的机构。《县人民政府组织通则》明确规定了县人民政府委员会在省级人民政府委员会领导下开展工作。其职权中的第一项便是执行中央人民政府及各上级人民政府的决议和命令。而且，县人民政府委员会的人事任命及财政事务不仅要报经省人民政府委员会批准，还要报请政务院的批准。县人民政府委员会由县长及委员若干人组成，他们由县人民代表大会选举产生，同时要报请省人民政府层报中央人民政府政务院批准任命。与人事上的“选举—任命”体制不同的是，当时的县级财政预算体制实行多少与之反向的“核准—追认”机制。即编制概算及预算的职权由县人民政府委员会行使，县人民政府委员会要在国家概算或预算规定的范围内，编制各该县的概算或预算和决算；相关财政活动要首先报请省人民政府审核并层报中央核准，而后再提经县人民代表大会审查通过或追认。

二是明确县人民政府委员会是县人民代表大会的执行机构。县人民政府委员会要负责实施县人民代表大会通过决议案，并且决议案要经过省人民政府的批准。

三是规定了县人民政府委员会为所辖区及乡的领导机构。县人民政府委员会统一领导和检查所辖各区、乡(行政村)人民政府的工作。在人事任命上，在执行政务院有关任免工作人员暂行办法的基础上，根据人事管理事务的不同情况，对所辖区、乡(行政村)的行政人员，提请省人民政府任免或批准任免，或自行任免或批准任免。在财政事务上，县人民政府委员会有权监督审核区、乡(行政村)财政收支。县人民政府委员会还有权废除或修改所辖区、乡(行政村)人民代表大会的与上级人民政府决议命令相抵触的决议和命令。

四是拥有单行法规制定权的机构。《县人民政府组织通则》第4条第3项允许县人民政府委员会“拟定与县政有关的单行法规送请省人民政府批准或备案”。《县人民政府组织通则》将法院、检察院机构纳入政府委员会内来予以设计，相关规定带有以行政框架为统领的，行政事务、监察事务、法院事务、检察事务相区分的特征。其中第4条分4项对民政、财政等行政工作部门，县人民监察委员会，县人民法院，县人民检察署进行规定。《县人民政府组织通则》第7条还规定了秘书制、首长制及其副职制，对法院及检察院的院长制及检察长制及其相应副职制度作出规定。《县人民政府组织通则》第10条规定了县人民政府委员会的全体委员会的会议制度，包括会议的召集、提议及决议等；第11条则规定了县人民政府行政会议制度，要求县人民法院院长及县人民检察署检察长均得出席。

3.1950年《大城市区各界人民代表会议组织通则》《区各界人民代表会议组织通则》和《区人民政府及区公所组织通则》

1950年11月3日政务院通过的《大城市区各界人民代表会议组织通则》，较之于《县各界人民代表会议组织通则》，在规定内容上已发生了一些变化：

一是在代表名额的计算上较为灵活。县各界人民代表会议的代表名额，二十万人口规模以下的，为一百人到二百人；二十万到五十万人口的，二百人到三百人；五十万人口以上的，三百人到五百人。而区各界人民代表会议的代表名额，不满十万人口的，以不超过一百五十名为原则，十万人口以上的，以不超过二百名为原则。

二是在人民代表会议的组织方式上有了新的变化。不同于县人民代表会议由人民政府确定参加单位及名额分配的做法，《大城市区各界人民代表会议组织通则》规定，区各界人民代表会议的参加单位和名额分配，其第一届由区人民政府邀请本区内的人民团体等代表组成区各界人民代表会议筹备委员会加以商定，此后由区人民政府与上届区各界人民代表会议协商委员会商定。商定的方案经市级政府批准后实施。

三是在人民代表的选任方式上有所不同。增加了对居民代表以推选或选举方式产生的规定，增加了邀请代表过程中区人民政府与筹备委员会或协商委员会商定的程序，增加了少数民族居民代表单独推选及选举的规定。

四是增加了对区各界人民代表会议选举产生的区人民政府工作人员，由市人民政府批准任命的规定。

五是在政治协商观念下在区各界人民代表会议内设置区协商委员会。与县各界人民代表会议内设立常设委员会不同，法规设立区协商委员会，行使提出建议、协助实施决议、动员人民、筹备下届人大会议以及负责人民民主统一战线工作等职权。

因新中国成立初的县级区域事实上存在着区和乡两种建制。1950年12月8日政务院通过《区各界人民代表会议组织通则》，对县内区的各界人民代表会议的组织及职权作出规定。区各界人民代表会议的具体组织、代表的资质及组成、职权及管理体制等方面大体上沿袭了1949年12月2日通过《县各界人民代表会议组织通则》的内容，包括区人民政府对区各界人民代表会议的组织者的角色设定，上级政府对区各界人民代表会议的监督者的角色设定都得到沿用。但在一些内容上出现了明显的变化：一个变化就是区各界人民代表会议的名额分配及产生，增加了区域代表制的因素。《区各界人民代表会议组织通则》第4条第1项规定"区域代表以乡为单位产生，由乡选民直接选举或乡人民代表大会或乡人民代表会议选举之"。这一规定较之于1949年《县各界人民代表会议组织通则》第4条第2款关于"农民的代表"的产生方法，一方面确立了与以往职业代表制不同的区域代表制，另一方面在代表产生方式上改变了以往模糊的界定，内容含义上更加明晰。即采用"直接选举"或"选举"的方式产生，表明立法在这一问题上的显著变化。第二个显著的变化就是针对民族杂居之区的实际情况，规定在少数民族居民角度的区，要实行采取单独选举的方法产生其代表。第三个变化是增加了区各界人民代表会议对其所选举产生的区人民政府区长、副区长和委员，有通过决议撤换之的权力。第四个变化是在区各界人民代表会议的组成上，其主席及副主席在当选为区长、副区长时可以兼任。在区各界人民代表会议的机构设置上，不设常驻机关。

在县内各区的政权组织方式上，1950年12月8日政务院通过的《区人民政府及区公所组织通则》确立了区政府制和区公所制两种方式。县人民政府提请省级人民政府得设立作为一级政权的区政府，而县人民政府还可以设置区公所作为其派出机关。县内各区政府及区公所覆盖了多个乡的范围，区人民政府委员会的职权亦包括了领导、检查所辖区域各项工作的内容，区公所的职权也包括对所辖各乡的指导、监督与协助。在人事选任方法上，区政府制采用人大代表会议选举产生的方法，而区公所采取县人民政府委派产生的方法。《区人民政府及区公所组织通则》在人事批准任命体制上，规定区政府的区长、副区长及委员由县人民政府提请省级人民政府批准任命。

4. 1950年《乡（行政村）人民代表会议组织通则》

1950年12月8日政务院还通过了《乡（行政村）人民代表会议组织通则》，这一法规直接明确了由乡人民代表会议"一般代行乡人民代表大会职权"，并且确立了乡人民代表产生上的选区制度，即不同于县级层面上主要实行的职业或团体选举制，在县内各乡按照居民居住的自然情况划分选区，选民不分民族、阶级、性别、信仰,皆有权参与代表的选举。每一选区的代表互推代表主任一名,在乡人民政府的领导下,开展联系本选区代表的工作。在选区选举方式之外,还明确了乡人民政府和乡人民团体商定提名、区人民政府批准的邀请制的代表产生方式。在人事选任上,确立了县人民政府批准下的,乡人民代表会议选举乡长、副乡长及其委员,并以决议撤换的方法。乡人民代表会议的工作方式为常规性的每月一次的会议,以及必要时召开的临时性的会议。

1950年12月8日政务院通过的《乡(行政村)人民政府组织通则》对乡人民政府委员会的定位、人员构成、职权、工作方式等作出规定。乡长、副乡长、委员构成乡级政府人员组成由区报县人民政府批准任命。乡人民政府可根据工作需要设立经常性的或临时性的委员会。

总体上,新中国成立初期对省、市、县各级人民代表会议及人民政府的设计,以及对县域内县、区、乡人民代表会议及人民政府的法规调试,展现了当时历史时期带有鲜明时代特色的国家政权建设方式。(1)分层分级立法调适的政权建设思路。与后来针对人大及政府机构所实施的集中调整的立法方式不同,新中国成立初期采取了以单行法规对各级政府及人民代表会议组织加以独立调整的思路,反映了当时条件下对各级政权组织适应性及特殊性的考虑。当时的县域政权组织也带有这种法规分级调适的特征。(2)多级政府层级体系下的县域三级管理体制。新中国成立初期对政权的法规调适形成了中央、大行政区、省、县、区、乡的建制,这其中,法规界定的、作为省派出机关的专员区公署,事实也成为统辖多个县的一级政权机构。在中央、省、县、乡之间存在着大行政区、专员区公署、区作为中间政权机构。具体到县域,则被具体细分为县、区、乡三级政权机构。(3)人事及财政上的中央直管县的体制。与后来的逐渐形成的各管一级的体制不同,新中国成立初期在人事和财政上推行中央对县的批准与核准制度。(4)政府主导型的人大民主及协商机制。新中国成立初期以人民代表会议为形式的国家民主建设,是以各级人民政府为主导、在各级人民政府的组织下开展的,在人民代表会议的具体实施的过程中,包括人民代表会议的组成、名额分配等由同级政府确定,并报上级政府批准。上级政府对下级人民代表会议的决议行使监督权,对违反政府法令及政策的决议有权予以撤销及变更。(5)政府为主体的分层立法体制。从颁行的一系列法规所确定职权内容来看,新中国成立初期国家立法权分别由中央、大行政区、省、市、县来行使,它们有权制定与各级政务相关的法规性文件，但这一立法权设计止于县，县以下的区及乡并未赋予相应拟定单行法规的权力。县级人民政府由此成为政权基础层级行使立法权的机构，它有权拟定与县政有关的单行法规。

5. 1951 年《人民法院暂行组织条例》、1950 年《人民法庭组织通则》和 1951 年《各级地方人民检察署组织通则》

在县人民代表会议以及县人民政府委员会及其职权设计之外，新中国成立初期，中央层面还就县人民法院及人民检察院的组织机构设置及其法律实施方面的职能加以明确。1951 年 9 月 3 日中央人民政府委员会通过了《人民法院暂行组织条例》，确立了县级、省级、最高三级人民法院构成的法院组织体制。在新中国成立初期这种以三级两审为架构，一般情况两审终审、特殊情况三审终审或者一审终审的司法体制内，县域内的县级人民法院承接了除法令或条例另行规定情况外的，一审民刑事案件的审理工作。(1)当时县一级法院的构成类型。包括了县、旗以及其他相当于县的人民法院，省辖市人民法院，以及中央及大行政区直辖市内的区人民法院。(2)当时县一级法院的组织定位。《人民法院暂行组织条例》确定了三重领导体制，即审判工作受上级法院领导和监督，司法行政工作受上级司法部门领导，同时人民法院又作为同级人民政府的组成部分，受同级人民政府委员会的领导和监督。(3)县一级法院的人员及组织构成。人员上包括院长、副院长、审判员、庭长，以及秘书、主任秘书、书记员、办事员等，组织机构上包括刑事审判庭、民事审判庭以及审判委员会，以及科室、宣传教育机构以及问事代书机构。

1950 年 7 月 14 日政务院通过的《人民法庭组织通则》以专门法规的形式，对县域内人民法庭机构的设立予以明确，反映了新中国成立后历史阶段中，我国为推行政治改造、经济改造及社会改造任务，在国家建设运动的手段和载体上对人民法庭的运用和偏重。这一法庭建设运动由 1950 年 6 月 28 日中央人民政府委员会通过的《土地改革法》中所规定的，在各县设立的土地改革法庭为开端，不断向经济生产、社会生活、政治改造等领域拓展，县域内的人民法庭因此成为保障革命秩序及执行土地改革政策法令的重要法权象征。(1)人民法庭的成立方式。法庭的设立是以中央法规为指导平台，并以省级政府命令及批准为中介，以及以各县市为单位的。《人民法庭组织通则》要求省及省以上人民政府视情况的需要，以命令成立或批准成立的方式设置县(市)人民法庭。(2)人民法庭的功能设置。包括两方面，一是惩治危害人民与国家利益、阴谋暴乱、破坏社会治安的恶霸、土匪、特务、反革命分子及违抗土地改革法令的罪犯，以巩固人民民主专政；二是受理关于土地改革中划分阶级成分的争执及其他有关土地改革的案件，以推动顺利地完成土地改革。(3)人民法庭的性质及定位。人民法庭是县(市)人民法院之民事庭、刑事庭以外的特别法庭，在人民法院刑事庭所受理的刑事案件及所实施的刑事审判之外，专门行使对反革命罪犯的刑事审判及惩治职能。法庭直接受县(市)人民政府的领导，同时又作为县(市)人民法院的组成部分。(4)人民法庭的机构及人员构成。人民法庭一般以县为单位设立，必要时以县内区或多个区联合成立分庭。人民法庭及其分庭实行审判委员会工作制，组成人员包括审判长一人、副审判长一人、审判员若干人。其中，正副审判长及半数审判员人员的产生由县(市)人民政府遴选，其余半数由县(市)各界人民代表会议或人民团体选举。以区为单位设置的分庭组成人员也实行同样的选任方式。(5)人民法庭工作的主要原则。包括认真调查证据、严禁刑讯、审判公开、接受监督、保障权利等。《人民法庭组织通则》第6条即明确："人民法庭及其分庭审判时，应保障被告有权辩护及请人辩护的权利。"(6)人民法庭及其分庭裁判的手段。包括"有权逮捕、拘禁并判决被告死刑、徒刑、没收财产、劳役、当众悔过或宣告无罪"。这其中，县级人民政府有权批准不足五年的徒刑及宣告无罪的判决，省人民政府主席或省人民政府特令指定之专员有权批准死刑、没收财产及五年以上徒刑的判决。除针对匪特反革命分子的死刑判决，以及土改中划分阶级成分的争执案件，其他案件的被告或原告对判决不服的，可申请县(市)人民政府指令县(市)人民法庭复审，对复审不服的，仍可提出上诉。

《人民法庭组织通则》颁行之后，各大行政区及各省有分别以组织条例、政府令、政府指示等形式对人民法庭组建及运行加以贯彻。诸如，中南军政委员会于1951年1月9日以命令颁布《中南区人民法庭组织条例》；山东省人民政府于1950年10月21日发出《关于县以上各级政府应准备于土改前建立县人民法庭令》，对该省人民法庭设立工作予以部署；1950年12月5日陕西省人民政府作出"陕西省人民政府指示"，其中，对人民法庭设立分庭事宜作出安排。此外，各省级人民法院亦从政策及业务方面对人民法庭建设工作予以指导。诸如，陕西省人民法院于1951年8月15日作出《有关人民法庭工作的几个问题》，对该省各县人民法庭建设中具体问题作出说明。

人民法庭建设运动是新中国成立初县域法制领域的重要事件。这一在常规纵向法院组织体系之外特殊司法组织机构的创制，延续了早在中华苏维埃时期便已实施的司法组织建设的传统做法，包括贴近于地方基层的司法组织建制、司法组织一定程度上的军事性质、司法组织综合了捉拿、审讯及执行等权力以及对紧急情况剥夺上诉权的适用等，反映了历史及现实军事斗争对我国司法组织建设的影响。此外，人民法庭也是新中国成立推行大规模政治改造及经济改造运动的重要武器，在诸如土地改革、镇压反革命、“三反”和“五反”运动、全部普选等重大运动中，人民法庭均作为施行刑事惩治及社会关系调适的有力工具，成为推动国家建设目标及任务的组织载体。

新中国成立初期，中央还以立法的形式对检察机关的组织机构及职权设置予以规定。其中，有关检察署针对同级国家机关开展相关法律监督工作的规定，成为新中国成立初法治建设领域的有益探索。1951 年 9 月 4 日中央人民政府委员会通过的《各级地方人民检察署组织通则》将中央人民政府最高人民检察署在大行政区或其他区域所设分署，省(行署)及中央或大行政区直辖市所设检察署，省人民检察署在专区所设分署，以及县(市)所设检察署，统一纳入通则予以调整。其中，县(市)人民检察署实行与其他地方检察署相同的职权、组织及人员构成。(1)县(市)人民检察署的职权。《各级地方人民检察署组织通则》第 2 条予以明确，检察同级及下级政府机关及公务人员严格遵守国家法令及政策的情况，对包括反革命在内的刑事案件实行检察及提起公诉，对同级及下级审判机关之违法或不当裁判提起抗诉，检察及纠正监所及犯人劳动改造机构之违法措施，受理及处理不服下级检察署不起诉处分之复议，代表国家公益参与有关社会和劳动人民利益的重要民事案件及行政诉讼。(2)县(市)人民检察署组织及人员构成。组织机构方面，包括检察委员会议、检察署内各科室等，人员方面包括检察长、副检察长以及检察委员会议的委员。(3)县(市)人民检察署的工作方式。实行监察委员会议制度和检察长负责制，检察署委员会议每月举行一次，讨论有关检察事务，检察长则负责召集会议及主持全署事宜，遇委员会议意见不一致时，由检察长作出决定。(4)县(市)人民检察署的定位。(市)人民检察署受上级人民检察署的领导，同时又作为同级人民政府的组成部分，受县人民政府委员会之领导。

1951 年《各级地方人民检察署组织通则》确立了国家检察工作体制和组织架构。此后，五大行政区的最高人民检察署分署，以及三十个省级人民检察署先后建立。但县(市、区)人民检察署的设立进程却较为缓慢。到

1953年年底,全国共建立县级检察署643个,只占到应建数的29%。[1] 在大量未设立检察署的地方,依照1951年通过的《最高人民检察署暂行组织条例》第3条第2款的规定,由公安机关代行检察署的部分职权。到"三反""五反"运动时期,许多没有建立检察机关的地方,实行由纪律检查委员会代行检察机关职能,向人民法庭起诉。[2]

新中国成立到1954年《宪法》颁行之前的这段时间,政府体制带有从战争时期向和平建设时期形式上过渡的特征,这一阶段的县域法制以县级政府制定单行条例的立法设计,以及国家对县域内人民法庭建设的注重为内容。县域内的人民法庭建设成为推行新政权法权理念及行动的最为主要的抓手,人民法庭所配合及支持的政治、经济和社会等方面的大规模的改造运动也构成这一时期县域法制的重要时代背景。新中国成立初期,县域内虽施行了作为后来那种人大产生"一府两院"政治架构之雏形的政治制度,但当时的政治架构设计较为偏重人民政府的作用和功能,该时期县域政权组成及其架构,代表着以县级人民政府为主导的,并通过县级人民政府来组织、培育人民代表会议,以及领导、监督人民法院及人民检察院工作的政治模式;相对而言,这一时期,政治架构设计的权力制约较为淡弱,人民代表会议的立法功能缺失,人民代表会议受上级政府监督的设计也存在法理上的缺陷;新中国成立初期对人民法庭的工具性使用,也暴露出较为偏重于法庭及其刑事惩治功能等问题。实践中,人民法庭对阶级镇压倾向的强调,使其刑事惩治的意义超过了规制群众活动的意义,审判中出现随意性大及蔑视权利的现象。[3] 这一阶段里,地方法律监督理念及设计仍停留在纸面上,还未来得及展开,检察机关的建设较为滞后,使法制建设不均衡的问题突出。

(二)1954年《宪法》颁行后的县域法治

1954年《宪法》正式确立了中央、省、县、乡为分级构成的政权体系,确立了以人大为根本权力机关的、"一府两院"形式的国家政权架构。新中国成立初期的《共同纲领》将人民政府与人民代表会议相组合,使之作为常设的人民行使国家权力的机构。1954年《宪法》进一步明确了人民代表大会

〔1〕 龙宗智:《检察制度教程》,中国人民检察出版社2006年版,第59页。

〔2〕 胡尚元:《建国初司法重建探析》,载《安徽史学》2012年第6期。

〔3〕 陈翠玉:《回顾与反思:建国初期的土地改革人民法庭——兼谈对当下司法建设的启示意义》,载《兰州学刊》2010年第5期。

作为国家权力机构的定性，政府作为人民代表大会根本制度下的行政机关的性质得到明确。1954 年《宪法》也改变了新中国成立初期那种分级行使的立法体制，要求“全国人民代表大会是行使国家立法权的唯一机关”，进而从法权话语上确立了全国人民代表大会的立法权威。

1954 年 9 月 21 日一届全国人大一次会议通过了《地方各级人民代表大会和地方各级人民委员会组织法》。该法衔接了新中国成立初期对国家政权架构的内容设计，同时又在政权组织形式及方式上有所变化。(1)规定了直接选举和间接选举的范围。县及设区的市人大代表的产生均为间接选举，即由下一级的人民代表大会选举产生，不设区的市、市辖区、乡、民族乡、镇的人民代表大会代表实行直接选举，即由选民直接选举。(2)规定了县及其以下人民代表大会的职权内容。包括执行职权，即执行法律、法令和上级人民代表大会决议的权力；决议职权，即在职权范围内通过和发布决议的权力；规划地方事务的职权，包括本区域内的规划经济建设、文化建设、公共事业等；选举职权，诸如选举本级人民委员会成员，以及选举上级人大代表，县级人大还行使选举本级法院院长的职权；监督职权，诸如，听取和审查本级人民委员会的工作报告，以及改变或者撤销本级人民委员会的不适当的决议和命令的权力。(3)规定了县及其以下人民委员会的职权内容。县级及乡级人民委员会均可以发布决议和命令，县级以上的人民委员会还可以发布行政措施；新中国成立初期人民政府组织人民代表会议的做法得到延续，即人民委员会主持本级人民代表大会代表的选举，并负责召集本级人民代表大会会议；但在上级人民政府对下级人大的监督上，出现一些新的变化，包括县级人民委员会对乡级人民代表大会的不适当的决议的监督方式仅为停止其执行。(4)规定了县级人民委员会可以实行派出机关制。这一规定实际取消了县以下区一级政府的建制，而改为实行由县人民委员会派出区公所。同时，还增加规定了市辖区、不设区的市的人民委员会可以在必要的时候，设立若干街道办事处作为它的派出机关。

1954 年 9 月 21 日一届人大一次会议通过了《人民法院组织法》。该法明确了审判权的基础概念，构筑了由地方各级人民法院、专门人民法院、最高人民法院行使国家审判权的法院组织体系。在中央与地方相区分的法院体制内，该法使用“基层人民法院”，用以包括县、市、自治县、市辖区等多个区域类型的人民法院。以县级法院为主要构成的基层人民法院在职能上：(1)“刑事和民事的第一审案件”的承审法院。它还可以“处理不需要开庭审判的民事纠纷和轻微的刑事案件”。(2)根据地区、人口和案件情况设立若干“人民法庭”。新中国成立初期使用专门法规予以规范的人民法庭,在新的法律中得到整合、收纳,并予以了重新的界定。人民法庭在性质上是基层人民法院的组成部分,它作出的判决和裁定等同于基层人民法院的判决和裁定。(3)县级法院是人民调解委员会的工作指导机构,同时也是在上级司法行政机关授权下从事司法行政理管理工作的机构。

1954年9月21日一届全国人大一次会议通过了《人民检察院组织法》,明确了最高人民检察院、地方各级人民检察院和专门人民检察院构成的检察院机构体制。(1)在检察院职权方面。对包括县级检察院在内的地方各级检察院的职权的规定,除沿用新中国成立初期所确定的法律监督权、公诉权、审判监督权、判决执行监督权以及民事公益诉讼权之外,增加了检察机关刑事案件侦查权的规定,增加了对侦查机关侦查活动进行监督的规定,同时,将检察机关在事关国家和人民利益的案件中提起诉讼或者参加诉讼的情形缩限到重要民事案件领域。(2)在检察领导体制方面。明确规定“地方各级人民检察院独立行使职权,不受地方国家机关的干涉”,同时还确立检察院的垂直领导体制,即地方各级人民检察院和专门人民检察院在上级人民检察院的领导下,并且一律在最高人民检察院的统一领导下进行工作。《人民检察院组织法》显然剔除了将地方检察机关归为同级地方政府组成部分的规定。仅在中央层面明确最高人民检察院对全国人民代表大会负责并报告工作,以及在全国人民代表大会闭会期间,对全国人民代表大会常务委员会负责并报告工作。这就表明,地方检察院的工作职能不仅涉及地方政府、法院等机构,还包括了地方人大机构执行法律的情况。为贯彻这一检察体制,《人民检察院组织法》还对人事选任作出相应的安排,即最高人民检察院相关人事任免放到全国人大及其常委会层面来进行外,省级人民检察院的相关人员,由最高人民检察院提请全国人民代表大会常务委员会批准任免,除此之外,省、自治区、直辖市的人民检察院分院和县、市、自治州、自治县、市辖区的人民检察院的检察长、副检察长、检察员和检察委员会委员,由省、自治区、直辖市的人民检察院提请最高人民检察院批准任免。(3)在检察监督的程序方面。要求纠正及提出抗议为检察机关行使法律监督权的主要方式,当发现本级国家机关的决议、命令和措施违法的时候,检察机关有权要求纠正,在要求不被接受的情况下,要报告上一级人民检察院向违法机构的上一级机关提出抗议。地方各级人民检察院发现国务院所属各部门和上级地方国家机关的决议、命令和措施违法的时候，应当报告上级人民检察院处理。

1954 年到 1958 年是我国立法集中涌现的时期，包括宪法、国家机构、选举、社会团体、婚姻家庭等方面的立法，形成了覆盖多个领域的法律体系。[1] 全国人大及其常委会通过的 60 件法律中，代表性的法律主要有全国人大组织法、国务院组织法、地方组织法、法院组织法、检察院组织法、逮捕拘留条例、警察条例、治安管理处罚条例等。这一时期，我国人民代表大会的根本政治制度渐趋成型，人民代表大会产生人民委员会、人民法院及人民检察院的政治体制得到进一步的巩固和完善，这一架构也成为改革开放以后我国继续实行的人民代表大会之下一府两院的政治制度的最初模板。1954 年以后的立法体制，也发生了较为显著的变化。有研究者将其总结为由相对分权立法体制向集权立法体制的转变。[2] 有研究者认为这一时期与计划经济体制的确立相适应，形成了以中央垄断立法权为特征的立法制度。[3] 新的立法体制消除了以往从中央到县的多层级立法设计，采取以"国家立法权"概念为形式的宣告，确立了全国人民代表大会作为行使国家立法权唯一机关的权威。

1954 年作为国家迈向新的历史时期的节点，其间制定的有关人民法院和人民检察院的法规，其中如 1954 年《人民法院组织法》第 4 条所规定的"人民法院独立进行审判，只服从法律"，以及 1954 年《人民检察院组织法》第 6 条规定的"地方各级人民检察院独立行使职权，不受地方国家机关的干涉"的规定，表明了这一节点时间国家为践行法治所表达及传递的坚定决心。这一时期关于人民检察院法律监督机制的探索，也着力凸显了为保障中央法律在地方贯彻实施作作出的制度建设努力，撇开中央对地方加强管控的意义，将地方人大、政府等政府机构纳入法律监督之内、并设置专门机构予以监督的思想及实践，成为这一时期法治建设领域的突破性亮点，为国家法制建设新的路径的开拓积累了有益的经验

（三）1959 年到 1978 年的县域法治

这一时期是国家整体法治建设经历波折的时期，县域法治建设在当时

---

〔1〕 刘朋：《1949～1956 年新中国的立法创制与制度立国》，载《理论月刊》2014 年第 8 期。

〔2〕 同上。

〔3〕 石佑启、朱最新主编：《地方立法学》，广东教育出版社 2015 年版，第 55 页。

的历史环境下也深受影响。1957 年反右之后，领导人的指示、命令越来越多地运用于对国家及社会事务的调整。[1] 在 1959 年到 1977 年十九年的时间里，仅有的立法为全国人大常委会在 1963 年通过的《商标管理条例》《军官服役条例(修正)》和 1964 年通过的《外国人入境出境管理居留管理条例》。这期间，从 1966 年开始，全国人大及其常委会完全停止了工作。

1975 年 1 月 17 日第四届全国人大第一次会议通过的《宪法》，增加了在县域内农村人民公社的建制，规定公社作为政社合一组织的性质，并在公社推行人民代表大会制度。由此，1954 年《宪法》所确定的县域内县、乡两级体制变更为县、镇、公社三级体制。同时，地方政治结构又开始向新中国成立初期的做法回归，即地方各级革命委员会作为地方各级人民政府，同时又是地方各级人民代表大会的常设机关。这种回归及延续还表现在对检察机关职权的规定上，1975 年《宪法》直接规定“检察机关的职权由各级公安机关行使”。应该说 1975 年《宪法》仍然继承了 1954 年《宪法》在政治架构方面的总体设计，包括人大机构的性质和定位，及其与政府、法院相互间的关系等，一些改动，诸如县域内三级体制、检察权的代行体制等，也在一定程度上延续新中国成立初期的做法。

1978 年 3 月 5 日第五届全国人大第一次会议通过的《宪法》是改革开放之前颁行的、带有过渡性质的宪法。这一宪法总体上沿用了 1975 年《宪法》在政治和经济体制方面的做法，诸如人民公社制以及革命委员会制，但在国家建设的诸多方面予以了调整和扩充。对于县域政权，1978 年《宪法》沿用了 1975 年《宪法》创立的公社、镇、县的架构，县域内三级政权组织分别设立人民代表大会和革命委员会。在选举体制上，对于不设区的市、市辖区、人民公社、镇的人民代表大会代表，由选民直接选举，县的人民代表大会代表则由下一级的人民代表大会投票选举产生。1978 年《宪法》还恢复了对法院及检察院机构及职权的设置，法院及检察院上级对下级的关系均被界定为监督关系。对检察院的法律监督权，宪法赋予最高人民检察院对于国务院所属各部门、地方各级国家机关、国家机关工作人员和公民是否遵守宪法和法律，行使法律监督的权力。

---

〔1〕 张培田主编:《新中国法制研究史料通鉴》(第 1 卷)，中国政法大学出版社 2003 年版，前言第 4 页。

三、1978 年改革开放初期的县域法治发展

1979 年以后，经过国家建设指导思想上的拨乱反正，法治建设的重要性重新获得重视，包括县域法治在内国家整体法治建设发生较大的改观，国家的立法、执法、司法及法律监督体制得到确立，并在改革开放的历史进程中保持较为稳定的状态。1982 年 12 月 4 日第五届全国人大会第五次会议通过的《宪法》，以及之前及之后颁行的一系列与国家机关建设有关的法律，包括《地方各级人民代表大会和地方各级人民政府组织法》《人民法院组织法》《人民检察院组织法》等，接续了 1954 年《宪法》及相关国家机关组织法对国家政权组成及机构的编制方法，即人大及政府按照中央与地方相区分的方式加以立法调整，对人民法院及人民检察院予以专门立法的方式进行调整。

但在诸多方面，改革开放之后的立法对 1954 年体制作出了变更。在立法体制上，不同于 1954 年《宪法》中对全国人民代表大会为国家立法权唯一机关的界定，1982 年《宪法》形成了宪法、法律、行政法规、规章、地方性法规所构成的效力分级的立法体制，确立了以效力拟制为基础的、形式上的立法分权；与此相关的立法监督机制的设计方面，1954 年《宪法》第 65 条第 2 款允许县级以上的人民委员会有权停止下一级人民代表大会的不适当的决议的执行，有权改变或者撤销下级人民委员会的不适当的决议和命令。1982 年对这种政府为主导的监督体制作出了修改，理顺了纵向监督体制中人大与其他国家机关之间的关系，初步确立同级横向层面人大对政府的立法或规范制定上的监督，以及纵向相同机构序列上级对下级立法或规范制定上的监督。对于我国的行政区域划分，1982 年《宪法》除将 1954 年《宪法》中“直辖市和较大的市分为区”的设计修改为“直辖市和较大的市分为区、县”之外，其他关于行政区划的规定完全一致。在选举体制上，1982 年《宪法》扩大了 1954 年《宪法》的县以下直接选举的做法，确立了县及县以下直接选举的做法，县域由此成为完整的公民开展直接选举活动的平台。

此外，1982 年《宪法》所作出的较为重大的改变还在于，规定了在城市和农村地区设立居民委员会或者村民委员会作为基层群众性的自治组织，确立了县域内依照城乡划分而推行的基层组织机构设置，也由此形成了县域内以县、乡两级为政权组织构成、以居民委员会或者村民委员会为自治组织构成的县域治理框架。

1982 年《宪法》沿用了 1954 年《宪法》对上级法院对下级法院间的监督关系，以及上级检察院对下级检察院的领导关系的界定，但在法院及检察工作的工作原则上发生改变，诸如以“人民法院依照法律规定独立行使审判权，不受行政机关、社会团体和个人的干涉”的规定，取代了“人民法院独立进行审判，只服从法律”的规定；以“人民检察院依照法律规定独立行使检察权，不受行政机关、社会团体和个人的干涉”，取代了“地方各级人民检察院独立行使职权，不受地方国家机关的干涉”。较为明显的就是，对检察机关的法律监督权的设置所发生的变化，检察机关法律监督权与人大机关职权的关系进行了调整。

改革开放以来政治制度对 1954 年《宪法》规定的沿革，还表现在 1979 年 7 月 1 日第五届全国人大第二次会议通过的《人民法院组织法》，对 1954 年《人民法院组织法》内容的整体的沿用。1983 年全国人大常委会对《人民法院组织法》进行了修改，改动的地方涉及独立审判原则、死刑复核、法院行政事务安排、法院内设机构等。修改增加了人民法院的审判人员具有法律专业知识的要求，在法院机构上增加了基层人民法院可酌定设立经济审判庭的内容。1983 年的修改也是法院行政事务管理体制转变的节点，原先所推行的法院行政事务由司法行政机关负责的做法在修订中被删除，此后，法院行政事务由法院系统自身来承担。

相对而言，1979 年 7 月 1 日第五届全国人民代表大会第二次会议通过的《人民检察院组织》在人民检察院的组织机构及职权的规定上，相较于 1954 年《人民检察院组织法》，发生了较大的变动。1979 年《人民检察院组织法》第 1 条即明确规定人民检察院的性质是国家的法律监督机关。在检察机构设置方面，1979 年的法律赋权于省一级人民检察院和县一级人民检察院，允许两级检察院可以根据工作需要，经提请本级人民代表大会常务委员会批准，在工矿区、农垦区、林区等区域设置派出机构性质的人民检察院。随着 1983 年全国人大常委会对《人民检察院组织法》中专门检察权组织机构条款的删除，以及对检察院组织机构体制的调整，相对于法律对垦区及林区法院机构专门属性定位不同的是，人民检察院相关领域设立的机构更为强调其派出属性，而专门检察院机构有仅限制于军事检察院的趋向。而且，1979 年《人民检察院组织法》关于派出机构的设置办法，与 1979 年《人民法院组织法》中关于基层人民法院人民法庭设置的办法相比较，二者在法律表述的语言及其内容上均有差异。[1]

1979年《人民检察院组织法》在检察院内部的领导体制一些细节问题加以明确。1951年《各级地方人民检察署组织通则》所设计的检察长领导制，带有全权负责的性质，检察委员会内出现不同意见时，检察长有权对作出决定。1979年的法律明确规定了“检察委员会实行民主集中制”，并且，“如果检察长在重大问题上不同意多数人的决定，可以报请本级人民代表大会常务委员会决定”。由此，增加在检察重大事务方面检察长的酌定提请决定权。在检察院所承担的职能上，法规的重心转向也较为明显，1951年《各级地方人民检察署组织通则》以及1954年《人民检察院组织法》均将国家机关及其工作人员，以及公民是否遵守法律作为首要的职责，1979年《人民检察院组织法》删除了以往的条款，更加突出了检察机关在“镇压一切叛国的、分裂国家的和其他反革命活动，打击反革命分子和其他犯罪分子，维护国家的统一，维护无产阶级专政制度”等方面的取向，该法第5条关于各级检察院职权的内容中的第一项，改变了以往检察院对遵守法律情况行使监督权的传统规定，而提出“对于叛国案、分裂国家案以及严重破坏国家的政策、法律、法令、政令统一实施的重大犯罪案件，行使检察权”。相应的，1954年所规定的最高人民检察院以及地方各级人民检察院针对行政机关及其他国家机关决议、命令和措施违法的要求纠正和抗议的程序受到撤除，人民检察院行使职权的程序表现于自侦功能的行使、对公安机关侦查的监督、公诉功能的行使等。在人事选任体制上，与国家法制监督理念的转向相适应，1954年确立的县、市、自治县、市辖区的人民检察院的检察长、副检察长、检察员和检察委员会委员，由省、自治区、直辖市的人民检察院提请最高人民检察院批准任免的办法，被改变为县、市、市辖区人民检察院检察长由本级人民代表大会选举和罢免，副检察长、检察委员会委员和检察员由县、市、市辖区人民检察院检察长提请本级人民代表大会常务委员会任免，同时，县、市、市辖区人民检察院检察长、副检察长和检察委员会委员的任免，须报省、自治区、直辖市人民检察院检察长提请本级人民代表大会常务委员会批准。

1982年之后在法律监督体制上的转向，反映了国家对于地方法治建设深层次问题上的纠结。1954年《人民检察院组织法》关于检察机关职权的

---

〔1〕《人民法院组织法》第19条规定：“基层人民法院根据地区、人口和案件情况可以设立若干人民法庭。人民法庭是基层人民法院的组成部分，它的判决和裁定就是基层人民法院的判决和裁定。”

设置，反映了以专门机构开展宪法及法律执行监督的思路，但这种通过专门机构监督包括地方人大遵守法律情况的思路，与地方人大与“一府两院”间关系的架构产生着实际的冲突。我国在1982年及以后仍然贯彻坚持了人大主导的进路，近年来，省级层面检察官遴选的施行，并没有触及法律监督体制的深层次问题。

总体上改革开放初期，我国秉承了新中国成立后人民代表会议为制度架构内容的政治体制设计，在国家体制及其形式上全面确立了以人民代表大会制度为中心的国家政权组成的设置，并且形成了自上而下效力等级拟制为特征的立法层级体制。在法治架构及其流程上，1982年《宪法》及其相关法律确立了纵向上的人大、行政机关各系统内由上对下的立法监督体制，以及横向上的人大对一府两院的监督体制。在这种立法及其监督体制内，县级层面执行性的角色得到了一以贯之的推行，但县域政权在1954年取消原先的县级政府制定单行法规的规定以后，依托于职权范围内通过和发布决议的权力，即当今时代条件下所谓的制定“红头文件”的权力，开展县域政府为主导的大量的规则制定。这种完全属于政府内部性质的规则创制活动，因摆脱了单行法规体制下正式性的约束，反而在范围、内容及规模上都很容易超越单行法规形式的规则创制模式。尤其是自上而下立法监督失效、以及人大立法监督形式化的问题背景下，县域红头文件为主导的规则创制处在野蛮生长和膨胀的状态。县域红头文件的规模尚未得到准确的统计，但从近年来各地方清理红头文件的统计数据可见一斑。[1] 红头文件现象引起了各方的关注。[2] 理论界对此发出了大量的评论，其中多为对其不良现象的批评声音。

从《共同纲领》直到1982年《宪法》，自治县都作为可以行使单独立法权的基层政权单位而得到保留和加强。但即便在1982年以后允许自治县人民代表大会制定自治条例和单行条例的阶段内，这种正式性的县域立法活动仍然处于不活跃的状态。县域民族自治地方制定自治条例和单行条例

---

〔1〕 清理结果表明，各省内的红头文件达到万件以上的规模。(参见《中国到底有多少“红头文件”？河南清理67万件废止4.5万件》，载《领导决策信息》2009年第2期；吴晓颖：《四川废止五万余件“红头文件”》，载《中国改革报》2009年7月10日。)地市内展开的清理活动中，所废止的红头文件数量也达到一定规模。(参见何可：《郑州废止红头文件10400件》，载《河南日报》2008年12月18日。谢斌：《武汉清退5万件红头文件》，载《湖北日报》2009年11月19日。)相关专门领域的红头文件清理也能够说明这一问题。(参见万静：《1.6万件价格管制红头文件已被废止》，载《法制日报》2016年12月8日。)

〔2〕 在中国知网上，以“红头文件”为题进行搜索，搜到多达一千二百篇以上的文章。

的活动较为晚近，且数量较少。诸如，内蒙古自治区内自治旗人民代表大会制定的单行条例集中在2000年以后，规模上屈指可数。[1] 关于县域自治立法的对象及内容仍然无从着落，重复及变相重复法律法规的现象较为普遍。[2]

我国的县域立法便处在多立法层级之下较为初始的层级，但其基层的定位与其立法地位并不相符，县域的规则创制处在形式上的重重受限与实际活动中较为放任的状态。一方面，从形式上讲，经过法律、行政法规、行政规章及地方性法规的多层截留，原理上留给县域规则创制的空间已经很小；但另一方面，因形式化立法层级体系设置内在的失灵，及现实监督的失效，导致县域规则创制缺乏形式化立法体系本意给予的约束，所谓的"越法而为""脱法行事"的现象较为常见，县域内的红头文件经常发挥着比正式法律效力还要高的作用。

但是，对"红头文件满天飞"的现象，并不应当只站在否定性的立场上去分析。县域内大量的红头文件内在地反映了地方实际内在催生的规则创制需求，但这一需求受到形式化立法层级设计及其效力拟制的扭曲，以致形成错置和紊乱的状态。建设县域法治，首要的问题是要厘清县域在现代国家治理体系中的地位。我国从新中国成立初期中央、省及县内各设派出机构的体制，向当前这种中央、省、地级市、县的体制的转变，国家整体的层级设计略有缩减，省直管县的改革的提出，体现着进一步缩减这一层级设计的动向。可以说，改革开放以来的政府体制改革进程，便是围绕缩减管理层级及提升管理效率而展开。但作为制度演变传统的一部分，县域内的层级设计在形式上及轮廓上已经形成了较为稳定的三级架构。新中国成立初期介于县与乡之间的区政府被撤除后，1982年《宪法》增加了县域政治体制中自治性基础层级的设计，县域内政府架构转变为县乡两级政府加基层一级自治的模式，在城市里便是区政府、街道办事处及居民委员会，在农村里便是县政府、乡政府及村民委员会。

我国对县的管理体制，经历了新中国成立初期中央直管县，到各管一级为内容的省内市管县，再到省直管县的转变的过程。未来，县域仍然是政府

---

〔1〕 程建：《论单行条例——从内蒙古自治区单行条例立法现存问题谈起》，载《内蒙古大学学报》（人文社会科学版）2002年第6期。

〔2〕 于访勤：《单行条例质量差原因探析——以〈××省××自治县草原条例〉为例》，载《云南大学学报》（法学版）2016年第4期。

体制及法治建设的基础领域,可以通过充分的放权,授予县内各层级在非剥夺公民权利事务上的规制创制权,以此拓宽县域居民实施民主及法治建设的空间,通过社区等最微小单元的规则创制及治理活动,最大限度地包容及吸纳多样性的公民偏好及诉求,实现贴近于地方、体现实际情况的治理及规则创制。

在县域政府建设之外,新中国成立后的改革历程中,县域法院、检察院一直由国家立法及政策予以重点关注。从 1951 年将法院、检察院视同为政府的组成部门,到 1954 年法院只服从法律原则的规定,以及地方检察院对地方国家机构行使法律监督的规定,再到 1982 年确立的地方人大主导下的法院、检察院不受行政机关、团体和个人干涉的规定。法院、检察院的设置经历了类同于行政部门,而后超脱于国家机关,但最终并入人大主导体制的多个阶段。进入新世纪以来,随着司法去地方化改革呼吁的增强、人财物省级统管改革规划的提出,意味着县域司法的管理更多地由省级层面来承担,我国法院、检察院在县域层面的改革进度加快,出现了突破以往县域层面人大及党政主导体制,使司法机关超脱于行政机关及地方板块,由省级层面开展法院、检察院人事选任的动向。这一动向在省直管县的背景下,带有法院、检察院体制先行而动的特征。省直管县,要按照扁平、近距、效能的原则,展开县域层面的法治格局的构筑,一味地将人事和财政提级管理,并未从根本上解决法院、检察院体制行政化的弊端,同时还加剧了管理的长距化,推高了管理的成本。县域法治结构的优化,还要结合跨行政区划法院、检察院的改革设置,实行法院司法区、检察院司法区与传统行政区划的分置,同时,还要在新的司法区内另起炉灶,建立与传统人大机关相区分的新的人大会议机构,行使对法院及检察院在人事选任、财政监督方面的权能,这样做,以县域治理"外观上正义"的更完整的实现,从而为解决县域范围内人大监督中的执法因素、法院司法活动中的执法因素、检察院法律监督中的执法因素等功能设计间的内在冲突,为打造更为独立、超脱的裁判权运行体制和检察院运行体制,以及下一步展开针对人大机关行为的法律监督举措创造条件。

四、小结

中国历史上一直重视县域治理,并注重通过法律的手段设计县域治理框架。这些制度在一定程度上都契合了当时的中国政治架构,但随着时代的变迁，社会观念的进步，尤其是近代民主法治思想的影响下，清末民国时期的县域自治制度发展迅速。

新中国成立后，尤其是1978年改革开放政策的实施，县域法治发展开始进入新的历程。人民代表大会制度的确立为县域人民参与治理提供了有效途径；县级人民政府组织体系、县人民法院及县人民检察院组织机构设置成为县域治理的权力主体。1982年宪法明确了居民委员会和村民委员会的基层群众性自治组织的地位，在县域治理框架下一定程度上吸收了传统县域治理的经验智慧，为县域法治社会的生成以及县域法治的现代化提供了现实土壤。当然，改革开放初期的县域法治发展中仍存在不少问题，进入21世纪后，尤其是党的十八大以来，中央和地方更加重视县域法治建设，并采取了一系列措施化解基层社会矛盾纠纷，保障公民民生权益，推进县域法治治理的现代化。

第三章 县域法治发展的现状分析

县，在宪法和行政法学的意义上，指的是一级行政区划。县级行政区划，是我国配置最为齐全、功能最为完备的基层一级行政区域。自秦统一中国，实行郡县制至今，历经2300多年。作为我国历史最悠久的一级地方政权，县级行政区域在我国政权体系中具有承上启下的重要地位，是实现国家集中统一治理的重要基础。

一、县级行政区划概述

（一）我国县级行政区的设置

在当代中国，县级行政区是指行政地位与“县”相同的行政区划的总称。其管辖乡级行政区，为乡、镇的上一级行政区划单位，包括地级市的市辖区、县级市、县、自治县、旗、自治旗、特区、林区八种。按照《宪法》三级行政区划制度体系区分，县级行政区属于第二级行政区，由省、直辖市、自治区等一级行政区直辖，其中数量最多的，是县、县级市、市辖区三类。截至2015年12月31日，全国县级行政区划单位共有2854个，其中市辖区897个、县级市361个、县1425个、自治县117个、旗49个、自治旗3个、特区1个、林区1个。[1] 自改革开放至今三十多

〔1〕 陈耀：《新理念下的城乡协调与县域经济发展》，载《玉林师范学院》2016年第6期。

年,县级行政区的数量变化非常大,县级市数量从 93 个增加到 361 个,增加近 3 倍。这其中,大部分撤县设市集中于 1986 年到 1994 年,市辖区数量从 511 个增加到 897 个。与此同时,县的数量却从 2011 个下降到 1425 个。

(二)现行县级行政区的分类

1. 县

县为中华人民共和国行政区划单位,其管辖乡级行政区,为乡、镇的上一级行政区划单位。中华人民共和国成立后,随着行政督察区名称的变更,除各直辖市外均隶属于专区(行政督察专区)、地区或地级行政区。现除各直辖市、海南省以及部分试点地区实行省直管县外,县均为地级行政区的下一级行政区。"县"作为封建时代国家结构中最为基本的政治单元,是中央与地方权力分割与转换的一种表现。"皇权不下县,县下皆自治",就是说明县是地方的自治政权,具有较大的独立性和自主性。其产生的原因是随着疆域的扩大,中央政权不可能完全对地方进行统治,于是就出现了中央到地方的分权,由地方代替中央实行对区域内公共事务的管理。

2. 县级市(不设区的市)

"县级市"为中华人民共和国的行政区划单位,由省、自治区所设,是行政地位与县相同的县级行政区——市,即《宪法》所指的"不设区的市"。作为区划术语,"县级市"自 1983 年开始被正式固定下来。自 20 世纪 80 年代以来,随着工业化发展以及城市化步伐的加快,我国出现一股"撤县设市"浪潮,即设市模式从"切块设市"向"撤县设市"转变,大多数"县级市"此时都以这种方式建立,随之而来,县级市逐渐成为了我国目前城市建制中最基层、数目最庞大的政区。县级市既是一个行政用语,又是一个经济用语,它以原县域为市域、以城关镇为中心、镇为节点,形成点面结合的城镇体系。目前,我国的县级市主要有省辖计划单列县级市和普通地级市代管的县级市两种类型。需要特别注意的是,法律上所称之"不设区的市",也包括几个不设区的地级市,这些市的人大代表属于直接选举,但在行政区划列表上属于地级市。目前这类地级市有 5 个,包括:广东省的东莞市、中山市,海南省的三沙市、儋州市,甘肃省的嘉峪关市。

3. 市辖区

市辖区与市制相伴随产生,存在时间较短,目前仍处于发展阶段。《宪法》第 30 条第 2 款第一句规定,"直辖市和较大的市分为区、县",对市辖区的县级行政地位作出了明确的规定。实践中,直辖市的市辖区相当于地市级,或介于县级与地市级之间,普通市的市辖区一般相当于县。市辖区管辖的区域以街道为主,但由于近年来市辖区扩大等原因,部分市辖区也以乡、镇为主,例如广西壮族自治区钦州市钦北区。一般情况下,市辖区政府的职能要少于县政府、县级市政府,这是因为市辖区很多公共管理职能被直接上收至地级市。例如,市辖区公安分局,一般由市公安局垂直领导管理。另外,如国土、规划、工商、质监、烟草专卖、检验检疫等部门也多由地级市或相应垂管条线直接管理。

4. 开发区

开发区一般是指中央及地方政府为整合经济、高新技术资源或实验示范而划定的功能区,在功能区内通过给予优惠政策以吸引人才、资金、技术等资源,从而加快经济发展。[1] 改革开放后,我国开始大规模设置开发区,其地理位置通常选在区位因素较好、有发展潜力的地带。开发区包括多种类型:从名称上看,可分为经济技术开发区(经济开发区)、高新技术产业开发区、工业园区、产业园区、科技园区、台商投资区、出口加工区、边境经济合作区、旅游度假区、保税区(保税港区、保税物流园区)、金融贸易区等;从行政级别上看,又可分为国家级、省级、市级等。根据发展规划的不同,开发区多以工业、经济技术、高新技术或特定产业予以冠名。针对某一特定技术、行业,或以某一特定产业为主规划的功能区,因其规划区域较小,多称为园区,或直接冠以产业园、工业园。为便于管理,作为行政管理区的开发区一般由上级政府设立派出机构"管理委员会"来履行行政管理职能,管委会的行政级别多数为县级,但其不是一级行政区划,没有行政建制,只有少数政区合一的划为行政区划单位。(如天津市滨海新区、江苏常州市新北区)

二、县级政权组织架构

(一)县级政权组织体系

1. 县党委

县级党委由县党代表大会选举产生,是县党代会闭会期间的中国共产党领导全县的机关,每届任期 5 年,其委员和候补委员必须有 3 年以上的党龄,名额由上一级委员会决定。县级党委设书记 1 名、副书记 2 名,个别民

---

[1] 史艳萍:《贵州省开发区信息化发展问题研究》,载《贵州商业高等专科学校学报》2015 年第 6 期。

族自治地方需要适当增加副书记职数的，由党中央决定或者省级党委根据中央精神审批。县级党委的常务委员会（以下简称常委会）由县级党委全体会议选举产生，由书记、副书记和常委会其他委员组成。

党委主要实行政治、思想和组织领导，把方向、管大局、作决策、保落实：（1）对本地区重大问题作出决策；（2）通过法定程序使党组织的主张成为地方性法规、地方政府规章或者其他政令；（3）加强对本地区宣传思想文化工作的领导，牢牢掌握意识形态工作领导权、话语权；（4）按照干部管理权限任免和管理干部，向地方国家机关、政协组织、人民团体、国有企事业单位等推荐重要干部；（5）支持和保证人大、政府、政协、法院、检察院、人民团体等依法依章程独立负责、协调一致地开展工作，发挥这些组织中党组的领导核心作用；（6）加强对本地区群团工作和统一战线工作的领导；（7）动员、组织所属党组织和广大党员，团结带领群众实现党的目标任务。[1]

党委在党代表大会闭会期间，执行上级党组织的指示和同级党代表大会的决议、决定，领导本地区的工作，其主要以召开全会的方式履行以下职责：（1）制定贯彻执行党中央和上级党组织决策部署以及同级党代表大会决议、决定的重大措施。（2）讨论和决定本地区经济社会发展战略、重大改革事项、重大民生保障等经济社会发展重大问题。（3）讨论和决定本地区党的建设方面的重大问题，审议通过重要党内法规或者规范性文件。（4）决定召开同级党代表大会或者党代表会议，并对提议事项先行审议、提出意见。（5）听取和审议常委会工作报告或者专项工作报告。（6）选举书记、副书记和常委会其他委员；通过同级党的纪律检查委员会全体会议选举产生的书记、副书记和常委会其他委员。（7）决定递补党委委员；批准辞去或者决定免去党委委员、候补委员；决定改组或者解散下一级党组织；决定或者追认给予党委委员、候补委员撤销党内职务以上党纪处分。（8）研究讨论本地区行政区划调整以及有关党政群机构设立、变更和撤销方案。（9）对常委会提请决定的事项或者应当由全会决定的其他重要事项作出决策。[2]

县委常委会在全会闭会期间行使党委会职权，主持经常工作。其主要职责是：（1）召集全会，向全会报告工作并接受监督；对拟提交全会讨论和决定的事项先行审议、提出意见。（2）组织实施上级党组织决策部署和全会决

---

〔1〕《中国共产党地方委员会工作条例》第5条。

〔2〕《中国共产党地方委员会工作条例》第9条。

议、决定。(3)向上级党组织请示报告工作,讨论和决定下级党组织请示报告的重要事项。(4)对本地区经济社会发展和宣传思想文化工作、组织工作、纪律检查工作、群众工作、统一战线工作、政法工作等方面经常性工作中的重要问题作出决定。(5)按照有关规定推荐、提名、任免干部,必要时对重要干部的任免可以征求党委委员意见;教育、管理、监督干部;研究决定党员干部纪律处分有关事项。(6)对应当由常委会决定的其他重要事项作出决定。[1]

2. 县人民代表大会

县人民代表大会是全县的国家权力机关,其代表由选民直接选举产生,每届任期5年。县人民代表大会会议是县人民代表大会行使职权的基本形式。

县人民代表大会及其常委会的主要职权是:在本行政区域内,保证宪法、法律、行政法规和上级人民代表大会及其常务委员会决议的遵守和执行,保证国家计划和国家预算的执行;审查和批准本行政区域内的国民经济和社会发展计划、预算以及它们执行情况的报告;讨论、决定本行政区域内的政治、经济、教育、科学、文化、卫生、环境和资源保护、民政、民族等工作的重大事项;选举本级人民代表大会常务委员会的组成人员;选举县长、副县长;选举本级人民法院院长和人民检察院检察长,选出的人民检察院检察长,须报经上一级人民检察院检察长提请该级人民代表大会常务委员会批准;选举上一级人民代表大会代表;听取和审查本级人民代表大会常务委员会的工作报告;听取和审查本级人民政府和人民法院、人民检察院的工作报告;改变或者撤销本级人民代表大会常务委员会的不适当的决议;撤销本级人民政府的不适当的决定和命令;保护社会主义的全民所有的财产和劳动群众集体所有的财产,保护公民私人所有的合法财产,维护社会秩序,保障公民的人身权利、民主权利和其他权利;保护各种经济组织的合法权益;保障少数民族的权利;保障宪法和法律赋予妇女的男女平等、同工同酬和婚姻自由等各项权利。[2]

县人大常委会是县人民代表大会的常设机关,对县人民代表大会负责并报告工作。由县人民代表大会在代表中选举主任一人、副主任若干人和

---

〔1〕《中国共产党地方委员会工作条例》第10条。

〔2〕《组织法》第8条。

委员若干人组成。其组成人员不得担任国家行政机关、审判机关和检察机关的职务。常委会的任期和县人民代表大会的任期相同。常务委员会会议由常委会主任召集,每2个月至少举行1次。会议决议以全体组成人员的过半数通过。人大常委会通常还设有法制、财经、科教文卫、城乡建设等工作委员会作为内设机构,主要任务是协助县人大常委会行使决定权、监督权等职权,工作委员会不是执行机构,组成人员一般由主任、常委、委员兼任。

县人大常委会的主要职权是:对本行政地区域内的工作的重大事项行使决定权;领导或者主持本级人民代表大会的选举,召集本级人民代表大会会议;在本级人民代表大会闭会期间,决定本级人民政府副职领导人的个别任免;根据本级人民政府正职领导人的提名,决定本级人民政府各工作部门正职负责工作人员(本级政府正、副职领导人以外的政府组成人员)的任免;依法对人民法院的部分审判工作人员和人民检察院的部分检察工作人员的任免;监督本级人民政府、人民法院和人民检察院的工作,撤销下一级人民代表大会及其常务委员会的不适当的决议和本级人民政府的不适当的决定和命令。[1]

3. 县人民政府

县政府是指管理一个县级行政区域事务的政府组织的总称,是中央政府、省级政府、地区级政府与乡镇政府、村联系的中间环节,是整个国民经济和社会发展的基础行政区域。从县级政府的地位来看,县级政府同其他地方各级政府一样,具有双重身份和地位,它既是县级人大的执行机关,又是地方国家行政机关。作为地方人大的执行机关,县级政府由本级人大选举产生,对本级人大负责并报告工作。在人大闭会期间,则对本级人大常委会负责并报告工作。作为地方国家行政机关,县级政府又受上一级政府直至中央人民政府的统一领导和监督。同时县级政府还要领导监督乡、镇人民政府的工作。

按照法律规定,地方各级人民政府实行行政首长负责制。县长主持县政府的一切工作。在决策方式上,县政府分为全体会议和常务会议。全体会议由县政府全体成员组成,常务会议由县长、副县长组成。县长主持县政府全体会议和常务会议。政府工作中的重大问题,须经政府常务会议或者

〔1〕《组织法》第44条。

全体会议讨论决定。[1]

根据《宪法》和《地方组织法》规定,县人民政府行使下列职权:(1)执行县人民代表大会及其常委会的决议和上级行政机关的决定和命令,规定行政措施,发布决定和命令;(2)领导所属的各个工作部门和乡、镇人民政府的工作;(3)改变或者撤销所属各工作部门的不适当的命令、指示和乡、镇人民政府的不适当的决定、命令;(4)依照法律的规定任免、培训、考核和奖惩行政机关工作人员;(5)执行国民经济和社会发展计划、预算,管理本行政区域内的经济、教育、科学、文化、卫生、体育事业、环境和资源保护、城乡建设事业和财政、民政、公安、民族事务、司法行政、监察、计划生育等行政工作;(6)保护社会主义全民所有的财产和劳动群众集体所有的财产,保护公民私人所有的合法财产,维护社会秩序,保障公民的人身权利、民主权利和其他权利;(7)保护各种经济组织的合法权益;(8)保障少数民族的权利和尊重少数民族的风俗习惯,帮助本行政区域内各少数民族聚居的地方依照宪法和法律实行区域自治,帮助各少数民族发展政治、经济和文化的建设事业;(9)保障宪法和法律赋予妇女的男女平等、同工同酬和婚姻自由等各项权利;(10)办理上级国家行政机关交办的其他事项。乡、民族乡、镇的人民政府依照宪法和地方组织法的规定,行使有关职权。[2]

4. 县人民政协

根据政协章程,自治州、设区的市、县、自治县、不设区的市和市辖区,凡有条件的地方,均可设立中国人民政治协商会议各该地方的地方委员会。[3] 县政协与上级政协委员会的关系是指导关系。中国人民政治协商会议地方委员会的组成,主要是根据当地情况,参照全国政协的组成,县政协委员会一般由中国共产党、各民主党派、无党派人士、人民团体、各少数民族和各界的代表,香港特别行政区同胞、澳门特别行政区同胞、台湾同胞和归国侨胞的代表以及特别邀请的人士组成,设若干界别。[4] 县政协的主要职能是政治协商、民主监督、参政议政。政治协商是对县的大政方针以及政治、经济、文化和社会生活中的重要问题在决策之前进行协商和就决策执行过程中的重要问题进行协商。民主监督是对宪法、法律法规的实施,重大方

---

〔1〕《组织法》第63条。

〔2〕《组织法》第59条。

〔3〕《中国人民政治协商会议章程》第40条。

〔4〕《中国人民政治协商会议章程》第20条。

针政策的贯彻执行、国家机关及其工作人员的工作,通过建议和批评进行监督。参政议政是对经济社会发展重要问题及人民群众普遍关心的问题,开展调查研究,反映社情民意,进行协商讨论,以调研报告、提案、建议案等形式向党委政府和其他国家机关提出意见和建议。

5. 基层司法机关

基层司法机关包括县级人民法院和人民检察院。县人民法院处于中国法院组织系统中最低一级,是基层人民法院。其组织机构是:院长一人,副院长若干人,内设审判委员会、刑事审判庭、民事审判庭、经济审判庭、执行庭、信访科、办公室等。乡镇人民法庭是县法院的派出机构。县人民法院由县人民代表大会选举产生,对它负责并报告工作。其主要职权是:审判刑事和民事的第一审案件;处理不需要开庭审判的民事纠纷和轻微的刑事案件;接待和处理群众来信、来访事项。

县人民检察院由县人民代表大会选举产生,工作由上一级检察院领导。县人民检察院一般由办公室、审查批捕科、审查起诉科、法纪检察和申诉控告科、经济检察科、监所检察科等组成。其主要职权是:对于叛国案、分裂国家以及严重破坏国家的政策、法律、法令、政令统一实施的案件,行使检察权;对于直接受理的刑事案件,进行侦查;对于公安机关侦查的案件,进行审查,决定如何处理,并监督公安机关的侦查活动;对于刑事案件提起公诉,支持公诉,对于法院的审判活动进行监督;对于刑事案件的判决、裁定的执行和监狱、看守所的活动是否合法实行监督。

6. 人民武装部

人民武装部是中国人民解放军在县(市、区)设立的一级组织,主要负责后备力量建设和战备、兵役和动员,指挥民兵作战等工作。县(市、区)人民武装部归地方建制,实行地方和军队双重领导,是本地区的军事领导指挥机关,同级地方党委的军事部兼同级人民政府的兵役机关,也是同级地方党委人民武装委员会的组成单位及其办事机构。

(二)县级政权的地位功能

1. 县级政权地位

在长期的历史发展过程中,县一级确立了在国家政权体系中的基础地位。著名社会学家费孝通曾经指出,“在历史上,中央所派遣的官员到知县为止,不再下去了”,“因为在过去县以下并不承认任何行政单位。知县是父母官,是亲民之官,是直接和人民发生关系的皇权代表”。县官在历史上有各种别称,如“亲民之官”“父母官”。从各个不同的角度来看,中国的地方组织机构体系中的“县”,在其发展过程中由于适应政治和行政的需要,已成为国家行政体系中不可缺少的重要组成部分,在中国的地方管理体系中具有非常重要的地位。在当代中国,县级政权更是集政治、经济、社会、文化功能于一体,在我国地方政权组织管理体系中占据非常重要的地位,担负着贯彻执行上级党委、政府的方针政策的重要功能。县级政权具有以下几种特点:

第一,基础性。县是中国农村经济、政治的区域性中心。中国是一个尚未完成工业化进程的大国,虽然城市化进程在不断加快,但13.3亿人口,仍有一半以上在农村。农村的稳定和发展无疑是整个国家稳定和发展的前提。农业、农民问题无疑成为县级政权的中心工作。如果县的基层治理强而有力,整个国家基础也会随之稳定。

第二,综合性、独立性、完整性。我国的县,平均管辖40多万人口,但有的农业县管辖地域很大,如江苏省沭阳县有175万人口。而且大多远离省级以上的政治、经济中心和中心城市。其经济活动的“自给自足”程度高,文化生活的区域性特点明显,加上人口分散,人口和干部的流动率低,就又导致了县政大于市政特别是大于市辖区的相对独立性,工作中发挥创造性的余地较大,与此相对应,行政管理的综合性强。在现阶段,县级党委政府功能发生了很大变化,县级党政机构已变成了功能齐备的一级组织,纵向承上启下,横向连接城乡。

第三,直接性。县级机关是最接近基层、直接同人民群众打交道的一级机关。人民群众的生产生活与县级行政管理的成效直接相连。中央和省面向全国、全省城乡作出的宏观决策,要经由县级政府具体转化为一种面向农民、农村和农业为主的政策,并通过乡镇的有效领导和监督贯彻下去。有些中央和省听不到的情况,县级机关可以直接听到,县里对新出现的情况,反应最快、最灵敏。而乡镇工作做得好坏,很大程度上也取决于县级行政工作,因为主要的决策在县里,县里工作搞不好,乡镇工作也就上不去。当代中国虽然在社会发展和经济建设方面取得了巨大的进展,但由于原有基础较差,迄今全国近13亿人口中,还有9亿人居住在县级建制单位所辖的广大农村和乡村城镇。而且广大农村还表现为发展的严重不平衡。这种发展的不平衡,不仅表现在全国东、中、西之间农村地区发展的差距上,而且也表现在同一个省内不同农村地区的发展差距上。要促进地区协调发展,特别是加快农村发展,需要管理农村地区和乡村城镇的县级政权采取措施,提供必要的设施和服务。[1]

2. 县级政权与上级政权的关系

实践中,县级政权主要领导成员的任免权实质上都掌握在其上级党委和政府手中,县级政权的决策随时受到上级政权的制约与监督。[2] 县级政权在中国政务体系中所处的层级地位,决定了它与上级政权、下级政权有着密切的政务关系。《组织法》规定:"地方各级人民政府对本级人民代表大会和上一级国家行政机关负责并报告工作""全国地方各级人民政府都是国务院统一领导下的国家行政机关,都服从国务院",从法律上规定了上下级政府之间的行政隶属关系。同样,党委、人大、政协以及司法机关,虽然组织形式各不一样,但上级机关无论在日常事务,还是在财政、人事等重大事项上,对下级都拥有很大的影响力。当前,中国县级政权在国家组织行政体系中的隶属关系,可分为省管县、市(地)管县两种情况。

(1)省管县

省管县体制是指,省市县行政管理关系由目前的"省—市—县"三级体制转变为"省—市、县"二级体制,对县的管理由现在的"省管市—市管县"模式变为由省替代市,实行省管县模式,其内容包括人事、财政、计划、项目审批等原由市管理的所有方面。《国民经济和社会发展第十一个五年规划纲要》(以下简称"十一五"规划《纲要》)提出:"理顺省级以下财政管理体制,有条件的地方可实行省级直接对县的管理体制。"近年来,我国部分省区市对相关改革进行了积极回应。现有的市管县模式,批评者认为,其管理效率低下,阻碍了县级政权在经济发展和社会管理中发挥主体职能。早在1992年,为了"在经济上和上海接轨",浙江对13个经济发展较快的县市进行扩权,扩大基本建设、技术改造和外商投资项目的审批权。到2002年8月17日,在浙江省委、省政府的强力推动下,313项本该属于地级市经济管理的权限被"空降"至20个县级政区。浙江省持续10多年的改革示范效应,带动了其他地区此项改革的进展。自2002年以来,江苏、安徽、湖北、河南、山东、福建、湖南、河北等省份,先后将部分归属于地级市的经济社会管

[1] 陆凯阳:《当代中国县级政府体制与运行研究——兼以湖北省英山县为例》,华中师范大学2001年博士学位论文,第8~9页。

[2] 刘中连:《当代中国县级政府管理研究》,苏州大学2006年博士学位论文,第42页。

理权直接赋予经济强县,在财政体制等方面试行省管县。不少专家认为,省管县这一改革,带来的是地方权力的再分配,最终将带来中国行政区划的大变革,即取消地级市,建立省县两级政府。尽管各方对这一政府层级的改革模式争论不一,但减少政府层级的思路无疑是大方向。[1] 目前,这种省管县改革已在全国试点推行。

截至 2015 年 12 月,我国省管县名单:

海南省,共 10 个:定安县、屯昌县、澄迈县、临高县、白沙黎族自治县、昌江黎族自治县、乐东黎族自治县、陵水黎族自治县、保亭黎族苗族自治县、琼中黎族苗族自治县。

新疆维吾尔自治区,共 6 个:石河子市、阿拉尔市、图木舒克市、五家渠市、北屯市、铁门关市。

江苏省,共 3 个:昆山市、泰兴市、沭阳县

河南省,共 1 个:济源市。

湖北省,共 3 个:潜江市、天门市、仙桃市。

(2)市(地)管县

市管县是指以经济比较发达的中心城市作为一级政权来管辖周边的一部分县、县级市的体制。这种体制的形成是中国城乡经济一体化和政府管理一体化两个过程同步进行的重要结果,是中国由一个典型的农业国逐步转向一个工业国的重要标志。[2]

改革开放前。1949 年年底,我国就有无锡市(领导无锡县)、徐州市(领导铜山县)、兰州市(领导皋兰县)实行市管县体制。此后,北京、天津、旅大(今大连)、本溪、杭州、重庆、贵阳、昆明等市曾实行过市领导县体制。当时实行过市领导县体制的出发点主要是为了保证大城市的蔬菜、副食品供应。领导县的市仅限于部分直辖市、省会和个别大城市,除旅大市领导过 2 个县外,一般一个市只领导一个县。从 1958 年开始,实行市领导县体制的范围迅速扩大,至 1958 年年底,已有 29 个市领导 118 个县、2 个自治县,代管 20 个县级市,几乎所有的直辖市、省会、大城市都实行了市管县体制。1959 年 9 月 17 日,全国人大常务委员会通过了《关于直辖市和较大的市可以领导县、自治县的决定》,以法律的形式肯定了市领导县体制,并指出实行市管县

[1] 王红茹、张俊才、张一彪等:《"省管县":地方权利再分配》,载《中国经济周刊》2007 年第 6 期。

[2] 寇大伟:《我国城市化发展及其对府际关系的影响》,载《城市观察》2013 年第 12 期。

体制是“为了适应我国社会主义建设事业的迅速发展,特别是去年以来工农业生产的大跃进和农村人民公社化,密切城市和农村的结合,促进工农业的相互支援,便于劳动力的调配”。[1] 到 1960 年年底,全国共有 48 个市领导 234 个县、自治县,代管 60 个县级市。20 世纪 60 年代初经济困难时期,市领导县体制进入低潮。1965 年年底仅剩 25 个市领导 78 个县、1 个自治县。20 世纪 70 年代后,市领导县体制又逐渐复苏。至 1981 年年底,共有 57 个市领导 147 个县、自治县。

改革开放后。1982 年,中央 51 号文中向全国发出了改革地区体制,实行市管县体制的指示。当年先在江苏试点,于 1983 年开始在全国试行。1994 年年底,除海南省以外,各省、自治区、直辖市都已经进行了市管县试点,共有 196 个市领导 741 个县、31 个自治县和 9 个旗、2 个特区,代管 240 个县级市。此次改革有以下几个特点:一是改革的方向是将大中城市周围的农村地区划归城市统一领导,以便让中心城市发挥充分的作用,加快城乡一体化建设,逐渐形成以大、中城市为中心的经济区,并使经济区与行政区的范围基本保持一致。二是改革方式以“地市合并”或者“撤地建市”为主。“地市合并”是将原来的地区与原有的地级市合并,由新组建的地级市领导市区和原来地区行政公署的所管辖的县。“撤地建市”是撤销地区行政公署,将某一县级市升格为地级市,由新组建的地级市领导原县级市市区和原地区行政公署所管辖的县。三是市制改革与地区体制改革相结合。作为世界大国,我国省级行政区数量是属于偏少的,省级行政区的人口数量和土地面积都超过中等规模的国家全国的国土和人口,比较大的省,规模则超过英、法、德、意等大国。这种因素导致省所管辖的幅度太大,所以需要在省以下划分地区,每个地区包括若干个县(县级市),设置地区行政公署,作为省政府派出机构代表省政府管理该地区的事务。实践中,地区行政公署虽然不是一级正式的行政区划,但实质上发挥了一级政府机构的作用,而由于不是正式的行政区划,带来领导机构不是一级正式政权机构,没有地区人民代表大会等建制,不利于地区民主政治建设和公共事务管理。因此,在不能大幅度缩小省级行政区规模的情况下,由地级市领导原地区行政公署所辖的县,就成为解决上述问题的一条可行途径。

实际运作中,市管县体制也出现了一些问题:一是除少数大城市外,大

---

[1] 傅娟:《从“放权”的角度看省管县和市管县的一脉相承》,载《管理观察》2014 年第 7 期。

部分地级市往往不具备中心城市的实力和功能,对周边地区经济社会发展辐射与带动能力不足,不能真正发挥组织和推动区域经济一体化发展的作用。二是市管县的行政区域划分不合理。市管县的行政区划,有些是原地区行署所辖的县,有些则是地级市和省政府博弈的结果,没有充分考虑中心城市与县域经济联系的密切程度,导致某些实力较强的中心城市管辖的县偏少甚至不辖县,而某些没有实力的地级市反而管辖较多的县,经济区与行政区范围不一致,不利于区域经济的发展。三是是某些地级市的市区范围偏小或市县同域,既限制了中心城市的发展,又容易导致重复建设和引发市县矛盾。四是地级市管辖县级市缺乏法律依据。《宪法》明确规定直辖市和较大的市可以领导县,但没有直辖市和较大的市可以领导县级市的相关规定。

(三)县级党委、政府机构设置

机构是指组成部门或内部工作机关。县级党委政府机构就是指县级党委政府的组成部门及其内部工作机关,是党委政府运转的组织载体。

1. 党委机构

县纪律检查委员会机关。县纪律检查委员会机关与县监察局合署办公,实行一套工作机构、两个机关名称的体制。合署后的县纪律检查委员会履行党的纪律检查和政府行政监察两种职能,对县委全面负责。县监察局列入县政府工作部门序列,接受县政府领导。

县委办公室。县委办公室是县级党委的日常办公机构,主要负责县委重要工作部署贯彻落实的督促检查,县委日常文书处理,上级领导同志批示的传达与催办落实,县委各项会议会务工作和县委领导同志参加重要活动的组织安排。

县委组织部。组织部是县委主管组织和干部工作的职能部门,主要职责是研究和指导党组织特别是党的基层组织的建设,提出县委管理的领导班子调整、配备的意见和建议,研究制定干部队伍建设的有关政策、规定。

县委宣传部。宣传部是县委主管意识形态的综合职能部门,主要负责指导全县理论研究、理论学习、理论宣传工作,负责引导社会舆论指导,从宏观上指导文化艺术工作和精神产品的生产等。

县委统战部。统战部是县委主管统一战线工作的工作机构,是县委在统战工作方面的参谋和助手。

县委政法委。政法委是县委领导、管理全县政法工作的工作部门。县委政法委员会机关一般还与县社会治安综合治理委员会办公室合署办公。

此外,县委的工作部门还有县委研究室、县委台办、县编办、县委县级机关工委、县委农工办、县委老干部局、县信访局、县委保密委员会办公室、县委党史办、县委党校等,本书不作全部详细叙述。

2. 政府机构

2007 年 5 月 1 日,《地方各级人民政府机构设置和编制管理条例》正式施行,其规范了地方各级人民政府机构设置,加强编制管理,提高行政效能,要求地方各级人民政府机构设置和编制管理工作,应当按照经济社会全面协调可持续发展的要求,适应全面履行职能的需要,遵循精简、统一、效能的原则。[1] 根据该条例,县人民政府行政机构的设立、撤销、合并或者变更规格、名称,由县政府提出方案,经上一级人民政府机构编制管理机关审核后,报上一级人民政府批准,行政机构的设立、撤销或者合并,还应当依法报县人民代表大会常务委员会备案。[2]

县级政府机构分为行政机构和事业单位。行政机构的设置,由于各地具体情况不同,所以设置不尽一致,主要包括办公室、组成部门、直属机构、直属特设机构、部门管理机构和派出机关等。

县政府组成部门,基本上是统一设置、上下对口的,如设有发展和改革、教育、科技、民族事务、公安、行政监察、民政、司法、财政、人力资源和社会保障、国土资源、住房和城乡建设、交通运输、商务、文化、卫生、人口和计划生育、水利、农业、审计、环境保护、工业和信息化等机构。如果没有硬性要求上下统一,则因地制宜设置,或分开设置。

非组成部门主要有办公室(有的地方作为组成部门)、直属特设机构、直属机构、部门管理机构等。有许多是统一设置、上下对口的,如设有地税、工商、质监、广播电视、新闻出版、体育、统计、安全生产、旅游等部门;也有的地方没有要求上下统一,而是因地制宜设置。[3] 此外,县政府没有如国务院一样设置办事机构,其职能由直属机构或组成部门管理,如外事、侨务、法制等。

随着经济社会不断发展和法治不断健全,我国县级政府机构设置也处

---

〔1〕《政府机构和编制管理全面步入法制化》,载《赤峰日报》2007 年 5 月 1 日。

〔2〕袁明圣:《宪法架构下的地方政府》,载《行政法学研究》2011 年第 1 期。

〔3〕李海亮、任进:《中央与地方政府机构调整及其依法规范》,载《广东行政学院学报》2009 年第 2 期。

于不断革新的过程。许多政府机构变为了事业或企业单位,如供销合作社、矿务局等。另外,我国各地经济社会发展水平有较大差别,县域面积、人口、GDP、工农业发展比重等都不一样,所以各地县级政府机构设置也存在差别,但基本构架大同小异,有机构总体数量的控制。

三、县级政权决策机制

县级政权是我国基础性的治理单位,当前县级地方政府面临的社会稳重与经济发展压力进一步增大,县级政权决策的总体要求是朝着民主化、科学化的方向发展。

(一)决策原则

1. 党委决策原则。党委决策,要坚持以邓小平理论和“三个代表”重要思想为指导,深入贯彻落实科学发展观,协调推进“五位一体”战略全局,统筹推进“四个全面”战略布局,始终在思想上政治上行动上同党中央保持高度一致。结合区域实际贯彻党的路线、方针、政策和省、市委的指示、决定,创造性地开展工作。坚持全心全意为人民服务,实行一切为了群众,一切依靠群众,从群众中来,到群众中去的群众路线。坚持民主集中制,实行集体领导和个人分工负责相结合的制度。凡属常委会职责范围内的重大事项,按照集体领导、民主集中、个别酝酿、会议决定的原则,由常委会集体讨论决定。坚持党委总揽全局、协调各方,集中精力谋全局、把方向、管大事,从思想上、政治上、组织上加强对全市工作的领导,统筹协调人大、政府、政协等班子间的关系,统筹安排纪检和组织、宣传、统战、政法等各方面的工作,使之各司其职、各尽其责,相互配合、形成合力。坚持科学决策、民主决策、依法决策,在宪法和法律的范围内进行议事、决策。

2. 政府决策原则。县政府实行县长负责制,县长领导市政府的工作。副县长协助县长工作,按照分工负责处理分管工作及县长委托的其他专项任务。县政府议事决策坚持依法决策、科学决策、民主决策,按照民主集中制和行政首长负责制相结合的原则,实行集体审议制度。

(二)决策程序

中共十八届四中全会《决定》提出,要健全依法决策机制,把公众参与、专家论证、风险评估、合法性审查、集体讨论决定确定为重大行政决策法定程序,确保决策制度科学、程序正当、过程公开、责任明确。各级党委政府要深入贯彻落实这一要求,健全完善依法决策机制,严格遵循重大决策法定程序,控制决策风险,提高决策质量。

县级政权决策是党委政府为实现工作目标,依据宪法、法律和有关政策,就职权范围内的相关事项作出决定的行为过程。决策可以分为一般决策和重大决策。所谓“一般”和“重大”是相比较而言的,没有统一的标准。但重大决策必须是党委政府所管辖范围内的重要事项,具有宏观性、基础性和全局性的特点。

一般来说,重大决策包括以下几个的事项:(1)制发影响公民权利义务的规范性文件;涉及政治、经济、文化、社会生活等管理体制的重大改革;(2)编制国民经济和社会发展规划等经济社会发展综合规划,编制城市发展、土地开发、自然资源利用等总体规划,编制教育、医疗、环保等专业规划;(3)制定或实施政府财政预算、重大财政资金安排、重大投资、重大国有资产处置以及重要民生项目;(4)城市建设、公共服务和社会治理等方面重大事项;(5)其他涉及重大公共利益调整或社会普遍关注的事项。

重大决策事项的内涵是不断变化的。不同机关、不同地域、不同行业、不同时期,对“重大”的定义也存在差别。同一决策议题,在高层决策中可能只是一般决策事项,但对县级党委政府则往往是重大决策。因此,县级政权应当结合经济社会发展的实际情况,确定本机关重大决策事项范围。

公众参与、专家论证、风险评估、合法性审查、集体讨论决定是重大决策法定程序,党政机关必须严格遵守。具体来说:

1. 公众参与。公众参与是和群众最直接、最密切产生关系的决策程序,是重大决策的社会基础。重大决策,特别是涉及人民群众切身利益的决策,要尽可能扩大公众参与,广泛听取各行各业群众的意见建议,特别是要重点听取与其切身利益密切的群体的意见,防止在决策后出现与民意巨大反差的现象。公众参与可选择座谈、听证、问卷、走访等方式,或利用微博、微信等新媒体方式征询意见。决策机关要对公众意见进行认真梳理,充分采纳群众合理意见,切实解决群众合法诉求,遇到重大分歧意见要反复协调磋商,进行再次研究,防止公众参与流于形式。

2. 专家论证。重大决策往往涉及经济、金融、科技、法律等专业性、技术性很强的领域问题,给科学决策带来一定难度。因此,党委政府要善于借助外部智力支持,把专业性、技术性问题交给专家进行论证。通常情况下,党委政府都会建立决策咨询专家库,把专业素质强、实践经验丰富、职业操守良好的经济学家、法学家等各领域的专家学者遴选到专家库,由专家进行科学论证评估,尊重专业意见,杜绝“拍脑袋”、凭感觉和经验决策。

3. 风险评估。风险评估是防范决策风险、减少决策失误的重要举措。重大决策事前开展风险评估,需要对风险源、风险点、可能引发群体性事件,导致社会不稳定的因素、严重污染环境或造成资源破坏的因素、经济安全隐患等进行一一排查。根据评估情况确定风险等级,有针对性、计划性地制定风险防范措施和化解预案。对评估显示多数群众有强烈意见、可能引发群体性事件的决策项目,应适时调整方案或暂缓决策。

4. 合法性审查。重大决策的合法性审查是党政机关对决策是否合乎宪法、法律进行的内部审查,一般由政府法制部门或者外聘法律顾问负责。审查的主要内容包括决策是否于法有据、是否履行法定程序、决内容是否合法等。如果审查认为决策超越法定职权、未履行法定程序或者履行程序不符合规定、决策内容不符合法律规定等,应当视情况不采取相应法律应对措施。

5. 集体讨论决定。集体讨论决定是重大决策程序的核心和关键,是党政机关决策实行民主集中制的体现,有利于集思广益、科学决策。重大决策应当由县委常委会议、全委会议,县政府常务会议或者党政部门领导班子会议集体讨论决定。讨论前,要向参会人员提供决策情况的介绍,充分了解决策依据和公众、专家意见的处理以及风险评估情况。讨论时,要让参会人员充分发表意见,防止出现“一言堂”。

(三)决策执行

不同的县政决策途径,其目标是推动达成决策共识,但这并不是决策的全部形成,最关键的是要按照法定程序予以确定,把决策结果转变成党委决定或政府指令,使之能够在党政机关体系中予以执行。这一环节主要包括有:

1. 表态或表决。县政决策会议参加人根据民主集中制原则对县政决策内容进行表态或表决,并且在会议记录、决议等上面写清表决结果,以显示决策会议对该项问题的基本确认。这是县政决策中的一项基本工作,如果前置程序进行较好,表态或表决应比较顺利。

2. 形成决议、决定、意见或会议纪要等。要形成正式的县政决策就必须用正式的公文来确定其权威。县政决策一般通过文件的形式予以下发或公开发布,并运用党政机关的行政权力实施其决策。决议、决定、意见或会议纪要都是按法定程序来确立的法定行为,具有高度权威性。

3. 提出实施办法,建立实施决策的组织机构。县政决策作出后,需要采取有效措施保障该决策能够得到实行,因此,需要根据决策内容提出实施办法。如果是重大决策,还要组建实施该项决策的人员与机构,这种机构可以是临时的,决策实施完毕,机构也随之撤销。〔1〕

(四)决策责任

中共十八届四中全会《决定》要求:"建立重大决策终身责任追究制度及责任倒查机制,对决策严重失误或者应该及时作出决策但久拖不决造成重大损失、恶劣影响的,严格追究行政首长、负有责任的其他领导人员和相关责任人员的法律责任",要"坚决纠正不作为、乱作为,坚决克服懒政、怠政,坚决惩处失职、渎职"。这对建立决策的责任追究制度提出了明确要求。重大决策追责主要分为两种:一是无视客观规律、不吸收公众意见,忽视决策风险,搞一言堂、拍脑袋,造成决策严重失误的;二是懒政怠政,行政不作为,应及时决策而久拖不决导致造成重大损失和影响的。

追责方式主要有以下几种:

1. 行政首长负责制。党政决策中,行政机关实行首长负责制。重大行政决策出现后果应首先追究行政首长责任;其次是分管负责领导,相关责任人和直接负责人。

2. 终身追责制。重大决策需建立终身责任追究制度,对于过去很多华而不实、劳民伤财、甚至牟私贪腐的决策事项,继续进行终身追责,要一查到底,让决策者为错误决策付出代价。

3. 责任倒查机制。责任倒查是追究责任的一种启动方式,党政决策机构要建立决策记录、案卷、档案等制度,制定决策过错认定标准,实行重大决策绩效评估制度,使倒查机制落到实处。

四、中共十八大以来县域法治发展的新进展

中共十八大以来,党中央协调推进"五位一体"战略全局,统筹推进"四个全面"战略布局,对完善县域治理作出了一系列新的目标要求,作出了全面部署和规划,总体目标、要求十分明确。围绕推进国家治理体系和治理能力现代化的目标要求,我国县域治理法治化进程明显加快,治理能力和水平已经得到了长足的提升,对区域乃至整个国家治理能力的提升奠定了坚实

---

〔1〕 陆凯阳:《县政决策过程中的若干关系与决策形成》,载《统计与决策》2001 年第 1 期。

基础。

（一）中央对县域治理新的目标要求

1. 县域治理的重大意义

习近平同志高度重视县域治理和县委书记队伍建设，多次阐述怎样当好县委书记、怎样加强和改善县域党的领导。他指出：在我们党的组织结构和国家政权结构中，县一级处在承上启下的关键环节，是发展经济、保障民生、维护稳定、促进国家长治久安的重要基础，也是干部干事创业、锻炼成长的基本功训练基地。他把县域治理最大的特点形象地概括为既"接天线"又"接地气"。即对上，要贯彻党的路线方针政策，落实中央和省市的工作部署；对下，要领导乡镇、社区，促进发展、服务民生。强调县一级工作做好了，党和国家全局工作就有了坚实基础。

党的十八大以来，党中央从坚持和发展中国特色社会主义全局出发，提出并形成了"四个全面"战略布局。而如何把"四个全面"部署要求落到实处，关键在基层。习近平同志特别强调：现在，县级政权所承担的责任越来越大，需要办的事情越来越多，尤其是在全面建成小康社会、全面深化改革、全面依法治国、全面从严治党进程中起着重要作用。[1] 为此，如何认清新形势，把握新要求，显得十分必要。

2. 治理目标和要求

从全面建成小康社会来看：全面推进经济建设、政治建设、文化建设、社会建设、生态文明建设等各项工作，都要靠基层来落实。小康不小康，关键看老乡。习近平同志强调：全面建成小康社会，最艰巨最繁重的任务在农村，特别是贫困地区。现在，距实现全面建成小康社会的第一个百年奋斗目标只有五六年了。对于直接面对农村、特别是贫困地区一线工作的县一级政权和县委书记来说，工作如何，将直接影响到全面建成小康社会目标的实现。各级党委和政府要关心和支持乡亲们发展生产、改善生活，成为带领乡亲们脱贫致富奔小康的主心骨、领路人。

从全面深化改革来看：中共十八届三中全会提出的全面深化改革总体部署和改革举措，需要通过县一级政权和县委书记落实到基层，传递到末梢神经。习近平同志对县级政府如何落实全面深化改革提出了明确要求，强

---

〔1〕 习近平：《培养造就一支高素质县委书记队伍》，载中华网：http://3g.china.com/act/945_20289842.html，最后访问日期：2017年5月10日。

调:县域治理是推进国家治理体系和治理能力现代化的重要一环。全面深化改革,县一级要做什么事,能做什么事,要不等待、不观望,敢啃硬骨头、敢于涉险滩,坚持问题导向,积极主动作为。要开动脑筋、深入思考、积极推动。

从全面依法治国来看:依法治国的根基在基层。习近平同志强调:要把全面推进依法治国的工作重点放在基层,发挥基层党组织在全面推进依法治国中的战斗堡垒作用,加强基层法治机构和法治队伍建设,教育引导基层广大党员、干部增强法治观念、提高依法办事能力,努力把十八届四中全会提出的各项工作和举措落实到基层。他特别要求:县委书记要做学法尊法守法用法的模范,善于运用法治思维谋划县域治理。要牢记法律红线不可逾越、法律底线不可触碰,做决策、开展工作多想一想是否合法、是否可行,多想一想法律的依据、法定的程序、违法的后果,自觉当依法治国的推动者、守护者。

从全面从严治党来看:县一级同人民群众的联系更直接,其不良作风将直接损害群众利益、伤害群众感情。老百姓看党,最集中的是看县委一班人特别是县委书记。县委书记作风不好,党在当地群众心目中的形象就会大打折扣。习近平同志提醒干部要从严要求自己,保持好在群众中的形象和公信力。他引用"塔西佗陷阱"说,如果群众观点丢掉了,群众立场站歪了,群众路线走偏了,群众眼里就没有你,真的到了那一天,就会危及党的执政基础和执政地位。[1]

我们正在开展具有许多新的历史特点的伟大斗争,正在为实现"两个一百年"奋斗目标、实现中华民族伟大复兴的中国梦而奋斗,推进改革发展稳定的大量任务在基层,推动党和国家各项政策落地的责任主体在基层,应对风险和挑战的主战场也在基层。我们要深刻理解习近平同志讲话的精神,充分认识县域治理和县委书记队伍建设的重大意义。

3. 县域治理中县委书记的作用

治理好一个县,关键要建立一个强有力的县委,县委书记这个岗位很重要。习近平同志从党执政兴国和治国理政的高度,深刻阐述了县委和县委书记的作用。他指出:县委是我们党执政兴国的"一线指挥部",县委书记就是"一线总指挥",是我们党在县域治国理政的重要骨干力量。县委书记在

---

〔1〕 习近平:《培养造就一支高素质县委书记队伍》,载中华网:http://3g.china.com/act/945_20289842.html,最后访问日期:2017年5月10日。

干部序列中说起来级别不高，但地位特殊。一个县就是一个基本完整的社会。“麻雀虽小，五脏俱全。”所谓上面千根线，下面一根针，中央有什么机构，县里大多也有其大体对应的部门。县一级工作，从政治、经济、文化到老百姓的衣食住行、生老病死，无所不及。做一个县委书记，责任不小、压力不小，是非常光荣、非常有意义的，也是非常不简单、非常考验本领的。这就要求县委书记要做到以下几点：

(1)自觉践行“四有”和“四个人”的要求

怎样才能当好县委书记？习近平同志明确指出：焦裕禄同志以自己的实际行动塑造了一个优秀共产党员和优秀县委书记的光辉形象，为县委书记树立了榜样。做县委书记，就要做焦裕禄式的县委书记。对焦裕禄同志，习近平同志有着特殊的感情。他动情地说：我们这一代人，是深受焦裕禄同志的事迹教育成长起来的。几十年来，焦裕禄同志的事迹一直在我脑海中，焦裕禄同志的形象一直在我心中。见贤思齐，我总是把他当作榜样对照自己。每每踏上兰考的土地，我的心情都很激动。看见焦裕禄同志当年栽的泡桐树，睹物思人，也别有一番感慨。

做焦裕禄式的县委书记，这是一个很高的标准。标准决定质量。在今天，怎样才能做到这一点呢？习近平同志提出了“四有”和“四个人”的要求，为新的时代条件下做好县委书记确立了基本遵循。那么，“四有”和“四个人”具体指的是：

第一，“四有”，即心中有党、心中有民、心中有责、心中有戒。

必须始终做到心中有党。对党忠诚，是县委书记的重要标准。衡量一个县委书记当得怎么样，主要看这一条。当县委书记，要记住自己是中国共产党的县委书记，是党派你在这里当县委书记的，要时刻想到自己是党的人，时刻不忘自己对党应尽的义务和责任。心中有党是具体的而不是抽象的，要做到“三个坚决”“三个决不允许”，即党中央提倡的坚决响应，党中央决定的坚决照办，党中央禁止的坚决杜绝，决不允许上有政策、下有对策，决不允许有令不行、有禁不止，决不允许在贯彻执行中央决策部署上打折扣。

必须始终做到心中有民。县委书记是直接面对基层群众的领导干部，必须心系群众、为民造福。在县委书记这个岗位上，必须有干事创业的激情、志向，但一定要树立正确政绩观，做工作自觉从人民利益出发，决不能为了树立个人形象，搞华而不实、劳民伤财的“形象工程”“政绩工程”。要把调查研究作为基本功，深入基层、深入群众、深入实际，了解情况、问计于民。

习近平同志特别指出：做到心中有民，必须树立良好作风。县委书记对一方党风政风具有示范作用，要努力做到勤政、务实、为民，自觉抵制和纠正“四风”问题。

必须始终做到心中有责。干部就要有担当，有多大担当才能干多大事业，尽多大责任才会有多大成就。责任就意味着尽心尽责干事。对定下来的工作部署，要一抓到底、善始善终，坚决防止走过场、一阵风。要有“功成不必在我”的境界，一张好的蓝图干到底。抓任何工作，都要有这种久久为功、利在长远的耐心和耐力。要坚决抵制“为官不为”的错误行为和“为官不易”的消极论调，县委书记必须做到责任在心、担当在肩，要有明知山有虎、偏向虎山行的劲头，真正成为带领人民群众战风险、渡难关的主心骨。

必须始终做到心中有戒。县委书记的权力是党和人民赋予的，是为党和人民做事用的，姓公不姓私，只能用来为党分忧、为国干事、为民谋利。要正确行使权力，依法用权、秉公用权、廉洁用权，做到法定职权必须为，法无授权不可为，保持如临深渊、如履薄冰的谨慎，做到心有所畏、言有所戒、行有所止，处理好公和私、情和法、利和法的关系。廉洁自律是共产党人为官从政的底线，要始终严格要求自己，把好权力关、金钱关、美色关，做到清清白白做人、干干净净做事、坦坦荡荡为官。县委书记作为县里的权力人物和公众人物，要注意道德操守，时刻检点自己生活的方方面面，发挥好“导扬风化”的作用，引导全县形成健康向上的社会风尚。

第二，“四个人”，即做政治的明白人、发展的开路人、群众的贴心人、班子的带头人。

“做政治的明白人”，就是要对党绝对忠诚，始终同党中央在思想上政治上行动上保持高度一致，自觉执行党的纪律和规矩，真正做到头脑始终清醒、立场始终坚定。“做发展的开路人”，就是要适应和引领经济发展新常态，把握和顺应深化改革新进程，回应人民群众新期待。“做群众的贴心人”，就是要心中始终装着老百姓，先天下之忧而忧，后天下之乐而乐，真正做到心系群众、热爱群众、服务群众。“做班子的带头人”，就是要真正做到事事带头、时时带头、处处带头，真正做到率先垂范、以上率下。

习近平同志还结合县域特点的实际，对县委书记抓作风建设，发挥示范带头作用，提出具体要求。他说：我当过县委书记，知道县域有县域的特点。要注意这样几个问题。第一，正确认识和处理人际关系，做到既有人情味又按原则办；第二，下决心减少应酬，保持健康的工作方式和生活方式；第三，实实在在做人做事,不搞“假大空”;第四,对一切腐蚀诱惑保持高度警惕,防微杜渐。这里,他特别强调要做到“三严三实”,指出这些要求是共产党人最基本的政治品格和做人准则,也是党员、干部的修身之本、为政之道、成事之要。

(2)加强党的建设,抓好改革发展稳定各项工作,打好扶贫开发攻坚战

县委书记践行“四有”和“四个人”的要求,最终要体现在加强和改善县域党的领导、提升县域治理水平上,体现在抓改革发展稳定上,体现在不断提高人民生活特别是改善困难群众生活上。

加强和改善县域党的领导尤为重要。习近平总书记明确指出,要把加强基层党的建设、巩固党的执政基础作为贯穿社会治理和基层建设的一条红线,增强基层组织在群众中的影响力和号召力。在党的群众路线教育实践活动中,他就基层党的建设特别是作风建设,对各级党委提出要求,强调要抓常、抓细、抓长,做到“三个坚持不懈”。即坚持不懈开展作风教育,始终绷紧作风建设这根弦;坚持不懈严格党内政治生活,坚决反对党内政治生活庸俗化;坚持不懈强化宗旨意识,解决好党员、干部是人民公仆的角色定位问题。

提升县域治理水平,搞好改革发展稳定。要准确把握县域治理的特点和规律,全面深化改革,促进科学发展。把强县和富民统一起来,既要善于集中资源办大事、增强县域经济综合实力和竞争力,又要注重激励城乡居民创业增收和勤劳致富、持续提高城乡居民生活水平;把改革和发展结合起来,把发展潜力转化为发展优势根本要靠改革,要精心运筹、大胆实践,在县域改革中走出一条好路子;把城镇和乡村贯通起来,建立城乡一体化、县域一盘棋的规划管理和实施体制,推动城镇基础设施向农村延伸,城镇公共服务向农村覆盖,城镇现代文明向农村辐射。[1]

(二)县域治理取得的主要成就

党的十八大以来,党中央从战略全局的高度提出了“四个全面”的战略布局,在这一指导思想的引领下,各级政府努力推进县域治理创新,加快提升县域治理的法治化水平,推动县域经济、政治、文化、社会、生态等全面转型升级。

---

〔1〕 习近平:《培养造就一支高素质县委书记队伍》,载中华网:http://3g.china.com/act/945_20289842.html,最后访问日期:2017年5月10日。

1. 全面建成小康社会:促进公共服务均等化

全面建成小康社会作为“四个全面”的战略总目标,蕴含经济、政治、文化、社会、生态等各方面的发展蓝图,是党中央从“解决温饱”到“小康水平”,从“总体小康”到“全面小康”,一步步探索出的历史决定。聚焦“小康”一词的理论渊源与历史进路,我们不难发现,县域作为连接省市与乡镇村的中枢纽带,在全面建成小康社会中处于基础性、本源性的地位,只有在县域全面实现了小康水平,完成了“小康”的初始意义,才有可能在全国范围内达成全面建成小康社会的宏伟目标。

全面建成小康社会,包含很多方面的目标,具体到县域实践,从制度构建的角度来看,县级政权要做的是提供基本均等的公共服务,让城乡百姓都能享受到小康的成果,也就是实现县域公共服务均等化。当前,我国不同地区间、城乡之间、不同群体之间在基础教育、公共医疗、社会保障等基本公共服务方面存在很大差距,并已成为社会公平、公正的焦点问题之一。社会资源配置不均,公共服务不能惠及全体人民,改革发展成果无法实现利益共享,这一现象严重阻碍了我国全面小康建设进程。因此,在县域实现全面建成小康社会,应凸显和完善县域公共服务均等化的作用。具体而言,就是要完善公共财政制度,对县域尤其是乡村加大财政转移支付力度;坚持基础教育的公益性质,规范教育收费,扶持县域贫困地区、民族地区教育,健全学生资助制度,保障经济困难家庭、进城务工人员子女平等接受义务教育,努力实现教育公平;坚持公共医疗卫生的公益性质,以农村为重点、完善国民健康政策,鼓励社会参与,努力建设覆盖城乡居民的公共卫生服务体系、医疗服务体系、医疗保障体系、药品供应保障体系;加快建立覆盖城乡居民的社会保障体系,探索建立农村养老保险制度,全面推进城镇职工基本医疗保险、城镇居民基本医疗保险、新型农村合作医疗制度建设,保障人民基本生活;坚持实施积极的就业政策,健全面向全体劳动者的职业教育培训制度,加强农村富余劳动力转移就业培训,建立统一规范的人力资源市场,形成城乡劳动者平等就业的制度,健全公共就业服务体系。通过上述措施,最终完成县域在“全面建成小康社会”中的重要使命——促进公共服务均等化,实现和谐发展。

2. 全面深化改革:推进县域治理创新

中共十八届三中全会,以习近平同志为核心的党中央站在历史与全局的高度,做出全面深化改革的重大战略举措,深刻回答了全面深化改革的必要性、重要性和充分性等一系列重大理论与现实问题。这一举措是改革由浅入深、由易到难、从局部到全部的历史与现实的推进，是改革进程和改革领域的不断拓展和延伸，是改革力度的持续加强和巩固，更是改革决心与勇气的坚定不移。我国当前正处于现代性问题集中涌现的时空叠加阶段，贫富差距扩大、环境污染严重、腐败乱象丛生、道德价值式微，这一系列发展异化现象意味着我国当前的改革具备了新的时代特征，预示着改革已进入攻坚期与深水区，面临着诸多深层次困境。可见，当前的全面深化改革已不是小修小补，而是破与立的辩证统一，即打破既得利益的束缚，创立新的利益格局，实现发展过程中各方利益的最大公约数。改革内涵的时代嬗变更凸显了经济体制改革的重要性，即全面深化经济体制改革，它是引领其他领域改革，进一步推动政治、经济、文化、生态、社会五位一体建设的关键。为此，全面深化改革在县域的落实也应遵循改革的一般规律，重点推进县域经济体制改革。县域经济在整个国民经济中处于基础性地位，但由于地域的限制始终存在自身无法回避的发展弊端，包括大量依赖低成本的生产要素投入、缺乏高端技术与人才的流入、高新技术产业发展基础薄弱等。破解这些县域发展难题，厚植县域特有的发展优势，增强其持续的发展动力，就需要通过改革县域经济体制释放创新活力，革掉不利于县域生产力发展、不利于创新的制度环境，为“全面深化创新”创建空间。党的十八届三中全会公报指出，经济体制改革的核心问题是处理好政府和市场的关系，使市场在资源配置中起决定性作用和更好发挥政府作用。县域作为基层行政区域有其自身的特殊性，即在明晰市场和政府在微观和宏观上的不同分工之下，重点突出政府在宏观上的战略性指导作用，这是由于县域政府是中央、省市级政府政策直接的执行者，又是具体指导县域发展的规划者，它在县域发展中占据着独特的优势。为此，县域经济体制的改革应关注县域政府创新，这是县域发展改革的规律使然。

中共十八届五中全会所提出创新发展、协调发展、绿色发展、开放发展、共享发展的“五大发展理念”为县域政府创新提供了具体的思路和方向，将创新发展置于县域发展全局的核心位置，强调县域产业结构的平衡协调，促进产业结构的转型升级，注重发展过程中的生态保护，同时拓展县域持续的发展能力和发展空间，为县域发展创造更多的要素资源，最终实现发展成果的共建共享。例如，浙江金华市浦江县产业结构的转型升级正是在全面深化改革的战略指导下，在“五大发展理念”的引领下所实现的创新发展浦江县政府基于绗缝、水晶、挂锁等浦江的三大传统特色产业:积极推进产品技术的研发,联合电子商务打造水晶集聚区,实现水晶产品的升级换代;融入金义都市区建设,接轨义乌发展,充分利用义乌市场的优势;大力培育文化创意产业,弘扬浦江剪纸、书画等传统文化魅力。可以说,浦江县的政府创新为我们全面深化改革背景下的县域经济发展提供了启示。

3. 全面依法治国:强化县域法治

全面依法治国是“四个全面”战略布局全面落实的法治保障,是我国治国理念以及社会治理方式的重大转变,其在价值、制度和实践层面都有十分丰富的内涵——“在价值层面追求自由平等、民主法治、公平正义;在制度层面追求人民主权、依宪治国、依法执政、依法行政;在实践层面追求有法必依、执法必严”。尤其在当前全面深化改革的时代背景下,随着改革的进一步深入,会面临更为顽固的改革利益梗阻,此时以法治引领改革发展的方向,规范改革过程中出现的问题,保障改革发展成果由人民共享就显得更为重要。全面依法治国作为中国现代化建设的法治保障,并不是一项具体的单一化工作,而是将法治思维与法治方式贯穿于经济、政治、文化、生态、社会建设之中,是影响全局发展的一套系统工程。

全面依法治国最终目标是法治中国的实现,这是一个循序渐进的推进过程,具有层次性、系统性和时间性。其中,县域法治的推行是全面依法治国的出发点和落脚点,也是实现法治中国的焦点和难点所在。因此,在县域推行法治建设,可以进一步夯实全国法治建设的基础,维护社会主义法治建设的统一。具体而言,县域法治建设的推行需要做好以下几个方面的工作:首先,要明晰县域法治的相关理论问题,包括县域法治的主体、内容、目标以及基本原则,县域法治在国家法治建设之间中的地位和作用,廓清这些理论问题是开展实践工作的前提。其次,在实践中推行县域法治,需要进一步提高领导干部、执法司法机关工作人员以及普通县域公民的法律意识。然而,这一点工作在县域开展显得尤为困难。县域本身具有地域规模小、农村人口比例大、法治教育普及度不高、法治环境欠缺等特点,其社会治理方式仍然依靠“熟人社会”的亲情人缘,其法治文化建设较为落后,缺少相应的法治思维和法治逻辑。为此,需要加强县域的法律培训和法治教育,优化、改善其法治环境,引导广大县域群众依法表达自己合理的价值诉求,要求县域法律工作人员在法治框架内化解矛盾等,这些在县域法治实践中显得尤为重要。

聚焦江苏实践，江苏也曾经有不少县因为上访老户多、闹访缠访多、越级上访多而成为全国有名的“信访大县”。近年来，各地县委县政府运用法治思维和法治方式，在法治框架内开展信访工作，建立阳光信访模式，规范信访程序，公开信访工作平台，开展信访知识的普及，并坚决打击“非访”活动，江苏信访工作形势良好。

4. 全面从严治党：加强县域治理保障

习近平总书记在江苏考察时，在“从严治党”前面加了“全面”两字，“全面”体现了习近平总书记管党治党的实践逻辑与坚定决心，正如他反复强调，“治国必先治党，治党务必从严”。可以说，“全面”二字包含了三层含义，“一是内容无死角，涵盖党的思想建设、组织建设、作风建设、反腐倡廉建设和制度建设各个领域。二是主体全覆盖，从严管党治党不仅是党中央的责任，党的各级组织都必须贯彻从严治党要求。三是劲头不松懈，要把从严治党常态化、制度化”。习近平总书记对于从严治党的坚定决心更为凸显了其在“四个全面”战略布局中的根本地位。全面实现小康社会、全面深化改革、全面依法治国的实现最根本的就是坚持党的领导，它代表着党的建设与治国理政的统一，为现代化建设提供正确的方向指引，凝聚共识，团结力量。其中，全面从严治党的关键便是严惩官员腐败，我们要时刻警惕经济繁荣背后的官员腐败风险，坚决严厉打击无视党纪国法的腐败分子。在县域落实全面从严治党，则要考虑县域官员腐败的特殊性，严厉杜绝“小官大贪”“小官巨贪”现象。县级地域规模小，开放程度不高，社会分化、阶层分化程度较低。相比于省市级城市，县域社会是个“熟人社会”，容易形成亲情、权力与利益的相互纠葛。同时，县域基层由于制度不完善、监管不到位、信息不通畅等原因更是暴露出当前农村基础自治组织权力运行过程缺乏必要的制约与监督，这些因素正是滋生基层官员贪污腐败的温床。另外，县域党员干部都位处基层，是施政一线的主力军，他们与群众百姓的生活息息相关，其腐败的性质就更为恶劣，后果更为严重。目前，基层领导干部贪腐年轻化、家族式提拔、多重犯罪等现象暴露出县域政治生态的严重问题，必须坚决加以治理，谨防“小官大贪”对老百姓造成巨大伤害。

五、当前县域法治发展面临的挑战

现阶段我国县域法治建设仍处于起步发展阶段，其治理体系和治理能力与迅速发展的县域经济社会现状还很不相称，主要表现在法治意识淡薄、权力过于集中、社会功能未有效激活以及治理方法单一等,不同程度存在法治不彰、秩序失范、风险加大、运转不佳等问题,亟须系统构建和规制,加快推动县域治理法治化进程。

(一)法治意识淡薄

【案例聚焦】 贵州省某县“6·28”事件

2008年6月28日,一场突如其来的风波使全世界的目光都聚焦到贵州省北部的一个小县城之中。当天下午至29日凌晨,因对该县三中初二年级女学生李树芬(1991年7月生,该县人)死因鉴定结果不满,死者家属聚集到县政府和县公安局上访。在有关负责人接待过程中,一些人煽动不明真相的群众冲击县委县政府和县公安局,引发大规模人群聚集围堵政府大门,发生少数不法分子打、砸、抢、烧突发事件,县公安局、县委县政府大楼等多间房屋被毁,数十台车辆被焚。

破解该事件的背后难题,不仅需要找准民众利益的落脚点,更需要及时回应民众的法律诉求和质疑。从调查结果来看,事件起因并不复杂,就是当地一位少女溺水死亡的鉴定结果得不到家属的认可。但由于警方处置方式不当,缺乏说服力,使谣言越来越多,并且一再错过释疑的最好时机,最终谣言被一些黑社会势力利用,酝酿成大规模群体性事件。

【案例解析】 县城是一个特殊的行政区域,与大城市相比,县城显得比较封闭,仍然是个熟人社会。但与边远农村相比,县城又相对开放,民众权利意识较强。因此,在县城中,最为引人注目的事件,恐怕就是公民的非正常死亡。民众天然地具有警惕强权、同情弱者的心态,一旦获知公民的非正常死亡可能涉及官员家属子女,可能发生纵容包庇、销毁证据、推脱责任的情形,必然会作出过激的反映。目前,不少地方发生的群体性事件,与此种心态都有直接或间接的关联。透过案例我们可以发现,权力本位的顽固导致群众对公权力的警惕、公众参与社会治理的不足、对政府信任的缺失等治理理念的弊端是造成此案例发生的重要原因。

1. 权力本位依然突出

中共十八大报告明确提出,“法治是治国理政的基本方式”,强调要“提高领导干部运用法治思维与法治方式深化改革,推动发展,化解矛盾,维护稳定能力”,并特别指出,党也要守法,“党必须在宪法和法律范围内活动,绝不允许以言代法、以权压法、徇私枉法”。这就清楚要求,党政领导干部要依法执政、依法行权。在目前的政治形势下,高层领导尤其是中央、省级层面基本做到了依法办事,然而,在县域政治生态中,受以官为大、唯上是从的官本位意识影响,党政行为中的“人治”色彩仍不同程度存在。例如,在经济领域中,人情关系、长官意志和行政权力干预商业活动;在社会管理中,权力控制、人心控制和道德控制手段和方式常常出现;在人事任免中,独断专行、任人唯亲倾向明显;在价值取向上,注重主观愿望、情感意志和行政命令,认“人”不认制度。这种一切以权力和长官意志为转移的“人治”思维和倾向,对县域治理法治化的推进造成严重的阻碍。

(1)权力本位的概念

权力本位是指,以权力为尊、以官阶获取为价值取向,从而引发人们对权力的狂热追求和崇拜。一方面,为了谋取权力,某些官员寻靠山、找后台,以钱谋官、以权谋官,且谋取官位后,热衷于搞形式主义、表面文章,以虚报政绩、哗众取宠来换取更高的升迁。另一方面,受内心深处的官贵民贱思想影响,为官者的群众观、权力观发生异化和错位,使之养成了高高在上,站在官本位的角度审视和考虑问题的习惯。可见,权力本位易滋生官僚主义和形式主义,造成党和人民群众疏远、分离,严重影响党群、干群关系。

(2)权力本位的表现

权力本位者把权力当成人生的最高价值和追求,其实质是一种官职崇拜的社会群体心理。在权力本位的社会机制和社会心理当中,整个社会不自觉地陷入了权力崇拜的怪圈,出现了一切向权力、官员看齐的乱象。权力本位的价值理念深刻影响着当前社会群体的世界观、价值观和人生观,为官者具有一种超强的社会优越感,事业单位、企业等行业也讲究官职和级别,整个社会弥漫着“唯官为大、为尊”的社会风气。

(3)权力本位的危害

全心全意为人民服务是党的根本宗旨,权力本位观念是滋生腐败的温床,导致法治的倒退。权力本位的具体危害如下:

一是权力本位异化了党政机关的职能定位,致使县级政权的逐利行为和“唯上”取向明显。县级政权的主要职责是通过宏观调控、法治手段,发展地方经济,加强社会管理,为经济社会发展提供良好的环境和政策支撑。然而,受权力本位影响,一些县级党政机关往往利用自身的地位和权力直接从事经济活动,干预市场经济,与民争利,制约了县域经济社会的发展。在实践中,权力本位强化了县级政权“唯 GDP 马首是瞻”的政绩倾向,官员升迁偏重 GDP 指标考核取向,导致易通过逐利、造假来实现“达标”的目的。例如,为了 GDP 增长,某县政府在自然保护区围海造田,开发建设,致使海岸线生态环境遭到破坏。再如,县级尤其是乡镇的 GDP、财政收入等核心数据因为施政者能力、区域环境、历史发展等多种因素导致无法完成指标,而县级领导又要追求晋升与荣誉,就采取虚报、谎报政绩行为,甚至在追求政绩过程中急功近利,提出不切实际的口号和目标,尽显了权力本位对领导者政绩观的扭曲和异化。

二是权力本位扭曲公权力的本质属性,削弱了民众对制度的认同。制度认同是指公民对现行制度及其运行方式作出价值判断后,内心产生的一种对制度的高度信任和主动接受,以及自愿遵守与维护、促进该制度发展的取向。制度认同能够坚定民众的价值理念,促进民众参与社会治理,增强全社会的凝聚力。而权力本位对公权力的异化,不仅改变了公权力的属性和宗旨,使公权力蜕变为官员谋取私利、危害社会和公众利益的工具,而且导致非程序的权力运作方式泛滥,破坏了制度运行的规范性,削弱了制度的正义性,引发民众对权力本质的质疑,使权力的合法性丧失基础,动摇民众对制度认同的信心。

三是权力本位诱发腐败,导致官民对立,滋生执政风险。受权力本位影响,某些官员把私利凌驾于民众利益之上,以权牟利,致使各种形式的腐败行为不断产生。与传统的腐败行为相比,炫耀性腐败更为隐蔽也更值得警惕。炫耀性腐败的行为主体所获取的私利不是传统意义上的物质腐败,而更多地可能表现为面子上的风光以彰显自己的身份和地位。炫耀性腐败导致公共资源的巨大浪费,助长官员以及整个社会的奢靡之风,损害党和政府的形象,削弱公众对政府的信任,引发群众的不满情绪,增加执政风险。

2. 权利本位意识薄弱

(1)权利本位意识缺失

权利本位意味着权利的第一序位性质。权利是现代法治的灵魂,是法治建设的着眼点和落脚点。要使经济社会发展成果真正惠及全民,必须以保护人民的正当权利为前提。然而,我国一些县级党政部门对民众权利的保护带有随意性、片面性和不确定性,尤其在法治建设较为薄弱的县域,党委政府对民众的权利重视不够。

不正视权利的第一位性质,会导致公民的各项权利不能全面纳入施政范畴,造成公民权利的实现途径不明、权利受侵害时的救济途径不畅等问题。法治尤为强调限制公权力的扩张,明确权力的界限以及权力侵权时的责任。公权力的行使目的就在于保障权利而非剥夺权利。

在当前县域社会,公民权利意识还处于一个逐渐养成的过程。公民权利意识、主体意识淡薄,对政治认知、政治参与意识先天不足,一般公众不了解自己依法所应该享有的权利,也不懂得依法维护自身权利,更谈不上争取新的合法权利。从已完成法治现代化的国家的实践来看,全民法律素质的提高,与其说是法律知识的普及,还不如说是权利意识已经植根于公民的观念之中。所以,在当前县域社会,重视并加强公民权利意识培养,显得更加迫切和重要。否则,即使人们消极守法,履行法律规定的义务,但不创造性地运用权利,或者放弃权利,这虽然也能使社会形成一种安定的秩序,但这种秩序是没有效率的,在这种秩序中,经济体制因人们不运用权利而不能产生效率,民主制度也会因人们不行使权利而无实效。

(2)公众参与社会治理不足

在主体多元化的社会治理模式下,公众既是社会治理的对象,同时也是社会治理的重要主体,社会治理必须植根人民、发动群众、造福公众。近年来,我国"党委领导、政府负责、社会协同、公众参与、法治保障"社会治理格局得到确立,县域社会治理中的公众参与水平有了一定程度的发展,公众在城市规划、环境保护、食品药品安全、反腐败等领域发挥着越来越重要的作用,但从整体上看,仍然显得十分不足,集中体现在以下几个方面:

第一,区域、阶层发展不均衡。作为发展中国家,我国县域经济社会发展存在明显差距,造成城乡之间、大中小城市之间、东中西部之间经济水平和教育发展不平衡,进而导致公众参与社会治理水平存在较大的区域差别与阶层差异。东部发达县区的公众参与水平明显高于中西部落后地区,县城居民参与社会治理的意识明显优于乡镇居民,公务员、医生、律师、教师等对社会治理的参与诉求明显高于个体工商户、农民等群体。

第二,参与模式不成熟。改革开放前,社会管理的行政主导色彩浓重,公众参与社会治理主要通过政府动员等模式。近年来,随着公民主体地位凸显,公众参与热情和参与意识增强,在关乎切身利益的事项上,自主性参与已逐渐形成,不再需要政府动员。但目前我国尚未形成完备的社会组织体系,有利于公众自主参与的社会组织存在职能不清晰、体制管理混乱等问题,公众自主参与模式不成熟,个体的社会公众在参与社会治理过程中处于被动状态,完全基于公民主体意识和利益需求而形成的公众参与规模较小、效率较低,大部分社会治理过程中的公众参与仍需要政府一定程度的组织与鼓励。

第三,制度化参与机制未形成。公众参与社会治理必须按照法律规定的方式和程序进行,即制度化的公众参与。但在当前县域社会,除了人民代表大会制度等极少数的制度化参与机制外,仍缺乏具有可操作性、可执行性的公众参与体制机制。即便是人民代表大会制度,也存在性质单一,参与环节相对短缺等问题,制度化的公众参与途径成本高、效果有限。当公众在制度化的参与途径受挫时,往往倾向于采取罢工、游行、越级访、进京访等非正常手段,甚至导致群体性事件,影响社会和谐稳定。特别是在县域发展过程中的拆迁、污染等没有得到妥善解决的历史遗留问题,以及一些基层政府工作人员的失范行为,特别容易直接引发公众的抵制情绪和过激行为,公众参与社会治理的方式途径还需进一步规范与完善。

3. 诚信守法、依法办事未成风尚

(1)诚信缺失的表现

诚信是一切道德的基础和根本,是社会赖以生存和发展的基石。但当前越来越多的信用道德失范,对县域社会稳定和经济发展造成极大负面影响。例如,经济领域内,随处可见商人违反公平、公正、诚实守信等基本职业道德,对市场经济发展的正常秩序产生严重扰乱;政治领域内,基层政府违背党的根本宗旨,贪污腐化、欺上瞒下、失信于民,严重损害了党和政府在公众中的形象和威信,动摇党执政的根基;文化领域内,理想信念、仁爱正义、团结互助、爱岗敬业等社会主义核心价值观受到冲击,社会主义道德风尚的形成面临严重阻碍,影响精神文明建设的步伐。除此之外,失信行为使本为守信的人变得不敢诚信,“害人之心不可有”“防人之心不可无”的心态非常普遍,甚至有人为了生存不得不失信,如此“劣币驱逐良币”的恶性循环,严重阻碍了整个社会的前进和发展。[1]

(2)诚信缺失的原因

诚信缺失,既与市场经济起步不久、体制不成熟、不完善有关,也与市场监管不力、道德教育力度不够有关,但其中最关键最不能忽视的因素是诚信缺少法律的有效规制。诚信的树立和维持,仅仅依靠道德宣传远远不够,必须建立一个强有力的法律支持体系和科学管理体系。造成诚信缺失的原因,具体来说有以下几个方面:

---

〔1〕 金玉:《构建诚信社会的法治思考》,载《经济视角》(中旬)2012 年第 14 期。

第一,诚信立法不完善。我国现行法律法规中,有关诚信的法律只有零星体现,且大多数已不适应当前经济社会发展的需要。例如,《破产法》设计的破产制度并不完善,处罚力度小,导致假破产、真逃债现象极为严重。再如,《物权法》规定公众有归还遗失物的义务,却缺乏鼓励性的规定,导致诚信的成本过高。另外,我国的立法是粗线条式的立法,原则、笼统、缺乏操作性是普遍现象,缺少具体的权利义务规定,使失信行为难以用法律来约束。原则性立法也使当事人对自身行为的后果不能进行准确预测,使人们之间的权利义务关系处于一种不确定状态,极易造成民众唯利是图、铤而走险的心理,导致出现诚信危机。

第二,基层政权的失范行为助长失信的侥幸心理。基层执法、司法人员的有法不依、执法不严、违法不究等行为,造成人们对制度的漠视,给投机诈骗者以可乘之机,给赖账者以生存的土壤,助长其失信的侥幸心理。这在无形中保护了失信者,使守信者承担不利后果,严重地损害了法律的权威和信用,也损害了人民守信的意愿,使人们的诚信观产生动摇。

第三,建立诚信社会的法治环境缺乏。中国社会长期受“人治”思想影响,公众潜意识里对法律采取疏远态度,缺乏建立诚信社会的文化根基。“找人”“私了”等失信行为往往可以逃避法律制裁。法律的信仰不能确立,法律的权威不能树立,执法和司法的公正性受到人们质疑的问题的存在,使建立诚信社会的法治环境任重而道远。

(二)权力过于集中

【案例聚焦】 山西省某县原县委书记王某违纪违法案

1999 年 2 月至 4 月间,陕西省某县县委书记王某先后 3 次主持召开县委常委会,共研究提拔调整干部 420 人,其中提拔 207 人,调整 213 人。在这 3 次常委会上,王某均未安排组织部门向与会人员介绍拟提拔对象的考察情况,致使被违规提拔的 83 人通过。其中超职数配备 40 人,未进行民主推荐、民主测评或搞定向民主测评提拔 14 人,不按规定配备非领导职务 8 人,未进行考察提拔 4 人,工龄不满 3 年被提拔 2 人,临时动议提拔 1 人,文化程度不达高中被提拔 1 人。

2001 年 1 月,陕西省阳泉市中级人民法院一审判处原山西省某县县委书记王某玩忽职守罪、巨额财产来源不明罪、受贿罪的成立,数罪并罚判处有期徒刑 8 年。

【案例解析】 从这起触目惊心的案例中可以看出,在县级政治生态中,

"一把手"几乎拥有绝对的权力,权力的高度集中,在决策中几乎一言九鼎,让民主推荐、组织考察、常委会讨论等组织程序纷纷"失语",成为一道道虚拟防线,进而致使权钱交易、权色交易、贪污腐败现象屡见不鲜。在当下县域政治环境中,决策过程缺乏民主化、信息不透明、家长制作风等治理体制弊端仍深刻影响着县域的治理效果。

1. 党政"一把手"权力过大

县委书记是集县级党委领导、县级领导班子的班长、县域最高决策者等多重身份于一体的身份,发挥着带领班子、统揽全局、做出决策等重要作用。如果对其缺乏有效的监督机制,县委书记岗位必然成为最容易出现腐败的重灾区。邓小平曾经指出:"重大问题一定要由集体讨论和决定。决定时,要严格实行少数服从多数,一人一票,每个书记只有一票的权利,不能由第一书记说了算。"同时他也提到了权力过于集中的弊端:"权力过分集中的现象,就是在加强党的一元化领导的口号下,不适当地、不加分析地把一切权力集中于党委。"随着经济社会的发展,权力的过分集中越来越不能适应中国特色社会主义事业的发展,党中央已经旗帜鲜明地要求必须坚持发展党内民主,广泛倾听民意,更加注重集体领导,制约独断专权。

县委书记处在承上启下的位置,又是县级政权的"一把手",权力大、责任重,当前的权力配置体制仍存在不合理的因素。县委书记的赋权过多,导致民主集中制的集中成分过多,民主体现不足。县委书记集人财事权于一身,党政权力一肩挑,决策权、执行权、监督权全部集中于一体,容易造成部分公共政策的制定和执行成为个人意志和小集团利益的逐利工具。小到工作的日常琐事,大到选人用人、关系民众切身利益的重大决策,都可能在配置不甚合理的权力体制下,产生扭曲和变异。[1]

领导权是领导体制的核心,权力的高效实施应以权限的划分作为前提和基础。但是,县级党委内部权力关系往往存在倒置或紊乱,成为县级党政权力分配的一个突出问题。按照《党章》和《中国共产党地方委员会工作条例》的相关规定,党的代表大会与党委全委会、党委常委会之间是权力授予的关系,党委内部的权力授受关系应为"党代表大会—全委会—常委会"。书记办公会仅仅是议事机构,而不是权力机构,不具有决策权,不能决定重

〔1〕 冯曦:《权力监督制约缺失下的县委书记腐败问题研究》,华中科技大学2013年硕士学位论文,第23~24页。

大事项。但在实际中,一些县级党委往往将党代会、全委会、常委会的关系颠倒,形成一种“倒金字塔”权力结构。对重大问题决策时,往往先上书记办公会,参会人员已接近或超过县委常委的半数,事实上已主导了常委会的决策,使常委会的职能受到削弱,影响了其他常委作用的发挥。权力颠倒的结果是,一些本应由县委常委会决策的事项,由书记办公会议定,一些本应由县委全委会决定的重大事项,往往由常委会所代替,使决策的科学化、民主化程度大大降低。同时,由于制度缺乏对书记办公会的约束,使某些“隐性规则”得以通行,更加容易导致个人集权,加剧县委“一把手”权力的扩张。

腐败是公共权力的伴生现象,公共权力自身天然具有腐蚀性、扩张性、强制性。县委书记权力配置的不科学又会导致权力的失控。下级送财物和上级收受财物看似是两相情愿的事,实则都是利用过于集中的权力设租寻租。党政权力的交叉外溢也是一个重要的体制疏漏,在一些经济社会发展落后的县(市),县域亟须发展经济,招商引资、工程项目日益繁多,容易导致官员和企业关系密切,形成利益集团干扰市场。习近平总书记指出:“官商交往要相敬如宾,不要勾肩搭背。”这句话道出了问题的本质。然而要应对此类问题,除了思想教育,更重要的是要对权力进行合理的配置和制约,对县委书记等地方“一把手”的决策权、执行权、监督权进行分化和合理配置已经势在必行。

2. 权力集中于党委政府,人大、政协作用未充分发挥

县域治理的运行机制与县级政权的权力结构及其权力运作方式有密切关系,换句话讲,县级政权的权力运行决定了县域治理的运行机制。通常,县级政权的组织体系包括县党委、县政府、县人大、县政协、县法院、县检察院等。县党委处于县级政治的权力核心位置,领导人大、政府以及两院的工作。党委在县域治理的整个过程中,从人事安排、政策制定到执行,都具有主导和不可替代的核心作用。但从法理上看,县党委与人大、政府、政协、法院、检察院及其他组织并不是隶属关系,不能替代人大、政府、政协、两院及其组成部门,更不能直接向其他社会组织发号施令。县党委在县域政治活动中居于领导地位,县政府主管行政事务,但却不能忽视人大、政协、两院以及社会组织作用的发挥。

党与国家权力机关的性质、职能、组织形式、工作方法皆不相同,县委不能代替县人大行使国家权力。但是在实际生活中,长期的权力集中,县级重大事项基本上是“县委决策、政府执行”或者“县委与县政府共同作出决定,

联合发文执行”。这种权力运行模式,致使党委政府包揽全局,在人事任免,财政预算等重大事项上,往往党委决定后,人大只是走个程序,起到一个“橡皮图章”的作用,其真正国家权力机关的作用得不到发挥,人大重大事项决定权处于尴尬境地而难以行使到位。人民代表大会制度能够作为我国的根本政治制度,有其独特的优越性,在重大问题的决策上,必须由人民代表大会充分讨论,民主决定,以真正集中和代表人民的政治权利和共同意志,[1]但现实中这项制度没有真正落到实处。

政协是我国政治生活中发扬社会主义民主的重要形式,其履行政治协商、民主监督、参政议政职能,具有其他组织不可替代的独特优势。但在县域政治实践中,一些地方重视程度不够,政协作用往往也只是流于形式。例如,民主监督是政协主要职能,但也是政协工作最薄弱的环节,表现为:民主监督意识不强,政协自身普遍认为民主监督作用不大,怕监督“得罪人、惹麻烦”,或是期望值太高;对现有监督手段运用不够,政协调研或视察不深入充分,调查报告和提案建议的操作性不强,难以提出合理的批评意见和建议;党政机关不重视政协民主监督,政协与党政机关沟通也不够,监督变成“走马观花”,轻视过程性监督和对基层单位的监督。基层政协委员的履职的能力也存在问题,政治意识不强,光荣感有余,使命感不足,忽视履行委员职责,只热衷当“挂名”委员,或因自身业务工作任务繁重,或顾虑“官员”和“委员”的角色冲突,或担心提案“自提自办”添烦恼等,致使作用没有真正发挥出来。

3. 权力监督制约不到位

一切权力的行使都应有法律的明确授权,受法律的监督。法律监督机制不完善为权力腐败创造了条件,降低了权力寻租的风险。当前权力监督制约不到位具体表现在以下几个方面:

第一,监督客体普遍逃避监督。对县级党政权力尤其是县委书记的权力进行监督,一方面取决于监督主体的作用,另一方面则取决于监督客体是否能够主动配合监督主体的监督行为。在现阶段的县域政治实践中,人治因素的影响还很强,这在客观上确立了“一把手”的优势权威,使县委书记在管辖区域内有一言九鼎的作用。如果县委书记或者党政部门正职摆不正位

---

〔1〕 郑莹:《论人大作用发挥的现实困境及其解决途径——以城市房屋征收为视角》,载《科学社会主义》2014 年第 3 期。

置,就很容易形成组织权力职务化、职务权力个人化。部分干部奉行"一把手绝对真理,二把手相对真理,三把手服从真理",习惯于独断专行,没有接受监督的意识,认为上级监督是对自己的不信任,领导班子成员的监督是故意拆台,社会监督是挑衅权威,故而千方百计拒绝监督或逃避监督。

第二,监督主体虚位制约监督。我国对县级党政领导的监督主体主要包括上级党委、上级纪委、县人大、县纪委、媒体以及群众检举等。但从现实的监督效果来看,上级监督容易疏忽,有的上级领导担心监督过严会挫伤下级的积极性,影响上下级关系,使上级监督处于时紧时松的状态,不能做到一以贯之;受双层领导机制的影响,县纪委处于县委的领导之下,使监督者缺乏独立性,县纪委难以独立行使监督权,更谈不上对县委书记本身行使监督权,监督效果可想而知;社会监督方面,由于党政决策活动公开不够,重大问题的处理不经群众讨论,重大决策不与群众商量,使群众很难真正行使监督权,从而普遍存在群众监督虚位的状况。[1]

第三,监督重点错位影响监督。长期以来,我国的监督体制习惯于把监督重点放在查错纠偏上,偏重于事后惩戒,而忽略事前预防和事中控制,这种本末倒置的思路导致基层尤其是县级党政领导干部容易从小错走向大错、从违法走向犯罪。在干部管理方面,由于县域面积广泛,远离中心城市,上级组织部门对干部的使用往往重提拔轻管理、重成绩轻监督,对县委书记、县级党政部门负责人以及乡镇领导人等地方主官只注重工作成绩特别是经济指标成绩的监督,而不重视经济增长过程中存在的违法犯罪行为,更忽视对思想、作风以及道德方面的监督,造成监督重点的错位,监督效果不尽人意。

(三)社会功能未有效激活

【案例聚焦】 海南省某市某区"外来工之家"事件

2002年,海南省某市某区在下属各镇(街道)、各村(社区)办起了"外来工之家",遵循"政府牵头、企业出资、分类建设、统一管理"的原则,由政府出面组织、协调发动企业入股,完善楼房等基础设施,根据不同的功能建设不同类型的外来工之家,实行统一管理,把对外来工的"管制"变为"服务",把外来工当作政府的扶助对象,解决外来工的居住和就业问题,试图探索出一条社会治安综合治理和市场经济相结合的流动人口管理方式,一段时间

[1] 罗志强:《健全县委书记权力监督机制的思考》,载《党政干部论坛》2013年第10期。

内取得了比较好的治理效果。但该举措单纯强调政府与市场的作用,缺乏社会力量的补充,引起了持续性弱的问题。在政府牵头下由企业为“外来工之家”埋单,看似解决了外来工的就业与居住问题,但实际上,相应的社会组织、社会部门以及外来工作为一个社会群体本身都没有被动员起来,这种社会服务的提供还是在政府的行政指令下实现的,企业为了某些目的而掏腰包,缺乏社会力量的参与,企业与政府的关系是纯交易型的。一旦企业与政府之间没有“默契”,就容易出现企业撤资,项目无法持续的局面。果不其然,2004 年,仅仅因为“外来工之家”所在地的产权被一家房地产公司取得,某区就强行拆除“外来工之家”,迫使 2000 余名外来工无“家”可归。

【案例解析】 这一案例充分反映了“政府包办”,严重缺乏社会力量的参与对社会治理效果尤其是可持续性的伤害。由于社会力量未有效激活,不能将公民以及社会组织的参与融入现有社会结构,致使政府的力量仍然是主导型的,管理缺乏创新,监督流于形式,单纯的市场机制无法维持项目的持续运转。一旦新的赢利点出现在政府视野中时,公共服务就只能为所谓“经济效益”让步了。

1. 行政主导色彩浓厚

行政主导是指县级政府在社会管理过程中,直接参与经济社会的方方面面,变成游戏的“参与者”,而忽视了自身作为规则“制定者”和问题“裁判者”的角色。这种角色混同极易造成政府过度干预经济,抑制市场经济的内在活力和正常发展,造成社会资源配置扭曲。之所以存在这种现象,主要有两个方面原因:

第一,计划经济体制的惯性作用。计划经济体制在我国延续了几十年,而市场经济体制从 20 世纪 90 年代才开始确立和发展,政府长期以来的思维定式、工作习惯和运作模式难以在短时间改变。不少县级政府的行事思路仍带有浓重的计划经济痕迹,很多本应由市场调节的领域仍由政府把持,而应由政府承担的协调、管理、服务职能仍有空白、缺陷。公众在计划经济体制下养成了对政府的依赖,很多人意识中,遇到问题“不是找市场,而是找市长(县长)”。这种惯性作用使县级政府难以迅速从传统的“全能政府”转变为适应市场经济发展要求的“有限政府”。政府对经济社会发展的干预,虽然保持了经济增长的高速度,但是表面的繁荣却增加了政府失灵的可能性,加大了经济风险。

第二,习惯使用行政手段。县级政权在我国政权建设中处于基础性地位,“麻雀虽小,五脏俱全”,其同样拥有强大的行政功能,甚至因为其直接面对经济社会发展的一线事务,直接与老百姓打交道,这种行政功能相较于上级政权反而显得更加强势。虽然我国市场经济长足发展,法治建设也逐步增强,但县级政权调控县域经济、维护县域社会稳定,还是更多地习惯依靠行政手段。对食品药品安全、环境污染等非法经济行为,政府主要依靠行政手段来维持市场秩序。面对市场竞争,一些县级政权通过行政手段进行市场分割和地区封锁,阻挠竞争,保护本县落后企业和产品。在推进经济发展过程中,有些政府不顾当地资源和市场情况,用行政手段推动工作,导致虚报数字,经济浮夸。[1]

2. 社会功能薄弱

社会功能薄弱集中体现在企业、非政府组织、社会组织、群众等参与社会治理的功能没有得到充分发挥,导致政社不分,政企不分,大大影响了社会治理质效。其主要原因在于县级政府在经济转型过程中,一方面计划经济时期政府直接干预经济活动的行政行为残留至今,另一方面政企分离仍未彻底解决。一些基层政府管理部门仍抓住某些权力,进而继续控制企业的经营活动,部分企业为了获得政府的特殊支持(如获得政府的特许而垄断性地使用某种市场紧缺物资,或寻求资金、政策方面的优惠等),也想方设法保持与政府的依赖关系。虽然对单个企业来讲,是值得的,但从社会角度来看,这部分支出是非生产性的甚至是非法的,直接带来了资源配置的无效率和分配不公。

在当前社会治理模式下,整个社会应像一场足球赛,企业、社会组织、群众都是运动员,政府是裁判员,政府应当用法律、经济等间接手段进行宏观管理,维护经济社会正常运行,保持经济社会发展的优良环境。但在实际生活中,一些基层政府并不情愿将权力自觉让位于企业、社会组织等机构。例如,基层政府通过各种规划、审批、政策,将企业纳入管辖之下;上级政权“凭政绩用干部”的导向,致使县级政府急于求成,直接强行干预经济发展,上项目、办企业往往是按“长官意志”而不是按市场规律。再如,部分官员习惯于权力带来的荣誉感,在退休后自身仍兼任社会组织的负责人,导致社会组织与政府之间你我不分,职责混同,或者干脆表面上把权力让渡于社会组织,

---

[1] 王淼:《县级政府在县域经济发展中的职能研究》,山东农业大学2006年博士学位论文,第88~89页。

实质上仍由政府行使管理权。

(四)社会治理方法简单

【案例聚焦】 安徽省某市打击食品安全事件

2004年,安徽省某市劣质奶粉毒害婴幼儿事件被披露,引起了社会各界的极大震惊与愤慨,时任国务院总理温家宝和安徽省领导纷纷对此做出严查指示。随之而来的是某市劣质奶粉专项整治行动,已查处涉嫌销售不合格奶粉案件42起,依法刑事拘留17人,留置审查9人。与此同时,浙江、上海、西安、深圳、武汉等地的工商部门也立即对流通领域开展奶制品市场的专项整治工作,又查获了大批劣质奶粉。

对劣质奶粉的专项整治无疑是好事,充分体现了政府及执法部门对人民负责的态度。但如果仅仅依靠这种集中人力、物力在特定时间、空间进行飓风式大检查、大整顿的执法形式,将行政式、运动式、应急式执法作为执法常态,其效果是难以为继的。例如,2000年3月29日河南某市录像厅大火后,全市742家录像厅、歌舞厅、游戏厅被关闭;2003年12月25日,河南某市大火死亡309人,30日市公安局紧急对全市公共娱乐场所进行停业整顿;2002年1月,江西省某市特大烟花鞭炮爆炸,随即该省要求全省从花炮产业中退出。在这些突击式、运动式的执法风暴过后,其治理难题往往仍然存在,甚至死灰复燃。

【案例解析】 治理机制尤其是执法司法机制、治理模式的短视和混乱,造成行政式、运动式、应急式治理模式的大量存在,在法治建设日益深入的今天,对于类似这样的执法形式,有必要从理论的角度进行反思。

1.行政化

行政化是指县级行政主体为达到某种行政目的,凭借其行政权力而实施的行政行为。社会主义市场经济下的行政化手段,主要包括行政立法、行政许可、行政执法、宏观调控、政企分开、政事分开等手段。虽然必要的行政手段不可缺少,但如果过多过滥,事事都依靠行政化的方式去解决,则会影响治理的长期效果。具体来说:

第一,行政手段具有单一性,导致治理客体被动接受。政府运用行政手段作用于社会经济主体,以达到管理和调节经济社会发展的目的。在这一过程中,政府是行政手段的唯一享有者和使用者,从而决定了政府的绝对主导地位,而广大的社会主体则别无选择地处于受众者的位置,只能被动地接受政府的管理。也就是说,政府在社会治理中处于强势地位,运用行政手段处理事务时往往从自身角度出发来考虑问题,顾及广大社会主体的实际感受相对较少,在制定政策、法规,发布命令、指示时,作为受众者的社会主体较少参与其中,只能被动地接受。这种单向模式容易导致政府制定的政策、发布的命令、指示等偏离社会现实,遭到某些社会主体的强烈抵制,使问题得不到很好的解决,从而影响了经济社会发展的整体运行。

第二,行政手段往往不计成本,导致治理成本过高。主要表现在五个方面:(1)政府是行政手段的唯一享有者和使用者,从而决定了行政手段这种治理行为方式具有高度的垄断性,政府没有外部的竞争压力,缺乏降低行政成本的内在动力,导致成本过高。(2)从市场角度来看,行政手段实质上是政府为了实现经济发展等治理目标而向社会提供的一种公共产品,这种公共产品只注重实际效果,不与经济收益挂钩,因此与经济收益相对应的投入成本则无法进行衡量。特别是县级政府等基层政权为了追求效果的正面性,往往加大成本投入,从而使成本膨胀。(3)政府行政手段的滥用,既导致直接管理的事务繁杂,增加了治理成本,也使基层政府机构膨胀,冗员大量产生,导致行政成本增加。(4)政府机关及其工作人员成本意识淡薄,在实际工作中偏重于强调提高行政效能和质量,不注重"降低行政成本"的要求,致使我国许多县级政府的行政行为都在高成本状况下运作。(5)运用行政手段治理的过程中,基层政府公务人员易滋生腐败,搞以权谋私、行贿受贿行为,人为增加了政府的运行开支。

第三,行政手段片面注重所谓刚性,损害干群关系。刚性是指基层政府在社会治理中处于强势地位,其行为过分强调权威,缺乏灵活性与亲和力。在县域层面,由于县级政府在法治建设上的不足,如执法程序不健全、执法责任制不完善等,容易导致出现粗暴执法问题。具体表现为:行政执法方面,基层执法人员与执法客体之间缺乏相互沟通,执法者态度骄横跋扈,仗权欺人甚至踢骂打砸等恶劣行为时有发生,严重侵害公民、法人和其他组织的合法权益,损害了县级政府的社会形象。行政许可方面,县级政府的一些"窗口服务",往往不注重服务态度,造成"门难进,脸难看,事难办",态度蛮横、手续繁杂、办事拖拉等现象屡禁不止。

第四,行政手段易滋生行政侵权行为。行政手段具有高度垄断性和封闭性,政府以外的社会主体无法了解政府内部的操作机制和办事流程,不能参与基层政府政策的制定和执行环节,导致基层政府在运用行政手段过程中缺乏外界监督,仅靠自我约束来规范行政行为,极易导致知法犯法、行政侵权等违法行为的发生。[1]

2. 运动化

“运动式治理”是最常见的一种治理方式，它是指党委政府自上而下地调动一切可以运用的资源，对某些突发性事件或久拖不决的社会疑难问题进行暴风骤雨式的专项治理，这是一种有组织、有目的、规模庞大的重点治理过程。例如，某县交通不文明行为集中整治、某县创卫生城市“百日会战”、某市假冒伪劣产品重点打击行动，都是典型的运动式执法形式。

第一，运动化的表现。我国目前处于社会转型期，社会治理的法律和秩序尚未成熟，管理系统的运作存在不少漏洞，这就导致政府治理工作难以和基层组织网络的有效链接，一定程度上影响了治理绩效，所以政府必须间歇性地配合“专项治理”与“集中整治”来弥补这种结构性缺陷。例如，全国卫生创建活动、严查酒后驾车专项行动，社会治安维护专项行动、打击假冒伪劣风暴。这些耳熟能详的活动似乎年年都搞，每年都是固定几个月在宣传，声势很大，风波平息也很快，但是，几十天或者几个月收兵后，好像并没有留下什么痕迹和效果。

总体来说，运动式治理的过程大致如下：发生重大事件或政策变化，领导做出重要指示，有关部门召开紧急会议，出台“从重、从快、从严”打击违法的专项整治文件，部署专项整治行动；管理部门雷厉风行地在全行业、全系统、全地区组织声势浩大的检查、处罚行动，这类声势浩大的运动往往冠以“加大管理力度”“严格管理”的面目；最后总结表彰，公布一系列的数字，宣布专项整治取得了丰硕成果；一段时间后，运动式偃旗息鼓，之前全民关注的社会焦点被渐渐淡忘，不法行为改头换面又重新出现，直到遭到下一次运动式打击。

第二，运动化的危害。

(1)事件的堆积性。运动式治理是基于某一社会问题的严峻形势，社会中出现某种或几种违法违纪行为，显现出集中整治的必要，进而采取大规模攻坚式的治理。但由于行政资源是有限的，一定时期的社会矛盾和问题不可能全部被政府所重视，只有当某类问题接近或达到政府所能承受的最高值时，这些问题才会进入政府政策日程，按照时序进度集中加以解决。这就

---

〔1〕 梁润：《论我国政府职能的转变——以政府行政手段的转变为研究视角》，载《天水行政学院学报》2009年第1期。

造成社会问题事实上的长期堆积,并不利于社会矛盾的最终化解。

(2)管理的短期性。运动式治理是在短期内,政府部门集中人财物等各项资源,采取疾风暴雨般的治理方式。这种治理模式往往最大限度地动用行政资源,而成果却维持不了多长时间。当短期内的治理手段逐步衰弱,部分活动也就不了了之。治理成果在短期内是显效的,而平息后被遗忘的速度也是迅速的。

(3)问题的反复性。很多社会问题具有复杂性和再生性,诸多因素都会造成问题周而复始,循环发生,这很正常。但问题的症结在于,运动式治理方式是以高压政策取得短期效能,往往难以治愈问题的根本。随着时间的推移,治理减弱,问题的根源始终没有解决,只能等待下一次运动式治理发生。因此,运动式治理并不是治理实践的成功,这种治理方式不能一次性解决问题,而是通过重复的运动治理来完成,造成行政资源的严重浪费,收效也不大。

3.应急化

应急式治理指政府在短期出台大量应急措施,并通过这些应急措施和行动来解决突出问题或危机的方式。"应急式"与"运动式"有较大区别:在治理对象上,应急式面临的问题更加急迫,问题往往具有"蔓延"或"突然爆发"等特点。在治理思路上,应急式更多体现的是一种危机应对方式方法,直接效果就是要消除其危害;而"运动式"治理的政治氛围更强,其与基层政权结构和运行机制紧密关联,问题的紧迫性有时并不突出。目前的县级政府官员,面对多发的冲突,基本就是强调如何应急,到处充当救火队员,疲于奔命,其效果往往不理想甚至适得其反。其主要表现为以下特点:

第一,重救轻防——处理思路短期化。县级政权面对的多数是已经自然升级的冲突,其对冲突本身缺乏有效预警和预防,预防措施和机制往往停留于表面文章,造成"救火"成为县级政权应对冲突的真实面貌。在"稳定压倒一切"的思维下,县级政府首先考虑的是如何尽快"灭火",认为将挑头者、闹事者采取强制措施,冲突就可化解。在这种理念指导下,一些县级政府对事件贸然定性,过多采取强制处理措施,但给群众产生了不良印象,片面认为政府关心的不是如何解决群众实际问题,而是如何围堵群众。这种政府行为得不到群众理解和支持,就容易引发新的矛盾。县域治理实践中,这种治理模式往往面临两难选择,若政府态度强硬,可能进一步激化矛盾,引发二阶冲突;若态度温和,则起不到警示、威慑作用,过分妥协、息事宁人的结果就是强化非法效应，也不利于冲突最终化解。

第二，被动反应——延误最佳时机。县域面临的冲突往往具有复杂性和累积性，基层干部遇到冲突，采取的措施经常是先拖延压制，然后层层上报，一线执法者更多的是被动充当了冲突的“旁观者”，有时甚至是“助燃剂”，其不作为、慢作为极易激发冲突参与者的不满和失望情绪，进而导致冲突升级。冲突往往是直到高层领导“批示”才解决，这时已经错过了最佳处理时机，冲突范围已扩散，增加了化解难度，浪费了更多资源。

第三，严防死守——丧失处理主动权。当前县级政权面临的是压力型体制，对上有各种指标考核，上访率、群体性事件等一票否决式的考核与官员的仕途紧紧关联；对下要面对大量权利意识日渐增强的公众，稍有疏忽就可能招致群众不满，甚至走向极端。这些都会造成基层政权过于敏感，容易“上纲上线”，倾向于运用行政权力严防死守，致使基层政权在冲突治理中失去了主动性，习惯于用行政干预代替法律，治理方式不具有连贯性、规范性，从而加剧群众对基层政府的信任危机，使治理效果大打折扣，甚至会强化冲突升级的示范效应。

六、小结

我国县域治理所包括的内容十分宽泛，治理所面临的形势十分复杂，治理所面对的问题也十分明显。这些问题既能反映国家治理中存在的一般性、普遍性的问题，又在县域层面表现出某些该层面才有的特征。县域法治是在观念、制度层面解决县域治理当中面临的问题的治本之策，但推进县域法治建设任重而道远。在县域法治建设实践中，也还存在诸多不足和薄弱环节，主要有以下几点：

一是领导干部运用法治思维和法治方式推动工作、解决问题的意识和能力有待进一步提高。党的各级领导干部要真正树立社会主义法治理念，真正意识到社会主义法治实践是依法治国的关键因素。但现实是一些领导干部的法治意识还比较淡薄。我国正处于社会转型时期，处于跨越中等收入陷阱、全面建成小康社会、实现现代化目标的过程中，然而一些分管领导对全面推进依法治国的重要性、紧迫性认识不足，还认为自己是法治建设的“局外人”，精力主要还是集中在重抓经济发展和 GDP 指标上，推进发展解决问题中依然习惯于用行政手段、经济手段代替法律手段。具体表现在：有的以权压法、以言代法，违法违规决策，甚至撇开法律另搞一套；有的不尊重司法机关依法独立行使审判权、检察权，干扰执法司法活动、徇私枉法；有的漠视法律权威，利用职权谋取私利，贪污受贿腐败犯罪。此外，他们对法治建设工作讲起来重要，做起来还是放在一边，以强调效率为由，不遵守应有的规则、制度、程序，习惯于“急事急办”和“一把手拍板决策”，把法律顾问当摆设，导致“决策一出台，矛盾跟着来”。例如，重大基建项目未批先建，土地征用未批先征，环评未评先建。政府行政和执法工作中还大量存在不作为、慢作为情况，说得多、做得少，有的“不给好处不办事、给了好处乱办事”，群众办事“靠关系”“找熟人”现象还比较突出。依法决策中公众参与、专家论证、风险评估、合法性审查和集体讨论是作为重大决策的前置法定程序的，但从具体实践来看，公众参与、风险评估和合法性审查者三个环节还较为薄弱。

二是执法不严、司法不公突出问题有待进一步解决。法治建设面临的问题更多的集中于法律实施领域，人民群众意见较大、反映强烈。在行政执法方面主要存在的问题是执法不严。执法失之于宽、失之于松。有的没有做到“法律面前人人平等”，对“有权人”“有钱人”“有关系的人”笑脸相迎、法外开恩，对普通群众则冷横硬推、简单粗暴；有的执法受利益驱动，存在地方和部门保护主义现象；有的执法人员不作为、慢作为、乱作为，损害了法律的尊严和政府的公信力。在司法方面主要存在的问题是不公不廉。有的司法机关不严格遵守法律程序制度，自由裁量权行使不规范，存在“同案不同判”等问题；有的司法人员缺乏职业良知和基本操守，办人情案、关系案、金钱案的现象时有发生。现实生活中一个案件，无论是民事案件还是刑事案件，不托人情、找关系的是少数，群众打官司难现状并未从根本上改观。当前，生效裁判执行不力，“法律白条”偏多，公民的合法权益得不到法律的保障，涉法涉诉信访案件数量居高不下，不仅影响了司法公信力，而且直接影响党和政府的形象。

三是全社会尊重法律、信仰法律的氛围有待进一步营造。只有当法治成为全社会的普遍信仰时，法治中国才能真正实现。目前，法治意识不强、法治信仰缺失，仍然是法治建设亟须解决的突出问题。“不愿违法、不能违法、不敢违法”的法治氛围还没有完全形成，有相当一部分群众对法律缺乏信任感。一些群众自身确实法制观念淡薄，不学法、不懂法，法制宣传教育针对性不强。一些群众学法不守法，对自己有利的用法，对自己不利的则不依法维权。“信访不信法”，医闹等各种缠访、闹访问题困扰基层单位，产生了负面效应。

四是法治建设组织领导体制机制有待进一步健全完善。推进依法治国,必须建立起有力的组织领导保障体系。长期以来,中央层面对此没有具体的组织领导和指导机构,各省的组织领导体制也不尽相同,工作总体上处于自发性、借鉴性的探索实践。推进依法治国工作从中央到地方没有形成统一的组织保障体制,依法治理工作机构未能列入党政机构序列,法治建设任务的长远性与法治工作机构的非常设性存在突出的矛盾。具体到县域层面,法治工作机构编制不落实、人员不到位、工作经费少,工作推动阻力重重,协调难度加大,给法治建设规划部署的权威性、刚性和指导力度上都打了折扣,对各级机关和基层部门形不成压力和动力,缺乏指导推动的权威性。乡村社区一级法治工作更为薄弱,工作流于形式,缺乏常态化、长效化机制保障。

县域治理是国家治理的重要基础和战略支撑。中共十八大以来,中央对我国县域治理的目标、要求十分明确。无论是从理论上还是从实践上看,县域治理现代化关键在于法治化,唯其如此,才能从根本上提升其治理能力和水平。多年来的我国县域法治建设发展,有效地推动了县域治理的现代化进程。然而,在全面依法治国的大背景下,县域法治建设还任重道远。

第四章　县域法治建设的重点任务

县域法治建设是实施依法治国基本方略的生动实践，是社会主义法治建设的重要组成部分，是实施依法治国基本方略的重要步骤，在整个依法治国进程中起着承上启下的作用。开展法治县（市、区）创建活动，加快推进县域法治化进程，向下可带动法治乡镇（街道）、民主法治示范村（社区）、依法治理先进单位等基层民主法治创建，向上则可推动法治城市、法治省创建工作乃至全省的法治建设。县域法治建设将成为深化依法治国基本方略与构建社会主义法治秩序的一种独具区域特色的法治形态，成为我国依法治国系统工程深入推进的一种全新模式。在本章节中，我们将从党委领导与依法施政、政府管理与法治政府、经济发展与法治经济、公民权利保障与法治为民、全民守法与公民法治意识培育等方面，对县域法治建设的重点任务展开叙述。

一、党委领导与依法施政

深入推进县域法治建设，坚持党委领导、依法施政是根本保证。

（一）始终突出法治建设的责任主体，全面贯彻落实《党政主要负责人履行推进法治建设第一责任人职责规定》

地方党委制度是我们党治国理政的重要组织制度，

完善以党委依法执政为核心，全面推进县域依法治理的制度，是推进治理体系和治理能力现代化的重要方面。郡县治，则天下安。县级党委作为本区域的领导核心，在贯彻落实中央决策部署、推动党的奋斗目标实现上居于关键位置、负有重大责任。全面推进依法治县，必须始终坚持和加强党的领导，以其为坚强和根本保证，将党的领导贯彻落实到县域治理法治化的各个方面。为此，要进一步处理好党的领导和区域法治建设的关系。这是坚持中国特色社会主义法治道路的核心问题。要加强和改进党对依法治国的领导，认真贯彻落实“三统一”“四善于”的要求。既要坚持党委总揽全局、协调各方的领导核心作用，确保党的主张贯彻到全面推进依法治理的全部实践之中；又要改进党的领导，坚持党依法执政，自觉在宪法法律范围内活动，全面提升党委依法执政的能力和水平。还要进一步理顺党委和人大、政府、法院和检察院之间的关系。清晰界定党委的权限范围和权力边界。在县域范围内，县委总揽全局、协调各方，要同县人大、政府、政协、审判机关、检察机关依法依章程履行职能统一起来，进一步推进党的领导方式和执政方式制度化规范化。要加大对执政权力的约束力度，完善党委权力运行机制，推进权力公开运行，深入推进党务公开，完善重大事项社会公示制度、社会听证制度和专家咨询制度，从决策、执行、监督等环节进一步加强对权力的制约和监督。要强化依法执政责任落实，加强对党员领导干部特别是各级领导班子主要负责人的监督，在党内实现权力制约权力。此外，要进一步加强党内法规制度地方落实。党内法规既是管党治党的重要依据，也是建设社会主义法治国家的有力保障。党内法规制度的执行和实施关键和基础在于地方、在于基层，要注重党内法规同国家法律的衔接和协调，不断加强党内法规制度的地方实践、地方落实，提高党内法规执行力，运用党内法规把党要管党、从严治党落到实处，促进党员、干部带头遵守国家法律法规。具体来说：

1. 深入推进县域法治建设，坚持党委领导、依法施政，必须坚持以规范权力为重点，让权力在制度轨道上运行

依法决策是县域法治建设的前提。以江苏省为例。从2005年江苏全面推进县域法治建设起，江苏全省大部分县（市、区）都制定了党委工作规则和党委常委会议事决策规则，对常委会议事程序、决策表决、责任追究等进行明确的规定，并制定了重大决策征求意见、决策评价、决策失误责任追究等相关制度，出台了相关的政府重大行政决策程序规定、重大行政决策风险

评估办法等规定。在决策前有一份合法性调研报告，决策中有一张涉法一览表，决策后有一份依法决策总结，形成了“决策前听证评估，决策中依法依规，决策后督查督办”的工作锁链。这一做法带动了县域各级领导干部法治理念的培养。“法治前置”的理念在领导干部中根植于心，并形成了共识：涉及当地居民利益的重大决策，全部依照议事决策程序进行；重大行政行为的实施，全部征询政府法律顾问的意见；重大事项、重要决策，全部进行决策风险评估。建立政府法律顾问制度，县（市、区）级政府成立法律顾问委员会，为政府科学决策、依法行政提供理论支持和法律服务。

2. 深入推进县域法治建设，坚持党委领导、依法施政，必须突出责任主体，始终把法治建设的责任扛在肩上

健全落实责任制是深化县域法治建设的主要抓手，也是巩固法治建设成果的重要保障。

2016 年 11 月，中共中央办公厅、国务院办公厅下发了《党政主要负责人履行推进法治建设第一责任人职责规定》（以下简称《党政主要负责人规定》），正式实施党政主要负责人推进第一责任人责任制。为贯彻落实好中央的决策部署，江苏省依法治省领导小组办公室在省委办公厅的牵头指导下，起草了《江苏省贯彻落实〈党政主要负责人履行推进法治建设第一责任人职责规定〉实施办法》（以下简称《江苏省党政主要负责人实施办法》）。此后，江苏省委办公厅、省政府办公厅全文印发。该稿既贯彻落实了中央的决策部署，又“接了地气”，把江苏法治建设的实际和工作要求写了进去，体现了“让法治成为江苏核心竞争力的重要标志”的地域特色。

《江苏省党政主要负责人实施办法》共五章。[1] 第一章是总则。第二章是职责内容。考虑到职责内容的严肃性和规范性，江苏省对《党政主要负责人规定》的职责全面载入，同时根据中央和省有关文件，在不增加职责项目的前提下，将《党政主要负责人规定》中较为原则性的职责具体化，对部分实体性的职责程序化。第三章是督查考核。明确对履行推进法治江苏建设第一责任人职责情况开展定期检查、专项督查、述职考核的主体等作了相应规定，依据干部管理权限和纪委、组织部门的职能分工开展上述工作。第四章是问责。严格遵循党内问责条例，由党内问责机构实施。第五章是附则。对全省各级党委、政府工作部门、直属机构等党政主要负责人的适用作了

---

〔1〕 参见《江苏省贯彻落实〈党政主要负责人履行推进法治建设第一责任人职责规定〉实施办法》。

规定。

文稿在全面贯彻中央意见、全文保留《党政主要负责人规定》原文的同时，结合省情法治建设实际，提出了一些具体工作要求：一是细化了职责内容。在《党政主要负责人规定》的基础上，《江苏省党政主要负责人实施办法》分别细化了党委、政府主要负责人在推进法治建设中应当履行的主要职责事项。重点突出了党委、政府主要负责人在全面推进依法治省进程中的重要地位和关键作用，使原则性的规定更具可操作性，便于考核督促检查和问责，确保《党政主要负责人规定》在省及以下层面得以更好贯彻落实。二是明确了督查考核方式。《党政主要负责人规定》明确，上级党委应当对下级党政主要负责人履行推进法治建设第一责任人职责情况，开展定期检查和专项督查。结合省情实际，《江苏省党政主要负责人实施办法》规定党委组织部门对党政主要负责人考核时，应把履行推进区域法治建设第一责任人职责情况作为重要内容，连同辖区内年度法治建设考核结果一并纳入政绩考核指标体系，作为考察使用干部、推进干部能上能下的重要依据。三是确定了问责程序。《江苏省党政主要负责人实施办法》规定，督查、考核和检查过程中，发现党政主要负责人不履行或不正确履行推进法治江苏建设第一责任人职责，应及时报告，由组织、纪检部门提出问责建议，报党委研究决定，由纪检、组织部门按照干部管理权限及问责程序处理。四是规范了适用范围。规定党委、政府工作部门、开发区(新区)、乡(镇、街道)以及党委、政府直属企事业单位党政主要负责人履行推进法治建设第一责任人职责，参照本办法执行。

近年来，江苏省各县(市、区)在实践中不断探索，逐步建立一套科学合理、统一规范、客观公正、公开透明的法治建设考评体系，以考核为杠杆，抓落实，将法治建设“软任务”变成“硬指标”，推动县域法治建设。具体包括：(1)强化考核责任。将落实责任作为推进法治建设的关键，以法治建设考核倒逼法治责任层层落实。各乡镇、部门成立法治建设领导小组，由党委主要负责同志担任组长，充分履行推进法治建设第一责任人职责。法治建设领导小组组长分别与各乡镇和直属部门主要负责同志签订法治建设责任书，各乡镇(街道)主要负责同志层层签订目标责任书，织密扎紧法治建设责任网，建立党委统一领导、部门分工负责、群众广泛参与的法治工作推进机制。(2)创新考核方式。法治建设领导小组牵头，组织考核组对各乡镇各部门法治建设情况进行实地检查考评，并结合人大常委会、党委部门、政府主要执法部门和司法部门等单位平时掌握的情况,初步打分;充分发挥群众参与法治建设考核评价的作用,邀请党代表、人大代表、政协委员、法律专家学者、新闻媒体代表参与测评,最后综合各方评判,确定排位名次,保证考核结果公平公正。(3)运用考核结果。坚持把法治建设作为领导班子和领导干部队伍建设的重要内容,纳入领导班子和领导干部履职尽责管理、任期目标责任制管理范畴,纳入实绩考核指标体系,把法治建设考核结果与领导班子的评先评优以及领导干部的职务任免、职级晋升、交流任用、奖励惩处挂钩。强化正向激励,对法治建设考核排名靠前的先进镇(街道)和部门进行通报表彰;对善于运用法治思维和法治方式推动工作、依法办事能力强、法治建设绩效突出的干部,在相同条件下优先提拔重用。实行反向约束,对法治建设考核排名靠后的地方和部门列为重点管理对象,纳入"一票否决"范畴;对缺乏法治能力和法治担当、考核排名靠后的干部,不得提拔重用,并按照召回问责管理办法处理。

(二)健全依法科学民主决策机制,大力推动实现决策行为法治化

实现依法决策是新形势下加强党的执政能力建设和区域法治建设的重要任务。县级及乡镇(街道)党委、政府直接面对广大人民群众,其决策是否依法、科学、民主,事关广大人民群众的根本利益。需要重点关注以下四个方面的工作:

1. 建立健全重大决策法定程序

在进行重大决策时,党委政府必须依法明确决策主体、事项范围、法定程序、法律责任,规范决策流程,强化决策法定程序的刚性约束。县级党委政府及其部门要建立健县域全公众参与重大决策的规则和程序,完善决策信息和智力支持系统,增强决策透明度和公众参与度。制定与群众切身利益密切相关的公共政策,要向社会公开征求意见。有关突发事件应对的决策程序,适用突发事件应对等有关法律、法规、规章的规定。县级党委政府在重大决策听取意见采取公示、调查、座谈、论证、听证等形式进行,必须充分听取人民群众提出的合理化意见和建议。凡涉及面广或者与公民、法人和其他组织利益密切相关的决策事项,应当采取公示或听证形式,公开征求意见。征求公众意见,应当综合考虑地域、职业、专业、受影响程度等因素,合理选择被征求意见的公民、法人或其他组织。要坚持重大决策集体决定制度,县级党委政府要健全党委常委会或政府常务会议工作协调机制,要坚持集体领导、民主集中、会议决定的原则。重大决策应当经党委常委会、政

府常务会议或者部门领导班子会议讨论，由党委书记或行政首长在集体讨论基础上作出决定。对拟作出的决定与会议组成人员多数人的意见不一致的，应当在会上说明理由，杜绝擅权专断、滥用权力。集体讨论情况和决定要如实记录、完整存档。

2. 强化重大决策终身责任追究制度和责任倒查机制

重大决策责任制是党政机关及其人员在实施重大决策过程中因为决策错误应当承担的责任。这就要求确立终身责任追究制度和责任倒查机制，明确追责处理程序。对违法决策、决策严重失误或依法应及时作出决策但久拖不决造成重大损失、恶劣影响的，应当严格追究负有责任的领导人员和相关责任人员的法律责任，坚决制止和纠正超越法定权限、违反法定程序的决策行为。在建立重大决策责任制过程中要突出“终身责任”和“责任倒查”两个责任。一方面，制定“重大决策责任追究办法”，明确追究责任主体、追究责任范围、追究责任方式和追究责任形式，实行终身责任追究制度；另一方面，加强决策案卷管理，实现决策过程全记录，建立重大决策全过程记录和立卷归档制度，发生决策失误的，按照“谁决策、谁负责”的原则，实施倒查机制，严格追究负有责任的领导人员和相关责任人员的党纪政纪和法律责任。

3. 全面落实重大决策实施后评估制度

重大决策实施后评估制度是指对重大决策实施后的效果评价制度。其涉及评估主体、评估内容、评估方式以及评估结果等诸多环节。由于重大决策实施后评估有助于了解重大决策实施的有效性，因此，有必要全面落实重大决策后评估制度，采取抽样检查、跟踪调查、综合评估等方式，主动了解利益相关方和社会公众对决策实施的意见建议，及时发现并纠正决策存在的问题。同时，要注重加强特色新型智库建设，建立决策咨询论证专家库。对专业性、技术性较强的决策事项，应当组织专家、专业机构进行论证。选择论证专家要注重专业性、代表性、均衡性，支持其独立开展工作，逐步实行专家信息和论证意见公开。

4. 全面实行政府法律顾问制度

政府法律顾问是为政府提供法律服务的专门人员，其不仅包括政府法制机构人员或者政府公职律师，而且包括为政府提供专业法律服务的社会律师或者法律专家。由于政府法律顾问在促进政府依法行政和维护政府合法权益方面可以发挥专业化作用，因此，要全面落实推行政府法律顾问制度。积极推动制定出台政府法律顾问制度建设文件，普遍建立以政府法制机构人员为主体、吸收专家和律师参加的法律顾问队伍。县级政府及其部门要采取多元化的政府法律顾问形式，既要考虑政府及其部门实际情况，也要充分运用当地法律服务资源，使两者相互协调，通过设立法律顾问委员会等形式，组织法律顾问围绕重大行政决策、政府立法和规范性文件制定、疑难行政复议诉讼案件、重要协议、重大突发性事件等开展咨询论证和法律服务，促进依法办事，防范法律风险。要加强乡镇(街道)法律顾问制度建设，从实际出发聘请法律顾问，充分利用当地法律服务资源，依靠当地司法所，并通过聘请法律专家、专业律师等方式作为其法律顾问，充分发挥乡镇(街道)法律顾问在乡镇(街道)依法行政中的作用。积极推进国有企业、事业单位建立法律顾问制度。同时，注重加大重大行政决策的合法性和可行性研究、重大决策的经济社会效益研究、执行条件研究、对环境保护、安全生产等方面的研究。

(三)以规范公共权力为重点，让公权力在法治轨道上运行

推进县域法治建设，要从本地经济社会发展实际出发，注重运用法治思维和法治方式推进改革发展，自觉把权力关进法律制度的笼子，在法治的轨道上开展各项工作。这就要求要做到以下几点：

1.要强化规范性文件监督管理

提升规范性文件法治化水平。坚持“有件必备、有备必审、有错必纠”的原则，始终把规范性文件管理作为推进县域法治建设的一项基础性工作，坚持统一管理、全面规范，促进规范性文件管理工作走上制度化、规范化轨道。要出台规范性文件制定程序规定，定期下发年度制定规范性文件项目建议书，严把“红头文件”出台关口，切实做到“逢文必审”。凡以政府名义制定出台的规范性文件必须报送县政府法制办审查把关，对政府各部门和镇(街道)制定的规范性文件由内设法制机构进行审查把关，同时必须在规定时限内到政府法制办备案审查。

2.完善重大决策合法性审查和社会稳定风险评估制度

县(市、区)党委、政府在重大事项决策中，要建立健全重大决策、规范性文件合法性审查制度机制，提交党委常委会审议的党内规范性文件，必须要由党委办公室组织相关机构进行合法性审查，未经合法性审查或者审查不合法的，不得上会研究。要建立党委法律顾问工作制度，及时就有关重大事项决策进行法律咨询和论证。要强化社会稳定风险评估，建立社会稳定风

险评估机制,制定出台实施重大行政决策风险评估的意见、建立重大行政决策事项社会稳定风险评估与合法性审查联动机制的意见等相关文件制度,凡是重大事项决策实施前,须严格按照规定进行风险评估,并提交党委维稳领导小组把关。

二、依法行政与法治政府

(一)坚持依法行政

深入推进县域法治建设,大力推进严格公正文明执法、坚持依法行政、建设法治政府是关键。以宪法为核心的中国特色社会主义法律体系,80%左右的法律法规是由行政机关负责实施的。因此,各级政府在法治建设中担负着繁重的任务。贯彻落实依法治国基本方略、加快建设法治国家,很大程度上要通过推进法治政府建设、保证行政机关依法行政来实现。全面推进依法治县,必须加快推进县域法治政府建设。

党的十八大提出,到 2020 年基本建成法治政府。中共十八届三中全会《中共中央关于全面深化改革若干重大问题的决定》明确提出国家治理体系和治理能力现代化目标,特别强调要使市场在资源配置中起决定性作用和更好发挥政府作用。这对政府管理和服务能力提出了更高的目标和要求。中共十八届四中全会《中共中央关于全面推进依法治国若干重大问题的决定》要求“加快建设法治政府”,并提出了一系列新的举措。改革开放三十多年来,我国政府主导型发展模式取得了巨大成就,但部分地方过于强调经济增长的政策导向同时也导致环境污染、社会不公等诸多问题。现有的政府主导模式已经难以持续,政府管理体制改革亟待深化。

当前,我国政府管理体制中存在着一些不容忽视的问题:一是政府职能转变问题仍未解决,政府“越位、缺位、错位”问题依然突出。政府主导型发展模式仍未彻底转变,政府管制仍在限制着市场机制。政府直接干预微观经济活动、直接在经济活动中大量配置资源、过多包办社会事务等政府职能“越位”“错位”的情况时有发生,能源、矿产、土地等要素领域价格管制仍然较多。同时,政府宏观调控能力还不强、事中事后监管不到位、环境资源保护不力、公共服务供给不足、分配不公等政府职能“缺位”问题仍然突出。二是依法行政任重道远,有法不依、执法不严、违法不究现象还时有发生。行政管理活动中法治观念不强,“人治”思想、“权力至上”观念根深蒂固。行政法律法规还不完善,可操作性不强,一些政府部门职能行使缺乏法律依据。有法不依,"权大于法""情大于法",以权压法、破坏司法公正的情况时有发生。执法不严,乱用裁量权,执法行为不规范,滥用权力,失察失管的现象还有所存在。违法不究,违法行政现象依然存在。三是政府行政运行方式比较单一,利用市场解决问题的能力不强。政府行政主要依靠传统的命令、管制等手段,使用市场化和社会化手段行使职能的意识和能力薄弱。政府各部门职责交叉重叠,职权划分不清楚,相互推诿扯皮、政出多门现象依然存在,致使协调成本增加,行政效率低下。公共服务供给更多立足于部门工作而非公众需求,服务供给短缺与浪费并存,服务提供效能偏低。政策制定与服务提供职能合一,公共服务的提供更多采取行政方式,服务质量难以衡量和提高。四是问责体制机制尚不完善,责任履行缺乏必要的制度保障。公务员问责机制不健全,考核激励约束机制仍不完善,考核评价流于形式。信息公开制度仍不完善,公民难以充分了解政务信息。公务员监督机制还有较大缺失,人大、监察和审计等监督作用发挥有限,行政系统内部的层级监督缺少统一、明确、具体的法律制度,监督力度不够。五是政府公信力下降。权力部门化、部门利益化、利益法定化现象比较突出,致使公共政策存在扭曲、变异,腐败问题多发。腐败犯罪更具隐蔽性和欺骗性,一些领域的腐败行为公开化、"潜规则"盛行。腐败在向社会蔓延,层面不断扩大,严重毒化了社会风气。要解决以上存在的种种问题,必须紧紧围绕国家治理现代化目标,恰当界定政府角色定位,明确提出全面深化政府管理体制改革的目标、路径和重要举措,构建起中国特色的新型政府管理体制框架,才能坚实奠定支撑经济社会可持续发展、实现中国梦的制度基础。

(二)建设法治政府

建设法治政府,县域政府是基础和关键。县域政府在我国政权体系中属于基层政府,因而其地位和作用决定了县域法治政府建设在我国的整个法治政府建设中有着承上启下的重要作用。县域政府对上承接设区市的工作职能,对下领导着乡镇(街道)的各项工作,介于微观和宏观之间,其地位十分特殊。乡镇(街道)政府是国家最基层的政权机关和最基本的独立行政单元,它与最基层的人民群众联系密切,是广大人民群众的直接服务者,其"上联国家、下接乡村社会"的独特纽带地位决定了它不可替代的作用。基层政府是连接国家与人民群众的"桥梁"政府,是体现人民政府形象的"窗口"政府,是贯彻执行法律法规的"终端"政府,是转型期各种社会矛盾交汇的"焦点"政府,由此可见,县域政府是法治政府建设的重点所在。同时,基层政府在地域上的相对封闭性、机构设置上的相对完整性、利益上的相对独立性、公务员人际关系的地缘性，更容易出现行政权力的地方利益化、行政执法的非程序化以及行政监督的形式化等倾向，因此，县域政府也是法治政府建设的难点所在。

中共中央、国务院印发的《法治政府建设实施纲要（2015～2020年）》明确指出法治政府的总体目标是“经过坚持不懈的努力，到2020年基本建成职能科学、权责法定、执法严明、公开公正、廉洁高效、守法诚信的法治政府”，衡量标准是“政府职能依法全面履行，依法行政制度体系完备，行政决策科学民主合法，宪法法律严格公正实施，行政权力规范透明运行，人民权益切实有效保障，依法行政能力普遍提高”。县域法治政府建设必须运用法治思维与法治方式来实现县域内的科学立法、严格执法、公正司法、全民守法，引领改革发展破障闯关，推动民生改善和社会公正，推动县域法治政府建设一步一个脚印向前迈进。

简言之，就是要在法治化的制度安排下用好权、履好职、有作为。具体来说：一是要把牢固树立“执政为民”思想，作为建设法治政府的根本要求。牢记“一切权力属于人民”这个核心内容和根本准则，尊重人民群众的主体地位，始终把实现好、维护好、发展好最广大人民群众的根本利益，作为政府一切工作的出发点和落脚点；以维护公平正义为价值追求、以保障公民合法权益为根本任务、以制约公共权力行使为关键环节，回应人民群众对公平正义、幸福生活的期待，实现法治政府与服务型政府建设的高度统一；积极推动开展法治为民办实事工作，建立健全覆盖城乡各地的各级便民政务服务网络，使广大人民群众真真切切感受到法治政府建设带来的实效，切实提高人民群众的满意度。二是要把严格依法行政作为建设法治政府的核心内容。要坚持依法决策，建立健全依法科学民主的决策制度，增强行政决策的透明度和公众参与度，坚决防止和克服“决策一出台、矛盾跟着来”；要规范权力行使，深化行政管理体制和审批制度改革，严格根据法定权限行使权力、履行职责，做到权限合法、实体合法、程序合法；要严格行政执法，着力规范行政执法行为，完善行政执法程序，细化执法流程和环节，切实压缩执法自由裁量权，全面落实行政执法责任制，真正做到有法必依、执法必严、违法必究。三是要把强化监督和行政问责作为建设法治政府的重要保障。加强人大、政协监督，政府及其部门要自觉接受人大及其常委会的监督，完善人民政协对政府工作民主协商、民主监督制度，加强各专门机关监督，加强司法监督,加强公众监督和舆论监督,通过公布权力清单等方式推进政务公开,进一步对有令不行、有禁不止、行政不作为和消极作为、失职渎职、违法行政等行为进行严格问责,积极创造条件让人民群众更好地了解政府运行、更广泛地参与政府管理、更直接地监督政府行为,以人民群众的意见和感受作为评判法治政府建设绩效的根本依据。

1. 依法履行政府职能

《法治政府建设实施纲要(2015～2020年)》指出,依法全面履行政府职能的目标是:牢固树立创新、协调、绿色、开放、共享的发展理念,坚持政企分开、政资分开、政事分开、政社分开,简政放权、放管结合、优化服务,政府与市场、政府与社会的关系基本理顺,政府职能切实转变,宏观调控、市场监管、社会管理、公共服务、环境保护等职责依法全面履行。转变政府职能是社会主义市场经济条件下深化行政体制改革的首要任务。这就有必要在政府机构改革基础上按照政企分开、政资分开、政事分开、政社分开原则确定政府的经济调控、市场监管、社会治理和公共服务职能,切实做到政府职能配置法定化、职能履行法治化。加快形成精干高效的政府组织体系。转变政府职能,必须加强政府公共服务、市场监管、社会管理、生态环境保护等职责,理顺县域内各级政府事权关系,明确各级政府的职责权限,深化经济发达乡镇行政管理体制改革试点,赋予其与人口和经济规模相适应的行政管理权限。按照精简统一效能原则,加大市场监督、农业农村管理、交通运输、城市规划建设、市政管理和知识产权管理等领域的机构职责整合力度,加快形成精干高效的政府组织体系。这就要求积极推进行政机构、职能、权限、程序、责任法定化。为此,第一,要严格执行行政组织法律制度。行政组织法律制度涉及行政组织的性质、地位、组织和职权等内容。行政组织的设立、撤销和调整必须由法律予以规范。按照法律对行政机构的设置、行政职能的范围、行政机构人员的权限、行政机关所遵循的程序以及行政机关人员违纪违法责任的规定予以实施。第二,要严格执行行政程序法律制度。要坚持法定职责必须为、法无授权不可为,坚决纠正不作为、乱作为,坚决克服懒政、怠政,坚决惩处失职、渎职。县级政府及其部门不得法外设定权力,没有法律法规依据不得作出减损公民、法人和其他组织合法权益或增加其义务的规定。第三,要实现政府事权规范化、法律化。政府事权是指法律赋予政府管理社会公共事务的权力。由于政府事权涉及各级政府承担行政管理和社会服务的性质和范围,因此各级政府事权的科学配置,关系到不同政府间支出责任的划分、财政权力的配置和财政资源的分配问题。这就要求明确各级政府事权种类,加强政府公共服务、市场监管、社会治理、环境保护等职责,进一步理顺各级政府间的事权关系,明确各层级政府的职责权限,强化县政府执行职责。

2. 深化行政管理体制改革

行政执法是指行政机关及其人员为了实现行政管理,依照法定职权和法定程序对行政相对人采取的影响行政相对人权利义务的行政行为。随着行政执法体制改革的展开,行政执法机关的设立、行政执法职责的确定以及行政执法权力的行使已经成为行政管理体制中的重要组成部分。规范行政执法行为,对确保法律、法规正确实施,保障人民群众合法权益,创新社会治理方式,有效化解社会矛盾,维护社会和谐稳定,具有十分重要的意义。同时,行政执法水平更是评价法治政府建设效果的重要内容。因此,完善行政执法体制,规范行政执法行为,已经成为行政领域法治化的重中之重。行政管理体制改革是形成政府组织体系的重要保障。2008 年 2 月 27 日,中共十七届二中全会通过的《关于深化行政管理体制改革的意见》指出,深化行政管理体制改革的目标是,到 2020 年建立起比较完善的中国特色社会主义行政管理管理体制。深化行政管理体制改革,必须落实行政权力清单管理办法,建立健全权力清单、责任清单、负面清单管理模式,实行动态管理。在全面梳理、清理调整、审核确认、优化流程的基础上,将政府职能、法律依据、实施主体、职责权限、管理流程、监督方式等事项以权力清单的形式向社会公开,逐一厘清与行政权力相对应的责任事项、责任主体、责任方式。

为此,深入推进行政执法体制改革,要大力推进行政执法体制改革,根据县级政府事权和职能,按照减少层级、整合队伍、提高效率的原则,深化市场监管执法体制改革,合理配置执法力量。具体来说:一是要完善县级政府行政执法管理,加强统一领导和协调。整合规范县级市场监管执法主体,探索综合设置市场监管机构,原则上不另设执法队伍。二是要理顺行政强制执行体制。现行行政强制执行体制以申请人民法院强制执行为主、以行政机关自己强制执行为辅。即法律明确规定行政机关可以采取强制执行方式的,行政机关具有强制执行权,可以依法直接强制执行;法律没有明确规定行政机关可以采取强制执行方式的,行政机关不能行使强制执行权,只能依法向人民法院申请强制执行。根据相关规定精神,对涉及违反城乡规划法的违法建筑物、构筑物、设施等的强制拆除,法律已经授予行政机关强制执行权,人民法院不受理行政机关提出的非诉行政执行申请。这就意味着在强制拆除领域,行政机关具有行政强制执行权。但是在其他行政领域,仍然有必要理顺行政机关和人民法院在行政强制执行领域的权力界限。三是要理顺城管执法体制,加强城市管理综合执法机构建设,完善城市管理相对集中行政处罚权工作机制、执法规范、保障和监督措施。要明确城市管理综合执法机构的机构职责、人员编制、着装与装备、工作经费等事项,做到法律依据、机构设置、执法经费、人事编制和层级管理逐步到位。四是要推动县级城市管理领域相对集中行政处罚权工作向建制镇延伸。要根据县级城市管理的需要,在条件具备的建制镇开展城市管理领域相对集中行政处罚权工作,赋予建制镇行使部分行政执法职能,逐步实现建制镇全覆盖。要行健全完善政执法与刑事司法衔接机制。2001 年,国务院发布了《行政执法机关移送涉嫌犯罪案件的规定》,逐渐建立了信息共享、沟通便捷、防范有力、查处及时的协作机制。尽管"两法衔接"工作取得了一定成效,但是行政执法领域中的"有案不移、以罚代刑"问题依然突出。五是要推进行政处罚信息公开。行政处罚信息公开是政府信息公开的重要组成部分,也关系到行政执法体制改革有效开展的基础条件。由于现行法律对行政处罚信息公开规定比较模糊,因此实践中行政处罚信息没有完全做到向社会公开,有可能造成行政处罚不透明。这就要求,除涉及国家秘密、商业机密和个人隐私外,其他行政处罚信息应向社会公开。六是要健全行政执法人员管理体制,提高行政执法人员法治素质和能力。注重加强行政执法队伍建设,实行行政执法主体资格合法性审查制度。健全行政执法人员资格制度,对拟上岗行政执法的人员要进行相关法律知识考试,经考试合格的才能授予其行政执法资格、上岗行政执法。进一步整顿行政执法队伍,严格禁止无行政执法资格的人员履行行政执法职责,对被聘用履行行政执法职责的合同工、临时工,要坚决调离行政执法岗位。健全纪律约束机制,加强行政执法人员思想建设、作风建设,确保严格执法、公正执法、文明执法。

深化行政管理体制改革需要进一步完善省直管县(市)体制改革试点,落实属地管理和监管责任。省直管县(市)体制改革要围绕调整行政管理体制、扩大行政管理权限、理顺条块关系、转变政府职能和明确强化责任进行试点。深化经济发达镇行政管理体制改革试点,赋予其与人口和经济规模相适应的行政管理权限。经济发达镇行政管理体制改革要围绕加快推进体制创新、继续下放经济社会管理权限和创新机构编制管理三方面进行试点。

按照精简统一效能原则,加大市场监督、农业农村管理、交通运输、城市规划建设、市政管理和知识产权管理等领域的机构职责整合力度。只有通过试点,总结经验,才能加快形成精干高效的政府组织体系。此外,深化行政管理体制改革还需深化审批制度改革。以行政审批制度改革为突破口,进一步简政放权,释放改革红利,打造经济升级版。法治政府建设必须简政放权,精简政府机构,把经营管理权下放给企业,政企分开,增强企业活力,扩大自主经营权,促进大众创业、万众创新。进一步依法取消和下放与经济增长、促进就业创业等密切相关的许可事项,清理规范各类资质资格行政许可。着力完善行政审批事项目录清单、政府行政权力清单、行政事业性收费目录清单、政府部门专项资金管理清单制度,对不符合法律法规规章规定的管理、收费、罚款项目一律予以取消,切实强化流程监管和责任追究。探索对外商投资实行准入前国民待遇加负面清单的管理模式,适时扩大负面清单管理适用领域。严格规范行政许可中介服务,对现有行政许可前置环节的技术审查、评估、鉴证、咨询等有偿中介服务进行全面清理,确需保留的要规范时限和收费并向社会公示。制定行政许可监督办法,加快构建行政监管、行业自律、社会监督、公众参与的综合监管体系。下大力气优化公共服务。

加大教育、医疗卫生、文化财政投入,促进本区域内就业,调节收入分配,加快形成政府主导、覆盖城乡、可持续的基本公共服务体系,实现基本公共服务标准化、均等化、法定化。《法治政府建设实施纲要(2015～2020年)》提出,要“建立健全政府购买公共服务制度,公开政府购买公共服务目录,加强政府购买公共服务质量监管。推进公共服务提供主体和提供方式多元化,凡属事务性管理服务,原则上都要引入竞争机制向社会购买;确需政府参与的,实行政府和社会资本合作模式”。相比于中央政府和省、市级政府,处在基层的县级政府及乡镇、街道政府直接面对广大人民群众,在公共服务职能履职方面必须转变观念、真抓实干,强化公共服务理念、完善供给机制、健全监管机制,建设服务型县域政府。

3.落实重点领域综合执法改革任务

综合行政执法改革是行政执法的重要发展方向。2002年10月,国务院办公厅转发了中央编办《关于清理整顿行政执法队伍实行综合行政执法试点工作意见》,提出了“调整合并行政执法机构,实行综合行政执法”的具体要求。具体来说:一是改变多头执法的状况,组建相对集中统一的行政执法机构。要严格控制执法机构膨胀的势头,能够不设的不设,能够合设的合设;一个政府部门下设的多个行政执法机构,原则上应归并为一个机构。在此基础上,重点在城市管理、文化市场管理、资源环境管理、农业管理、交通运输管理以及其他适合综合行政执法的领域,合并组建综合行政执法机构。按有关规定,经批准成立的综合行政执法机构,具有行政执法主体资格。二是改变多层执法的状况,明确实行综合行政执法的领域。一方面,要大幅减少县级政府执法队伍种类,重点在食品药品安全、工商质检、公共卫生、安全生产、文化旅游、网络空间、资源环境、农林水利、交通运输、城乡建设、海洋渔业等领域内推进综合执法。这就需要这不仅对市县级政府执法队伍提出了具体要求,而且增加了明确推进综合执法的领域范围。另一方面,要推行跨部门综合执法,在不同行业领域综合执法改革基础上,有条件的领域可以推行跨部门综合执法,探索推进区域综合执法。所谓跨部门综合执法,就是将不同部门相对分散的执法队伍进行整合,调整执法机构,归并执法职能。而所谓区域综合执法,就是在一个区域内只设立一个行政执法机构,建立一支行政执法队伍。通过这种综合执法,能够减少多头执法、重复执法现象。三是推进镇级综合执法改革。经济发达、城镇化水平较高的乡镇,可以通过法定程序行使部分行政执法权、实行综合执法。这就需要深入推进相对集中行政处罚权工作,加快推动城市管理领域相对集中行政处罚权向建制镇延伸,试点开展镇域相对集中行政处罚权工作。四是加强相对集中行政处罚权和行政许可权工作。县级政府要在政府法制机构的协助下,加强对城管执法工作的指导、协调和监督,强化城管执法机构建设,不断提高城管执法能力和水平。积极探索在城市管理相对集中行政处罚权工作基础上,进一步扩大相对集中行政处罚权范围,探索推行相对集中行政许可权工作。同时,要注重加大重点领域执法力度,对食品药品、安全生产、环境保护、劳动保障、医疗卫生等关系群众切身利益、群众反映强烈的重点领域加大执法力度,并根据经济社会发展情况及时拓展重点领域范围,加大相应重点范围执法力度,积极回应群众诉求,及时发现、纠正、制裁违法行为,依法惩治违法问题,切实维护公民、法人和其他组织合法权利和公共利益,让人民切实享受改革发展成果。

4. 严格执行行政执法程序

要完善执法程序,明确操作流程,规范行政行为。行政执法程序是行政机关及其人员在实施行政执法行为过程中所必须遵循的步骤。应规范行政执法流程,按照行政执法标准化要求,重点规范行政许可、行政处罚、行政强制、行政征收、行政收费、行政检查等执法行为,对行政执法具体环节和有关程序作出具体规定。要加强行政执法管理。完善行政执法调查和取证规则,推行行政执法公示制度,统一行政执法文书。建立行政执法全过程记录制度,充分利用行政执法办案信息系统、现场执法记录设备、视频监控设施等科技手段,加强对行政执法台账和行政执法文书的制作、使用、管理,强化对立法、监督检查、调查取证、行政决定等行政执法活动全过程的跟踪,确保所有行政执法活动有章可循,有据可查。

5. 要全面落实行政执法责任制

明确行政执法责任,按照有权必有责的原则,全面梳理行政执法依据,严格确定不同部门及其机构、岗位行政执法人员的执法责任。建立健全行政执法考核评价制度,通过执法评议考核指标体系引导行政执法人员自律履行行政执法职责,防止违法行政执法的发生。完善行政执法责任追究制度,全面落实行政执法案件错案追究机制,确保行政执法过程中出现的执法问题能够及时发现、及时纠正和及时追究。健全行政执法风险防范机制,有效防范因执法错误所造成的社会风险。建立行政执法人员执法档案,加大行政执法过错责任追究力度。

(1)要严格执行重大执法决定法制审核制度。积极推行重大执法决定统一法制审核制度。围绕重大执法决定的主体是否合法、执法认定的事实是否清楚、执法证据是否确凿、执法程序是否正当、执法适用法律是否准确、执法处罚幅度是否适当、执法结果是否公正等方面进行法制审核。未经法制审核或者审核未通过的,不得作出决定,通过法制审核制度确保重大执法活动依法进行。建立健全行政执法制度。

(2)要建立健全行政裁量权基准制度。首先,要科学合理制定裁量标准,在法律法规规定的行政处罚幅度内,根据处罚相当原则,结合行政案件具体情况,细化、量化行政裁量标准,规范行政裁量范围、种类、幅度,为行政执法提供依据。其次,要准确把握适用裁量标准,按照依法、公正、合理原则,综合考虑违法行为的性质、情节、社会危害程度以及执法相对人的态度等情形,依法给予相应处罚。最后,要积极推行行政执法案例指导制度,将其作为以后同类行政执法案件的示范的一种法律适用制度,在今后遇到相同或者类似的案件,没有正当理由的情况下均应参照其处理。

6. 严格实行行政执法人员持证上岗和资格管理制度

行政执法人员管理是行政执法制度的重要组成部分。首先,要明确行政执法人员的主体资格,必须是具备行政执法主体资格单位的正式工作人员,并从事行政执法岗位工作。未经执法资格考试合格,不得授予执法资格,不得从事执法活动。其次,要及时解决无行政执法资格人员的问题,对被聘用的合同工、临时工等无行政执法资格人员,必须收回已持有的行政执法证件,调离行政执法岗位。最后,要探索建立行政执法人员资格等级管理制度,科学划分行政执法人员资格等级,实行行政执法人员资格确认制度。

推行柔性执法方式。一是推行说理执法方式,行政机关在作出行政执法行为时,除法律特别规定之外必须向行政相对人说明理由,向行政相对人讲清事理、法理和情理,使行政相对人心悦诚服地接受行政执法行为。二是推行行政监督劝勉方式。行政机关针对行政相对人因为内部制度缺失、疏于管理或者其他普遍性问题,采取约见行政相对人进行谈话劝勉,可以督促行政相对人完善自身制度,整改自身存在的问题。三是推行执法事项提示方式。行政机关对行政相对人可能出现的违法行为进行提示,使行政相对人能够了解自己的义务,从而防范行政违法行为的发生。四是推行轻微问题告诫方式。在不违反法律法规具体规定的前提下,对于部分情节显著轻微、未造成实质性损害的违法行为采取口头教育,使行政相对人能够认识到行为的违法性,及时纠正,防止违法行为危害的扩大。五是实行突出问题约谈方式。行政机关在行政违法行为已经发生并造成了违法后果的情况下对行政相对人进行约谈,可以与行政相对人面对面的交流,真正解决问题。六是推行重大案件回访方式。行政机关在依法实施行政行为后,对已经受到查处的重大案件行政相对人进行走访调查,了解违法行为改正情况,督促并指导行政相对人改正违法行为,防止违法行为反复出现。

规范行政执法经费管理制度。首先,要严格执行罚缴分离和收支两条线管理制度。一方面,严格执行罚缴分离制度。按照《行政处罚法》规定执行罚款决定与罚款收缴分离制度。另一方面,严格执行收支两条线管理制度。将行政执法收入和行政执法支出分流,各行其道,使收支脱钩。其次,罚没收入必须全额上缴国库,纳入预算管理。及时将罚没收入足额地缴入国库专户,并且纳入预算管理,严禁转移、截留资金,严禁私设账户滞留不缴。再次,严禁将收费罚没收入同部门利益挂钩或者变相挂钩。防止办案多、经费多现象的出现,保证行政执法权力的正当行使。最后,严禁下达或者变相下达罚没指标。严禁行政执法机关通过直接方式或者间接方式安排罚款指标或者没收指标来谋取利益。

加强行政执法监督。首先,要探索建立公众参与执法监督机制。公众参与行政执法监督是发扬民主的重要方式。加强公众参与执法监督机制建设,有助于了解行政执法存在的问题,进一步改进公众与行政执法机关的关系。探索公众参与执法的召集形式、监督方式、信息提供方式以及问题处理方式等制度。其次,要建立省级行政执法特邀监督员制度。行政执法特邀监督员制度是行政执法的专门监督方式。确定特邀监督员条件,规范特邀监督员遴选机制,赋予特邀监督员职责权力,使之能够发挥监督行政执法的重要力量。只有这样,才能坚决防止和克服地方和部门保护主义,坚决排除对执法活动的干预,坚决防止和克服执法工作中的利益驱动,坚决惩治执法腐败现象。最后,要加强行政执法信息化建设和信息共享,提高执法效率和规范化水平。随着信息化社会的发展,信息技术在行政执法过程中的地位日益凸显。推进网上行政执法办案系统建设,逐步实现执法信息网上录入、执法程序网上流转、执法活动网上监督、执法培训网上进行制度。完善行政执法信息共享机制,有效整合行政执法信息资源,形成行政执法合力。健全执法办案信息查询系统,切实提高行政执法活动透明度。

三、经济建设与法治经济

中国经济改革成功的重要经验之一是践行法治经济。法治保障了社会稳定和改革开放的顺利进行。

(一)县域经济与法治良性互动的苏南样本

据《第一财经》新闻报道:截至2016年年底,全国已经有21个县(市、区)的GDP突破了千亿元大关。分布在江苏、山东、浙江、福建、湖南、内蒙古这6个省份,其中江苏占了8个,苏南地区有4个县级市的GDP均超过2000亿元,分别为昆山、江阴、张家港和常熟,堪称"苏南四小龙"。[1] 纵观昆山、江阴、常熟、张家港等部分全国百强县改革发展的历程,把法治作为县域核心竞争力,是这些地区积极适应新常态的战略选择。当下地方经济发展的竞争,说到底就是法治环境的竞争,良好的法治环境是首要的经济发展

[1] 林小昭:《21县进GDP千亿俱乐部:江苏山东最多,湖南有3个》,载《第一财经》2017年4月17日。

环境。唯有不断提高地方法治水平,树立"抓法治就是抓经济发展"的理念,才能赢得新一轮的地方经济竞争。在全面依法治国,建设法治政府的背景下,必须把县域经济的发展纳入法治之中。

纵观江苏省居于全国百强县的部分县(市、区)改革发展的历程,把法治作为县域核心竞争力,是这些地区积极适应新常态的战略选择。竞争力具有动态性、相对性,不同历史时期有不同的表现和要求。诸如,在江苏经济发展较快的县级市昆山,20 世纪 80 年代发展乡镇企业实现"农转工",是依靠毗邻上海的区位优势。90 年代,随着浦东的开发开放,开始积极发展开发区、加快推进"内转外",靠的是改善提升投资软、硬环境。在经济全球化的今天,吸引跨国公司、高层次创新创业人才等全球优质要素资源,更重要的是市场化、法治化、国际化的环境,传统"政策凹地"的招商引资、"拼资源式"的发展模式难以为继;必须进一步固化和延展人才、科技、产业、生态等硬实力,培养和提升文化、制度、管理等软实力,用法治推动人们形成稳定而合理的预期,加快构建法治化的开放型经济新体制,完善和创新与国际接轨的办事规则,更加突出法治在提升综合竞争力中的核心地位和作用。据悉,昆山市近 10 年来始终将法治建设纳入全市经济社会发展总体规划,纳入区镇和部门的管理考核体系,通过探索建设基层法治型党组织建设,先后实施了法治意识提升、规范管理提质、党内制度生根、基层治理引领、法治建设强基五大工程。

(二)处理好政府与市场关系是法治经济的核心

要尊重市场决定资源配置的规律,更大力度推进简政放权,降低企业运行成本,通过推进科学监管,建立和完善制度,推动发展要素向好项目、好企业配置。要做到"亲清"二字,努力营造有利于企业成长的政务生态环境,营造尊重劳动、尊重创新创业、尊重企业家的社会氛围,激发全社会创业创新。[1] 法治建设应当与创新、协调、绿色、开放、共享的五大发展理念相融互补,为企业经济发展多送"法治红利"、多补"法治短板",使法治与发展同频共振,从而不断提升区域竞争软实力。

中共十八届三中全会《决定》要求全面正确履行政府职能,并要求"进一步简政放权,深化行政审批制度改革,最大限度减少中央政府对微观事务的管理,市场机制能有效调节的经济活动,一律取消审批,对保留的行政审

---

〔1〕 耿联:《充分激发全社会创新创业活力》,载《新华日报》2016 年 8 月 27 日。

批事项要规范管理、提高效率”。县级政府依法全面履行经济建设职能，必须处理好政府与市场的关系这一核心问题，让市场在资源配置中起决定作用，把权力关进制度的笼子里。县级政府由于地域的相对独立性、人际关系的地缘性和利益的特殊性等原因，更容易出现政府过度干预市场、政府履职越位、缺位和错位等现象。为此，只有彻底全面推进法治建设，才能真正使政府转变职能，才能确保改革全面深化。

促进经济发展或经济增长，是我国改革开放以来一直强调的核心主题，在过去也一直被视为一个纯粹经济学的问题，似乎与法治无关。足以引起我们关注的是，我国的法治建设似乎并不能与经济发展相适应，甚至可以说始终滞后于经济发展，这与改革开放三十多年来我国经济的蓬勃生机和迅猛发展形成鲜明对比。长期以来，一些地方党政领导往往过度迷信政绩考核“发展是第一要务”，甚至把 GDP 当作政绩考核的唯一标准，认为讲法治、讲规则、讲程序就会阻碍经济发展，要改革创新就必须突破法治框架，实践中也普遍存在着将法治与改革发展相对立排斥的观念和认识。有的地方党政领导人片面追求发展速度、过度追逐“政绩工程”，甚至完全抛开法律的约束，随意执法、滥用权力，随心所欲地推进所谓的“跨越式发展”，而把“稳定是第一责任”抛置脑后。

中共十八大后，中央推出了“四个全面”的战略部署。其中，全面推进依法治国与全面深化改革，如鸟之两翼、车之两轮，相辅相成，相得益彰。在“改革与法治”已成为当下中国两大鲜明的时代主题这一新的形势下，我们应当如何正确认识和处理好法治与经济发展、法治与改革之间的关系？又应当如何更好地发挥法治在促进改革发展中的作用？这些问题值得我们去认真思考和理性对待。通过我国三十多年来的改革发展，我们发现法治事实上从来没有也不应当缺席其中。简言之，改革发展，法治不应缺席。

早在 20 世纪 70 年代末实行改革开放之初，“中国改革开放的总设计师”邓小平同志针对改革发展中存在的违法犯罪问题尤其是较为严重的经济犯罪问题，明确提出“一手抓建设，一手抓法制”的战略思想，并提出了“有法可依，有法必依，执法必严，违法必究”十六字工作方针，这标志着中国法治建设的开始。只不过，当时我国法治建设刚刚起步，在相当一段时期仍然主要依靠政策来推进经济改革。而自 1992 年邓小平南方讲话提出搞市场经济之后，法学界随即就提出并深刻地论证了“市场经济就是法治经济”的重要论断，由此不断凸显出法治在经济发展和增长中的重要作用。如今，

“市场经济就是法治经济”的理念可以说已成为常识。人们已经普遍认为，法治既是市场经济发展的产物，也是构建市场经济秩序的基本保障。要使市场在资源配置中起决定性作用和更好发挥政府作用，必须以保护产权、维护契约、统一市场、平等交换、公平竞争、有效监管为基本导向，完善社会主义市场经济法律制度。

（三）法治是区域经济发展核心竞争力的重要标志

法治是有效促进经济又好又快发展的软实力，也是推动区域经济发展的核心竞争力的重要标志。良好的法治环境，是首要的经济发展环境。产权的界定是市场有效运行的关键，产权保护也是企业投资必须考虑的因素。如果产权无法得到有效保护或始终处于不稳定的情况下，很难想象投资者还会继续进行大量投资。而实践中投资者所面临的最大不确定性往往来自于政府的违法征收、权力寻租、违约甚至掠夺等行为。因此，企业产权的有效保护需要制定健全的法律，也需要依靠政府优良的执法，以及政法部门公正的司法，从而为投资者提供一个良好的投资经营环境，确保投资者的投资信心，促成经济发展。从这个角度来看，经济发展的核心是强调产权保护与合同的履行，最关键的是要靠法治。唯有健全的法治，才可使产权得到有效保护、合同得到切实履行。目前，一些地方政府已经充分认识到良好的社会治安、充分的产权保护、以及严格的执法和公正的司法对于经济增长的重要性，从而不断通过提高法治水平来吸引投资，为广大投资者创造公开透明、稳定和可预期的发展环境。

2016 年 11 月 4 日，中共中央、国务院出台了《关于完善产权保护制度依法保护产权的意见》。江苏省委政法委根据中央和省委部署，也制定出台了《关于发挥政法机关职能作用依法加强产权保护的若干指导意见》，省政法部门分别制定了具体实施办法或细则。其要求：依法及时惩治各种侵犯市场经济秩序和财产权益的犯罪；依法公正审理涉及产权保护的案件；突出强化对非公经济的平等保护；加大知识产权司法保护力度，健全知识产权案件集中办理、专家咨询、执法司法联动等工作机制，提高依法打击侵犯知识产权犯罪的专业化水平。探索建立对专利权、著作权等知识产权侵权惩罚性赔偿制度，提高知识产权侵权成本，依法保护知识产权权利人合法权益；进一步强化对生态文明建设的司法保障，推动政法部门依法打击破坏环境、危害生态的各类刑事犯罪，保持高压态势，维护人民群众生态权益；加大生态环境领域职务犯罪查处力度，坚持零容忍，严厉整除环境污染事件背后的利益获得者和姑息纵容者;加大环境公益诉讼力度,拓展生态环境司法保护渠道,促进解决环境突出问题,增强人民群众获得感和满意度。[1]

可以说,当下区域经济发展的竞争,说到底就是法治环境的竞争,良好的法治环境是首要的经济发展软环境。唯有不断提高地方法治水平,才能赢得新一轮的地方经济竞争。在全面依法治国,建设法治政府的背景下,必须把县域经济的发展纳入法治之中。所以,对于一个县级政府而言,必须切实树立一种"抓法治就是抓经济发展"的理念。即便从经济学的视角,当下中国经济的新发展需要实现增长动力的转换,即从"要素驱动""投资驱动"转向"创新驱动",从过度依赖"人口红利"和"土地红利"转向靠深化改革来形成"制度红利",促进经济内生增长。而要全面整合创新资源、优化创新环境,同样要靠法治,尤其是需要完善激励创新的产权制度、知识产权保护制度和促进科技成果转化的体制机制。唯有健全支持创新、鼓励创新、保护创新的法律体系,以体制机制改革的全面深化来保障创新驱动发展,才能促进中国经济的新发展。在新的历史时期,经济社会发展步入新常态,面临经济增速放缓、环境要素瓶颈制约,社会治理难度加大等新情况和新问题,以往依靠土地、劳动力等资源要素作为支撑的粗放型发展方式已经难以为继。因此,在转型升级、创新发展过程中抢抓新的机遇、增创新的优势,必须依靠法治。

法治是经济发展的核心竞争力。放眼世界各地竞争战略,法治作为核心竞争力是许多发达国家和地区的通例。国际竞争力排名靠前的国家或地区,无不具有法治化程度较高的鲜明特点。美国著名评论家托马斯·弗雷德曼认为,美国成功的秘密就在于它的法治。他说过:秘密不在于华尔街,也不在于硅谷,不在于空军,也不在于海军,不在于言论自由,也不在于自由市场,秘密在于长盛不衰的法治及其背后的制度。李光耀曾指出,新加坡成功的关键是法治,"法治成为新加坡无形的珍贵经济资本"。可以这样讲,一个国家或地区核心竞争力的强弱,很大程度上取决于是否具有良好的法治环境,推崇法治、实现善治已成为提升国际竞争力的核心所在。[2]

以江苏省为例,所辖的苏州市最早提出"法治是发展竞争力的重要标

---

〔1〕 参见江苏省政法委2016年出台的《关于发挥政法机关职能作用依法加强产权保护的若干指导意见》。

〔2〕 参见苏卫严:《努力开创法治苏州建设新局面》,载《光明日报》2015年9月27日,第19版。

志”的论述,并以“法治第一保障”来服务“发展第一要务”。在这一理念的驱动下,作为经济社会发展的标杆城市,苏州在“打造法治核心竞争力”的理念统领下,在立法、司法、执法等领域展开了一系列创新实践,不仅让苏州的“法治核心竞争力”日益凸显,也为落实依法治国基本方略提供了有益探索。为此,在实践中,不仅要靠 GDP 等硬实力,更要靠制度、人文环境等软实力。通过法治规范政府行为、维护社会秩序、促进市场发展,让法治成为崇尚创新、注重协调、倡导绿色、厚植开放、推进共享的“护身符”,从而推动江苏发展整体竞争力持续提升。

法治是治理能力现代化的重要依托。完善的法治是经济社会健康发展的重要支撑,能够最大限度地凝聚民心、提振信心。唯有法治,才能建立公平、公正的市场环境。而全社会崇尚法治就是核心竞争力。法治是治国理政的一种方式,也是现代社会治理的基石。在法治的状态下,政府公权力得到规范和限制,公民权利得到有效保障,社会和市场在法治的框架内有序运行,遵守法律成为全社会的一种行为自觉。实现这样的法治状态,需要在政府、市场、社会等方面多管齐下,统筹推进法治政府、法治市场、法治社会一体建设,通过法治建设,规范权力运行,激发市场活力,提升民众法律素养,把法治思想、法治精神融入政治、经济、社会生活的方方面面,在全社会营造出崇尚法治的浓厚氛围。这些合起来就是我们“法治核心竞争力”最重要的体现。〔1〕

目前,“让法治成为江苏发展核心竞争力的重要标志”,已经成为江苏省全省上下的共识。这是新一届江苏省委在认真贯彻中央部署、纵观时代发展要求、依据省情实际,对新时期法治江苏建设目标的凝练概括,为当前法治建设工作指明了发展取向、工作指向、努力方向。下一步,江苏省还将以提高核心竞争力为目标,进一步优化经济发展环境,深化区域法治建设,“护航”经济社会发展,努力推动实现“三个确保”:即确保各项改革在法治轨道上有序进行,确保市场经济在法治的土壤中健康生长,确保社会矛盾在法治的框架下有效化解。

当下地方经济发展的竞争,说到底就是法治环境的竞争,良好的法治环境是首要的经济发展环境。如果一个地区的政府部门服务效能底下,甚至出现“吃拿卡要”、乱收费、权力寻租腐败、司法地方保护主义等问题,如果这

〔1〕 参见杨明奇、赵勇:《全社会尚法就是核心竞争力》,载《江苏法制报》2015 年 12 月 1 日,第 1 版。

个地区的法治环境上不去，那么这个地区的投资环境自然也不会好到那里去。现在任何一个在市场上有点影响的企业也不会傻到去这样的地区去投资办企业，甘愿被“关门打狗”。相反，如果这个地区的领导在与世界500强的某个企业老总交流时告诉他，我们所在的这个城市是江苏省法治城市先进市，我们区是江苏省的法治建设示范区，没准人家听到这个信息会眼前为之一亮，认为起码到这里来投资有保障，政务服务透明快速高效，执法司法公平公正，“潜规则”变为了明规则，法治化的市场营商环境会稳定市场主体预期。因此，唯有不断提高地方法治水平，树立“抓法治就是抓经济发展”的理念，才能赢得新一轮的地方经济竞争。在全面依法治国，建设法治中国的背景下，必须把县域经济的发展纳入法治轨道。

为此，我们在推进县域法治发展时，必须正确处理法治政府、法治市场、法治社会建设的关系，确保共同推进一体建设。法治政府、法治市场、法治社会是法治建设的基本要素和重要抓手。法治政府是法治建设的重点，核心是强调政府权力的合法性来源，强调政府权力必须受制于规范和监督，依法行政、透明公开、高效便民是法治政府建设的基本要求。法治市场是法治建设的关键，核心是以法治来保证市场经济的有效运转和公平竞争，市场不仅是资源配置的机制和手段，也是一种社会治理的平台和力量，必须营造一个统一开放、公平竞争的市场环境，进一步优化配置资源、调节重大利益关系。法治社会是法治建设的基础，核心是强调社会依法自治。需通过一系列方式、平台，构建公众参与公共治理和监督的体系，积极推动公民和社会团体广泛参与，在全社会把法治作为共识作为大家都接受的最大公约数。法治政府、法治市场和法治社会三者各有侧重、相辅相成，必须统筹兼顾、把握重点、整体谋划、共同推进、一体建设。

（四）法治经济建设的具体举措

要通过各种有效举措，切实把“抓法治就是抓经济发展”的理念转变成为现实。当下的中国，经济发展仍然是第一要务，以经济建设为中心、深化经济体制改革也仍然是全面深化改革的重中之重。然而，经济的发展并不必然带来社会的公平和有序，也并不必然意味着社会的全面发展。我国全面深化改革已经进入攻坚期和深水区，必须通过法治形成更加规范有序推进改革的方式。同时，我们依旧处于剧烈的社会转型关键时期，国际国内形势错综复杂，各种矛盾风险挑战前所未有，尤其是经济发展中的一些深层次矛盾，都触及体制性、结构性问题，而这些问题的解决，都必须在发展经济的

同时全面推进依法治理、大力加强法治建设。为达到这些目标,需要做到以下几点:

第一,要深入推进政府法治改革,在法治框架下厘清政府与市场、社会之间的关系。政府应革除积弊,依照市场发展的需要和活动机理,为市场纵深化发展提供优良的外部环境,以实现"市场型政府"的构建。必须革新政府行政的活动方式与法治理念,构建起"有限""有效"与"有责"的新的服务型政府理念,同时,还必须以法治改革推进政府与市场、社会之间关系的制度保障。要通过完善行政组织和行政程序法律制度、推行权力清单制度,进一步深化行政审批制度改革、完善政府购买公共服务制度等方式,为厘清政府与市场、社会之间的关系提供法治保障。

第二,要大力推进严格执法、公正司法和全民守法,积极营造良好的经济发展环境。要在科学立法的前提之下,不断推进严格执法、公正司法和全民守法,确保法律得到全面贯彻实施,真正发挥法治对经济发展的引领、规范和保障作用。一方面要通过完善执法程序和规范执法裁量权,建立健全行政裁量权基准制度,严格规范公正文明执法。另一方面要强化对行政权力的制约和监督,全面推进政务公开,积极探索改革我国现行政府信息公开制度。要充分发挥政府主导作用,建立健全多元化的纠纷解决机制,畅通公民诉求表达、利益协调和权益保障渠道,把握群众利益诉求点,协调、平衡利益关系,从根本上有效预防和化解社会矛盾。

第三,要积极引导各级领导班子和领导干部从过去注重经济 GDP 向注重法治 GDP 转变,切实践行"抓法治就是抓经济发展"的理念,切实提升各级领导干部的法治思维与依法办事能力。要将中共十八届四中全会所要求的"将法治建设实绩作为各级领导干部政绩考核的一项重要指标"落到实处,不断提升各级领导干部运用法治思维与法治方式深化改革、推动发展、化解矛盾、维护稳定的能力。长期以来,由于经济 GDP 是政绩考核的重要指标,有些地方党政领导甚至不惜破坏法治来追求 GDP 的增长。要从根本上改变这种扭曲的政绩观,必须按照中共十八届四中全会《决定》所要求的"把法治建设成效作为衡量各级领导班子和领导干部工作实绩重要内容,纳入政绩考核指标体系",并"把能不能遵守法律、依法办事,作为考察干部的重要内容",将法治作为政绩考核的重要指标,建立一种"法治 GDP"指数,作为领导干部政绩考核的重要标准之一。中共十八届四中全会《决定》中的有关要求,也意味着过去单纯考核经济 GDP 将成为历史,必将建立起一种新的包括“法治 GDP”在内的政绩考核指标体系。[1]

四、权利保障与法治为民

实现好、维护好、发展好最广大人民群众的根本利益,是法治建设的根本目的所在。

法治建设需要依靠群众,法治建设成果更要惠及群众。推进县域法治建设,要坚持“法治建设为了人民、依靠人民、造福人民、保护人民,以保障人民根本权益为出发点和落脚点”,依法保障区域内全体公民享有广泛的权利,保障公民的人身权、财产权、基本政治权利等各项权利不受侵犯,保证公民的经济、文化、社会等各方面权利得到落实,努力把法律实施的过程变成维护群众合法权益的过程。要重点解决好损害群众权益的突出问题,对司法不公、司法腐败甚至徇私舞弊、贪赃枉法等行为坚持“零容忍”;进一步完善司法救助、法律援助、执行救助和社会救助的衔接机制,有效融合资源,确保弱势群体获得公正平等的法律服务和司法保障。

1. 要以深化司法改革为动力,切实增强司法权威,提升司法公信力

实现社会公平正义是我们党的一贯主张,公平正义是中国特色社会主义的内在要求,也是法治建设的生命线。哲学家培根曾说:“一次不公正的审判,其恶果甚至超过十次犯罪。因为犯罪虽是无视法律——好比污染了水流,而不公正的审判则毁坏法律——好比污染了水源。”习近平总书记多次强调:“如果司法这道防线缺乏公信力,社会公正就会收到普遍质疑,社会和谐稳定就难以保障。”司法是法治的重要领域,也是维护公平正义的最后一道防线。实现公平正义,首先要实现司法公正,坚持法律面前人人平等,努力让人民群众在每一个司法案件中都感受到公平正义。推进县域法治建设,必须通过对每一起案件的依法公正的办理,来体现公正司法,不断提升司法公信力。支持和保障司法机关依法独立公正行使职权,各级国家机关和领导干部不得干预司法活动、插手具体案件处理,建立健全司法人员履职保护机制。还需要优化司法职权配置,健全侦查权、检察权、审判权、执行权相互配合、相互制约的体制机制,深化以审判为中心的诉讼制度改革,完善司法责任制,实行办案质量终身负责制和错案责任倒查问责制,深化司法公开,探索创新人民群众参与、监督、评判司法的途径和方式,保障诉讼当事人

[1] 参见周佑勇:《抓法治,就是抓经济发展》,载《新华日报》2015 年 6 月 26 日,第 14 版。

和其他参与人的合法权利。

2. 要大力推进执法规范化建设

严格依照法定权限、程序履行职责、行使权力，加快建立刑事案件速裁程序。既强调文明执法、公正执法，也强调严格执法，切实防止畸轻畸重。以提高执法主体素质、完善执法制度体系、加强执法管理监督为重点，深入推进执法规范化建设，进一步提高执法质量和水平。全面加强执法标准化建设，按照每一项执法行为、每一个执法环节都于法有据、有章可循的要求，进一步细化执法标准，严密执法程序。全面推行量刑规范化改革、案例指导制度，在权力过于集中的领域、岗位合理配置权力，进一步规范自由裁量权的行使。

3. 强化司法监督

完善监督制约机制，强化法律监督，加强内部监督，规范层级监督，接受社会监督，确保执法司法权不被滥用。加强行政执法与刑事司法衔接机制建设，重点解决在环境保护、食品安全等领域存在的以罚代刑、有罪不究等突出问题，大力推行执法司法公开，推动执法司法活动全程实时公开，让权力在阳光下运行。

4. 要以增强群众的法治“获得感”为导向，进一步办好法治惠民实事

法治惠民实事工程，是增强人民群众法治获得感、提高满意度的有效抓手。县域法治建设必须坚持以人为本，始终把百姓满意作为最高追求。法治建设需要依靠群众，法治建设成果更要惠及群众。为民、惠民、利民、安民是法治建设的出发点和落脚点。要始终坚持把法治惠民、利民作为法治建设的切入点，坚持以人为本，实行长效管理，让人民群众真正享受法治建设成果，促进人民群众对法治建设满意度不断提高。要大力实施法治惠民工程，以人民群众需求为导向，把兴办法治惠民实事的重点放在解决涉及群众切身利益的执法司法问题上，放在为人民群众提供优质高效的法律服务上。要始终坚持把法治惠民、利民作为法治建设的切入点，坚持以人为本，实行长效管理，让人民群众真正享受法治建设成果，努力让人民群众对法治建设的满意度和获得感得到不断提升。要以增强群众的法治获得感为导向，进一步办好法治惠民实事。

为此，要坚持民意为引领、问题为导向、法治为手段，建立健全依靠群众、发动群众、服务群众的法治建设工作机制，通过调查研究、社会征集、座谈访谈等方式，深入了解群众意愿，广泛听取各方意见，确保法治实事项目

真正体现民意诉求。"群众说好才是真的好","群众满意才是真满意"。法治建设成果最终要让群众得实惠,防止出现组织者有"成就感",辖区群众没有"获得感"的尴尬。要通过扎实的工作举措,推动法治建设成果惠及民生、服务发展。要体现实事的法治特征,注意运用法治思维、法治方式解决群众关心的问题。重点放在依法推动创新、保障富民上,放在解决关乎群众切身利益的执法司法问题上,放在提供优质高效的法律服务上,放在依法维护社会公平正义上。要紧扣群众需求,开展法治为民办实事活动。坚持把社会治理领域中的热点、难点问题,作为开展"法治惠民实事"活动的突破口,加强对人民群众反映强烈的执法办案、土地征用、房屋拆迁、食品安全、医疗卫生、教育收费、企业重组、社会保障、交通出行等群众最关心的领域的执法督查,依法整治重大食品安全事故以及违规用地、拖欠工资、违规排污、坑农害农等不法行为,切实为群众解难题、办实事、做好事。要重点解决好损害群众权益的突出问题,对司法不公、司法腐败甚至徇私舞弊、贪赃枉法等行为坚持"零容忍",决不允许对群众的报警求助置之不理,决不允许让普通群众打不起官司,决不允许滥用权力侵犯群众合法权益,决不允许执法犯法造成冤假错案。

各地要在认真组织实施上级统一部署的法治为民办实事项目,完成好"规定动作"的同时,结合各自实际,抓好"自选动作",创造特色品牌。要不断创新工作方法,整合各类资源,凝聚各方合力,打破部门壁垒,健全联动机制,齐心协力推动实事项目实施。要把实事办实、实事办好。要加大实事项目推进力量,落实项目推进责任,开展督查、评议,及时向社会公布项目进度、工作成效,接受社会监督。要通过扎实的工作举措,推动法治建设成果惠及民生、服务发展。

要进一步完善司法救助、法律援助、执行救助和社会救助的衔接机制,有效融合资源,确保弱势群体获得公正平等的法律服务和司法保障。不断深化未成年刑事被害人物质和心理"1 +1"双重救助机制。要通过社会保障传递法治的温度,形成以城乡最低生活保障制度、农村五保供养制度、自然灾害救济制度等保障困难群众基本生活为主,以临时困难救济、爱心结对帮扶、助学助医、慈善救助等多元化专项帮困救助为补充的社会保障和救助体系,全面保障贫困群众的合法权益,使更多困难群众受益,在维护社会稳定、促进和谐发展等方面发挥重要作用。

江苏省已连续十年推动实施法治惠民工程。2017 年江苏省法治为民办实事项目共9项,分别是:实施房屋产权转移原登记户口迁移政策;优化出入境办证服务;推行道路交通事故快处快赔;依法开展打击新型网络犯罪专项行动;完善"七位一体"诉讼服务平台;加强知识产权司法保护;主动推送案件办理进展信息;减少公证证明材料,减免办理公证费用;开通远程亲情视频会见系统。[1] 江苏省依法治省领导小组办公室还将就前一阶段全省各地各部门开展的法治为民办实事项目进行评比,对优秀项目进行通报表彰。

五、全民守法与法治文化

"法律必须被信仰,否则它将形同虚设。"如果一个社会没有法治信仰,法治必将成为无源之水、无本之木。崇尚法治是法治社会的重要特征。因此,培育公民法治意识,推动全社会树立法治信仰,就成为了推进县域法治建设的基础工程。

法治信仰是一种根基于现实世界的法律规范的信仰,它不能脱离客观的社会物质生活条件而产生。法律信仰的产生、发展和变化既与法律制度的产生、形成和变化密切相关,更与社会主体对法律价值的追求和实现紧密相连。因此,社会主体在法治方面的情感寄托、态度取向和自觉意识,是推动法治社会建设进程的精神支柱和文化动力。可见,全民崇尚法治,既是法治社会的重要特征,也是法治社会建设的价值目标之一。

全面推进依法治县,不仅要大力推进法治政府建设和公正司法,而且要大力推动全民尊法守法、依法办事,加强基层法治社会建设,在基层群众当中培育尊法守法学法用法的浓厚氛围,积极推动县域治理纳入法治化轨道。

只有使人们发自内心地对宪法和法律信仰和崇敬,积极主动地遵守宪法和法律,在全社会形成守法光荣、违法可耻的氛围,形成不愿违法、不能违法、不敢违法,以及办事依法、遇事找法、解决问题用法、化解矛盾靠法的良好法治环境,才能真正地实现法治社会。

人民群众是县域法治建设的主体,也是法治建设的参与者,是全面推进依法治县的动力源泉。扎根于人民群众的推动力,才是法治建设形成的决定性力量。建设法治社会的关键在于增强全民法治观念,人民群众是法律

[1] 参见江苏省委依法治省领导小组办公室印发的《关于组织实施2017年全省法治为民办实事项目的通知》。

实施的主体，是全面推进依法治国的根本力量，人民群众知法守法是法治社会建设的关键所在。习近平总书记曾在不同场合多次强调全社会信仰法律的重要性。“法律要发生作用，首先全社会要信仰法律。”“宪法的根基在于人民发自内心的拥护，宪法的伟力在于人民出自真诚的信仰。”[1]一次次重要论述，揭示了法律权威的根本源泉，明确了全社会树立法治意识的重要性。

法治宣传教育是传播法律知识、培育法治信仰的主要途径。深入开展法治宣传教育，推动全社会树立法治意识，是法治社会建设的基本前提。改革开放以来，法治在深刻改变中国社会的同时，也日益改变着人们的观念，民主、法治、自由、人权、平等、公正等理念潜移默化地影响着人们的价值观，融入人们的生活，全社会的法治意识也在不断增强。从1985年开始，我国已制定实施了七个五年普法规划。30多年来，法制宣传教育不断深化，潜移默化、润物无声地改变了人民群众对法律的认知，公民法律意识和法律素质明显增强，全社会法治化治理水平不断提高。但是也应该看到，当前我国社会中，部分社会成员遵法信法守法用法、依法维权意识不强，存有“信权不信法”“信钱不信法”“信闹不信法”“信访不信法”等错误观念；一些国家工作人员特别是领导干部依法办事观念不强，知法犯法、以言代法、以权压法、徇私枉法现象仍然存在；一些诸如法外开恩、办事需要找门路托关系等部门、行业潜规则依然盛行。“不愿违法、不能违法、不敢违法”的法治氛围还没有完全形成，有相当一部分群众对法律缺乏信任感，一些群众学法不守法，对自己有利的用法，对自己不利的则不依法维权，“信访不信法”、医闹等各种缠访、闹访困扰基层单位，产生了负面效应。究其根源，就是全民的法治观念还有待增强，守法尊法养成不够，公民法治意识与建设法治社会的目标还不完全适应。法治意识不强、法治信仰缺失，仍然是法治建设亟须解决的突出问题。存在这些问题的原因：一些群众自身确实法制观念淡薄，不学法、不懂法，法制宣传教育针对性不强；不当的维稳思维很大程度上助长了违法行为，基层干部运用法治思维和方式解决问题的能力欠缺，“摆平就是水平、稳定就是搞定”，很多情况下迫于上级的维稳压力，往往突破法律底线，无原则满足不当要求，给自身制造“塔西佗”陷阱；社会依法治理机制不

[1] 参见习近平：《在首都各界纪念现行宪法颁布施行30周年大会上的讲话》，人民出版社2012年版。

健全,“违法成本低,守法成本高”,对少数违法行为依法打击不力;基层群众自治组织自治机制不强,自治能力不足;在发展社会主义市场经济进程中,传统观念受到冲击,新的道德价值体系没有完全建立,社会失范行为增加,社会心态发生变化,社会分配不公,加之民生等社会领域不适当引入市场机制,“一切向钱看”,社会公平问题凸显,法治在保障民生、维护公民合法权益上的引领、规范、保障作用没有得到充分体现。

中共十八届四中全会《决定》首次明确提出“深入开展法治宣传教育”。法治宣传较之法制宣传,内涵发生了深刻变化,既包括对法律体系和法律制度的宣传,也包括对立法、执法、司法、守法等一系列法律实践活动的宣传,突出了法治理念和法治精神培育,突出了运用法治思维和法治方式能力的培养。要综合运用法治理念传播、法律知识普及、法律制度引导、法治实践体验、法治文化熏陶等途径,推动全民普法从法制宣传向法治教育转变,从普及法律知识向培育法治信仰转变,从行政主导向社会自觉转变。

深入开展法治宣传教育,推动全社会树立法治意识,是法治社会建设的基本前提。要坚持把全民普法和守法作为依法治国的长期基础性工作,深入开展法治宣传教育,推动全社会树立法治意识。要把创新全民法治宣传教育作为法治社会建设的一项长期基础性工程来抓,大力弘扬社会主义法治理念和精神。要以实施“七五”普法为契机,全面落实国家机关“谁执法谁普法”的普法责任制,建立、健全法治专业人员以案释法制度,逐步建立媒体公益普法制度,把面向全民宣传与针对个案疏导、整体倡导宣传与具体排忧解难有机结合起来,把法律条文解读与讲好学法用法故事、面授教育与文化活动有机结合起来,落实法治文化发展扶持政策,充分发挥法治文化在法治建设中的教育、熏陶、示范、引领作用,加强法治文化设施建设,推动法治文化产品创作,积极开展群众性法治文化活动,强化法治建设理论研究和新闻宣传,努力营造全社会尊法学法守法用法的良好氛围。为此,要着力做好以下五个方面的工作:

(1)坚持以社会主义核心价值观为引领,积极推行德法合治

法律是成文的道德,道德是内心的法律。2016 年年底中办、国办印发了《关于进一步把社会主义核心价值观融入法治建设的指导意见》,为落实德法并举,实现以道德滋养法治,法治护佑道德明确了工作举措、实践路径。为此,我们要注重现代法治精神和优秀传统道德的结合,坚持一手抓法治、一手抓德治,大力弘扬社会主义核心价值观,弘扬中华民族传统美德,培育

社会公德、职业道德、家庭美德、个人品德。我们既重视发挥法律的规范作用,又要重视发挥道德的教化作用。要以法治体现道德理念,同时强化法律对道德建设的促进作用,实现法律和道德相辅相成、法治和德治相得益彰。此外,还要紧密结合本地实际,积极推进“德法同行”的实招举措,积极推动把法治宣传教育纳入文明城市、文明村镇、文明单位、文明家庭、文明校园创建活动中,纳入现代公共文化服务体系,深化社会信用体系建设,打造互联互通的公共信用信息平台,健全守信联合激励和失信联合惩戒机制,借助优秀传统文化、家庭传统美德、先进模范力量,强化规则意识,倡导契约精神,促进法治和德治相辅相成。

(2)坚持以“关键少数”示范引领“最大多数”,筑牢县域法治建设的基础

领导干部带头尊法学法、守法、用法,是社会公众尊法学法守法用法的前提条件,是全面推进依法治国迫切而现实的要求,对培育公众法律信仰具有重要的,甚至是决定性的引领作用。县域法治建设要始终紧紧抓住“关键少数”,以“关键少数”示范引领“最大多数”。这是县域法治建设的关键环节。牢牢抓住领导干部这个“关键少数”,积极发挥其示范引领作用。2015年2月2日,在省部级主要领导干部学习贯彻十八届四中全会精神全面推进依法治国专题研讨班开班式上,习近平总书记立足“四个全面”的战略布局,强调各级领导干部在推进依法治国方面肩负着重要责任,发挥着关键作用。全面推进依法治国必须抓住领导干部这个“关键少数”,这为建设中国特色社会主义法治体系、建设社会主义法治国家提供了重要遵循原则。“各级领导干部的信念、决心、行动,对全面推进依法治国具有十分重要的意义。”加强法治教育、塑造法治信仰、强化法治理念,是各级领导干部推进依法治国实践的基础前提。县级党委、政府的主要领导,作为法治建设的“责任人”,作为党的执政权和国家行政权的行使者,作为党和政府各项决策部署的制定者和落实的执行者,其具有示范和引领作用,决定着全面依法治国的进度和成效。因此,习近平总书记强调,领导干部要做尊法的模范,带头尊崇法治、敬畏法律;做学法的模范,带头了解法律、掌握法律;做守法的模

范,带头遵纪守法、捍卫法治;做用法的模范,带头厉行法治、依法办事。[1]各级领导干部必须有一种厉行法治的历史自觉、使命自觉和行动自觉。要把握领导干部学法、尊法、守法、用法的重点内容。要立足时代背景,结合实际,以系统学习中国特色社会主义法治理论、深入学习以宪法为核心的中国特色社会主义法律体系、认真学习与本职工作密切相关的法律法规等为重点,推动各级领导干部深入系统地学习法律知识,牢固树立基本法治观念,养成法治思维习惯和法治行为习惯,使之成为法治建设的中流砥柱。要紧扣经济社会发展实际,紧贴领导干部职业特点,采取有效措施,不断创新领导干部学法方式方法,全面提高领导干部法治教育的针对性和实效性。要以考促学、以学促用,把法治建设工作实绩作为领导干部任职、晋升、考核的重要依据,作为每个领导干部的必修课。严格落实党委(党组)中心组学法、政府常务会议会前学法或专题学法制度,重点学习宪法、基本法律、有关依法行政的法律法规、与本职工作相关的法律法规、有关预防和惩治职务犯罪的法律法规、党章党规等及典型案例。坚持把领导干部学法列入每年的年度培训计划,在党校(行政学院)每期的领导干部培训班上把法律课程作为必修课。县级纪委、组织部、法制办对新任职的副科级以上领导干部进行法律法规廉政知识考试培训,把干部的学法考法与选人用人有机结合起来,形成鲜明的用人导向。建立领导干部培训档案,将领导干部每年落实学法考法、撰写学法体会等情况记入领导干部培训档案,作为考核检查的重要依据,并健全干部考核评价体系。县域各级领导干部在掌握法律知识的基础上,还要坚持法治教育与法治实践相结合,运用法律知识深入推进法治实践,把对法治的尊崇、对法律的敬畏转化成思维方式和行为方式,依法设定权力、规范权力、制约权力、监督权力。加大对以言代法、以权压法、徇私枉法等权力法外运行现象的防范纠正,确保权力在法治轨道上行使。推动各级领导干部自觉依法决策、依法管理、依法办事,不断提高各项工作的法治化管理水平,带头营造出办事依法、遇事找法、解决问题用法、化解矛盾靠法的法治环境。要加强领导干部尊法、学法、守法、用法的制度保障。要领导干部带头尊法、学法、守法、用法,关键要建立健全的制度,要进一步构建较

---

〔1〕 习近平总书记在2015年2月举行的省部级主要领导干部学习贯彻十八届四中全会精神全面推进依法治国专题研讨班上的讲话,参见《领导干部要做尊法学法守法用法的模范 带动全党全国共同全面推进依法治国》,载《人民日报》2015年2月3日版。

为完备的法治教育制度链条，推动领导干部法治教育的系统化、长效化，以领导干部这个“关键少数”引领广大群众这个“绝大多数”自觉守法、遇事找法、化解矛盾靠法、解决问题用法。要全面建立领导干部法治教育的规划体系，大力推行领导干部任前法律知识考试制度，加强党校（行政学院）法治培训制度，建立领导干部庭审旁听制度，全面强化考核考评制度，加强对各级党组（党委）中心组学法制度以及领导干部述职、述廉、述法制度贯彻情况的监督考核。要强化领导干部尊法、学法、守法、用法的组织领导。党政主要负责人要从战略和全局的高度，强化政治责任和领导责任，切实履行领导干部法治教育第一责任人的职责，统一规划、统一协调。党委组织、宣传部门和政府司法行政、人事等相关部门要在党委的统一领导下，按照职能分工和干部管理权限，认真履行职责，加强协同配合。要统筹各方力量，着力建立以法学专家为主体的师资专家库，依托高等院校、科研院所和社会培训机构，加大培训力度。要建立多元化的领导干部法治教育工作质量监管和规范管理机制、激励推进机制，强化动态管理。要加强党风廉政法治建设，扎实推进作风建设制度化、规范化和常态化，健全监督体系，严格规范权力行使，依规管党、治党。深入开展党风廉政建设和反腐败斗争，严肃查处领导干部违法犯罪行为，把权力关进制度的笼子，真正做到干部清正、政府清廉、政治清明。

要紧紧抓住社会公众这个“最大多数”，着力提升人民群众法治意识，夯实县域法治建设的群众基础。以增强法治宣传实效为主线，以法治文化建设为抓手，以落实“谁执法谁普法，谁主管谁负责”的普法责任制为机制保障，以建设法治县（市、区）为目标，针对不同群体、根据实际需要，着力加强法治宣传教育的工作理念和方式方法的创新，增强普法的针对性、实效性。精准普法，把握群众的法律需求。精准把握社会公众的法律需求，将普法重心从“广撒网”转变为“精聚焦”，根据普法对象的年龄、知识层次、所处社会阶层以及关注的热点和重点等因素调整普法内容，分级、分主题地进行法治教育。同时，为更加贴近群众对法律的需求，进一步提升普法宣传的渗透力和感染力，着力构建“点单式”法治宣传新模式、“智慧普法”“指尖普法”等新模式，推动法治宣传服务提档升级。在加大有形化阵地建设的同时，充分发挥新媒体作用，组建以普法网为核心、各部门普法专栏和民间普法博客参与的“网络普法联盟”，开通周末手机普法报，开辟普法官方微信，将丰富、多元、适口的普法产品搬到了网上，将深奥的法律理论“转译”成群众喜闻乐见的文字或影像，寓教于乐，让学法成为一种乐趣。加强普法志愿者队伍建设，为推动创建法治县（市、区）提供坚强的基层法治人才保障。依托律师、法官、教师、法律服务工作者、治调主任、司法助理、大学生村官、应届大学毕业生、社会“五老”人员、社会贤达人士等在当地有威望、有地方工作经验、有相当法律素养的优秀资源，在每个村民小组各配备一名“法律明白人”，肩负起为广大市民进行法律咨询、人民调解、法治宣传的重任。注重在公安、法院、检察院、司法局、法制办、党校及市直相关部门抽调业务骨干组建“法律六进”普法讲师团。同时，要按照党的中共十八届四中全会《决定》中关于“建立重心下移、力量下沉的法治工作机制，推进法治干部下基层活动”的要求，充分发挥法治专业队伍作用，在法院、检察院、公安局、司法局、法制办、律师事务所及相关部门抽调业务骨干担任基层村社区和企业法治建设工作指导员，为全面提升基层法治教育水平提供服务。

（3）坚持不懈地开展普法活动，不断提升法治宣传教育实效

要精准对接需求，紧扣大局和中心任务，更加注重从经济社会发展和人民群众的实际需求出发，找准法治宣传教育工作与社会关注、百姓关心事项的契合点，针对不同地区、不同时期、不同群体的特点和需求，推动开展个性化、订制化的法治宣传服务，在精准满足群众差别化需求中提升实效。要丰富创新形式，深化“法律六进”等系列宣传活动，强化法治文化阵地建设，积极打造“智慧普法”平台，推动法治宣传教育向社会面上拓展、向基层延伸，在浓厚氛围、熏染中成风化俗，不断提升公民的法治素养。健全普法宣传教育机制是增强全民法治观念的重要保障。普法宣传教育是一项系统性工程，需要通过加强领导法治意识、明确责任、健全制度来提高全社会普法工作的实效。要按照党的十八届四中全会指出的“各级党委和政府要加强对普法工作的领导，宣传、文化、教育部门和人民团体要在普法教育中发挥职能作用”，加强对普法工作的组织领导，更加有效地动员全社会力量开展普法，形成普法工作全民参与、普法成果全民共享的良好氛围。全面贯彻四中全会首次提出的“把法治教育纳入国民教育体系，从青少年抓起。在中小学设立法治知识课程”的要求，切实将普法教育纳入国民教育体系，坚持法治教育从青少年抓起，将法制教育纳入中小学教育计划，在中小学课程中增设法律课程，在有条件的中小学配备知识面广、业务能力强的专职法制教育教师队伍，坚持科学、连续、系统的法律知识传授，切实增强青少年法治意识，努力使每一个人从青少年时代就开始建立起知法、信法、守法的法治理念。

(4)坚持以制度来规范约束,抓实重点对象的学法用法

要推动建立、健全党委(党组)中心组学法、任职法律考试、年度述法等制度,全面加强领导干部法治思维、法治能力建设。要细化落实国家机关"谁执法、谁普法"的普法责任制,大力开展"以案释法"活动,推动法官、检察官、警官、律师、行政执法人员等在执法活动和法律服务中进行法治宣传教育,落实各部门及社会各单位的普法责任。要积极推进把法治教育纳入国民教育体系,设立青少年法治教育大纲,完善法治教材体系,建设青少年法治教育基地,进一步形成学校、家庭、社会"三位一体"的青少年法治宣传教育工作格局。要督促加强企业法律风险防控,使"依法、合规、公平、诚信"成为企业的普遍认同和行动自觉。要采取思想教育、内外监督、制度约束三者为一体的方式,加强法治工作队伍建设,不断夯实法治建设的根基。要以各种形式多样、丰富多彩的活动为载体,促进法治宣传教育"入心入脑"。县级司法部门要通过开展各种主题活动,切实加强法治工作队伍的思想建设,增强法治工作人员的公正执法意识。要推行执法监督巡视员制度,吸纳具有丰富业务知识和法律实务经验的老同志、律师、媒体记者等,对行政执法部门进行执法监督巡视,促进公正执法;各行政执法部门要采取召开座谈会、走访各界人士、发放测评表和征求意见表、公布监督信箱、与媒体联姻创办专刊等形式开门纳谏,认真接受社会各界的监督,广泛征求意见和建议,增强执法工作的透明度和公信力。

(5)坚持以阵地为平台、活动为载体,不断加强法治文化建设

大力推进社会主义法治文化建设,充分发挥法治文化在法治建设中的教育、熏陶、示范、引领作用,用优秀的法治文化作品、高效的法治文化服务,推动法治理念、法治精神在全社会的树立与传播。这既是适应社会主义文化的现实需要,也是深化创新法治宣传教育工作的客观需要。加强法治文化阵地建设。要落实法治文化发展扶持政策,把法治文化阵地作为法治教育的重要载体,推动县、乡、村三级建立法治文化活动阵地、设施建设,按照主题鲜明、格调高雅、因地制宜、注重实效的原则,建设不同类型、不同特色、不同规模的法治场馆、法治画廊、法治文化广场、法治文化街区,使法治文化阵地覆盖每个县(市、区)、乡镇街道和村(社区)。依托图书馆、博物馆、展览馆、纪念馆、群艺馆、文化馆、文化站、农家书屋、社区文化中心等,逐步完善基层法治文化公共设施体系,方便人民群众就近、经常参加法治文化活动。加强各类法治文化阵地的管理,切实发挥其应有功效。要强化法治文

化理论研究，大力推动法治“智库”建设，积极拓展法治文化建设研讨交流新途径。这就需要通过开展多层次、多形式的法治文化建设理论研究，组织引导理论界、实务界从不同角度，丰富社会主义法治文化的内涵，探讨加强社会主义法治文化建设的途径，把握社会主义法治文化建设的规律，改进社会主义法治文化的传播方式，力求把社会主义法治的内涵要求具体化、形象化、生动化，为全面提升社会主义法治文化建设水平提供先进的坚实的理论支撑。还需要推动法治文化产品创作，充分发挥优秀文艺文学作品和优质文化服务的重要作用，组织建立法治文化作品创作专家库，完善法治影视戏曲作品开发、推广、扶持政策，把法治题材纳入文学艺术创作，舞台艺术表演，电影、电视剧和动画制作，报刊、图书、音像电子与网络出版计划，着力打造一大批思想性、艺术性和观赏性有机统一、深受群众喜爱、在全国有较大影响的法治文化精品力作。适时组织作品征集、评奖等主题活动，不断增强法治文化作品的渗透力。要充分调动广大人民群众参与法治文化建设的积极性、主动性和首创精神，扎实开展丰富多彩的基层群众性法治文化活动。积极组织不同层次的法治文化成果展，广泛开展各个层面的“学法用法示范单位”“法治人物”“法治事件”“法治好新闻”命名评选，以及法律知识竞赛、学法用法演讲、法治故事宣讲、法治文艺汇演、法治电影巡映、法治书画展览、法治图书阅读等法治文化活动，推动形成法治文化活动长效机制。要扶持和鼓励文化馆、图书馆、艺术团体、电影公司等文化部门开展形式多样的法治文化成果“六进”活动，丰富优秀法治文化作品的宣传、展演和展示工作，不断扩大法治文化的引导力和影响面，实现法治文化建设政府主导与社会参与的良性互动。要不断加大法治文化传播力度，充分运用大众传媒和现代传播手段，努力打造技术先进、传输快捷、覆盖广泛的社会主义法治文化传播平台，形成“舆论全覆盖、媒体全联动”的法治文化传播态势，通过各种传播途径和手段，使社会主义法治的内涵和要求家喻户晓、深入人心。以视觉文化和听觉文化感染人、熏陶人、影响人，运用各种人民群众喜闻乐见的文艺形式，充分发挥优秀文艺作品和优质文化服务的重要作用，加强对法治的情感认同和心理认同，促进社会主义法治文化繁荣和发展。

六、社会治理与法治社会

习近平总书记强调：“全面推进依法治国，基础在基层，工作重点在基层。”基层是社会的基石，也是法治建设的主战场。基层法治建设水平的高低，直接影响着全面推进依法治国、建设法治中国的进程，关系着国家治理体系和治理能力的现代化。基层是法治建设的创新源泉，第一手的鲜活信息在基层，第一线的实践经验在基层，只有基层的首创精神，才能为法治中国建设注入源头活水，带来不竭动力。基层是法治建设的试金石，法治建设的政策措施是否符合实际，基层感受最真切。为此，要全面推进依法治国、建设法治中国，必须加强基层社会治理，夯实基层基础，把功夫下在基层，把力量集聚到基层，只有这样才可以为法治中国建设稳步推进奠定坚实的基础。要深入推进村（居）民依法自治，有效落实基层群众的知情权、参与权、监督权；大力促进企事业单位依法管理和诚信经营，依法完善以企业职工代表大会为基本形式的企事业民主管理制度，支持各行业组织依法设立、诚信服务、严格自律，发挥市民公约、乡规民约、行业规章、团体章程等社会规范在社会治理中的积极作用，大力推进“政社互动”，充分发挥人民团体和社会组织在法治社会建设中的重要作用。要深入推进社会治安综合治理，完善立体化、现代化的社会治安防控体系，完善特殊人群服务管理制度，构筑全方位、动态化社会矛盾纠纷排查机制，健全安全生产法律法规和安全预防控制体系，依法落实社会风险和突发事件隐患排查监控责任，保障人民群众生命财产安全，牢牢坚守社会平安的底线。要改革信访工作制度，将信访纳入法治化轨道，依法规范信访秩序，建立及时就地解决群众合理诉求机制，严格实行诉访分离。通过法定途径分类处理信访请求，引导群众在法治框架内解决矛盾纠纷，完善涉法涉诉终结制度，不断强化法律在维护群众权益、化解社会矛盾中的权威地位。在加强基层治理中要注重把握以下几个环节：

（1）要不断加强法治建设的基层基础工作。建立健全法治建设工作组织体制和工作机制，逐步形成基层法治工作组织网络。不断增加各种形式的法治服务平台，在畅通基层群众利益诉求渠道、完善村（居）民委员会自治功能、扩大公民有序参与基层民主法治实践等方面发挥积极作用，有效保障基层人民群众的知情权、参与权、表达权、监督权。积极推广“法治服务中心”“公民法治驿站”等法治服务平台。法治创建载体在县域范围内实现全覆盖，形成以法治县（市、区）创建为主体，以依法行政、公正司法、法治文化示范点创建为支撑，以乡镇（街道）和村（社区）及机关企事业等基层单位法治创建为基础的法治创建活动体系。

（2）要不断提升基层社会治理法治化水平。中央作出加强和创新社会管理的战略部署后,各县(市、区)要紧紧围绕“以社会治理创新深化法治建设,以法治建设提升社会治理水平”这一基本要求,坚持以法治理念引领社会治理创新,发挥法治在社会治理中的基础性、引领性、保障性作用。落实“一委一居一站一办”社区管理架构,推动基层政府治理与群众自治组织的有效衔接与良性互动,不断提高城乡居民自我管理、自我教育、自我服务水平。有序发展社会组织,使其在扩大群众参与、反映群众诉求、化解矛盾纠纷、加强社会管理等方面发挥积极作用。不断推进企业法治建设,全面建立法律风险防范机制。普遍建立并有效落实社会稳定风险评估和环境影响评价机制。建立健全以党和政府为主导的维护群众权益机制,不断畅通与规范人民群众的诉求表达、利益协调、权益保障渠道。加强社会治理法制建设,加快流动人口与特殊人群管理、城市建设等社会治理领域的建章立制和地方法规建设步伐。

(3)要不断提高公民参与县域法治建设的积极性。最大限度地调动广大人民群众参与法治建设的积极性和创造性,使法治建设的过程成为提高人民群众法律意识和法治观念的过程,使法治建设活动深深扎根于人民群众之中。在解决人民群众反映强烈的突出问题、让人民群众得实惠的过程中,使人民群众能够真真切切地看到法治建设的进步,实实在在地享受到法治建设带来的成果。

(4)要不断探索县域法治建设的创新实践。法治建设必须在实践中不断探索,在探索中不断创新,在创新中不断发展。要根据形势任务的发展变化,不断丰富建设内容,破解建设难题,突破制约法治建设的“瓶颈”。要始终坚持和大力发扬人民群众的首创精神,及时发现和总结推广基层群众创造的新鲜经验,为深入推进法治建设注入新的活力。要发挥法治文化对法治实践的滋养作用,不断加强区域法治建设理论研究,努力形成一批既符合时代精神又务实管用的理论研究成果,使工作思路、政策措施、工作方式更加适应法治建设实践的要求,通过先进的法治理论更好的指导法治实践。

(5)要不断提升人民群众对县域法治建设的满意度。在法治建设进程中,要坚持把“法治为民办实事”作为法治建设工作的出发点和落脚点,认真实施包括城乡建设、环境整治、征地拆迁、安全监管、社会保障、执法监督、司法救助等内容的法治惠民实事工程,推进法治实事工作规范化、制度化,有效维护人民群众的合法权益,促进法治建设整体水平的提升,提高人民群众对县域法治建设的满意度。

七、小结

县域法治建设的探索创新，要始终坚持以人为本，坚决落实中共十八届四中全会《决定》提出的"坚持法治建设为了人民、依靠人民、造福人民、保护人民，以保障人民根本权益为出发点和落脚点"的新要求，始终坚持党的领导，依法施政、依法行政，坚持以权利保障、全民守法为重点，以基层社会治理、基层民主自治为载体，不断提升县域治理法治化水平，不断提升人民群众对法治建设的满意度和获得感。

第五章　县域社会治理法治化

法治是治国理政的基本方式。中共十八届三中全会明确改革的总目标是完善和发展中国特色社会主义制度,推进国家治理体系和治理能力现代化;中共十八届四中全会明确法治建设的总目标是建设中国特色社会主义法治体系,建设社会主义法治国家,中国特色社会主义法治发展进程同社会治理现代化进程内在高度契合。“创新社会治理必须着眼于维护最广大人民根本利益,最大程度增强和谐因素,增强社会活力,提高社会治理水平。”而实现县域法治发展的功能性目标正在于为区域社会治理体系的建立和完善提供制度保障,奠定法治基础,激发社会发展活力。从这个意义上来说,加快推进县域社会治理法治化,是推进我国治理体系和治理能力现代化的重要战略基础。

一、社会转型期加强县域社会治理的重要性

当前,我国社会正处在深刻的社会转型期,随着多元利益格局的形成,因利益诉求而引发的各种矛盾纠纷不断增多且交织叠加,已经成为影响社会稳定的棘手问题。这些矛盾纠纷发源于基层,集中于县域。县域治理体系是国家治理体系的有机组成部分和基础环节,也是国家治理能力的直接反映。县域区划作为地方的下级政府,所辖人口占到全国人口总数的60%,可以说,县域社会

治理搞好了,国家政局稳定就有了坚实的基础,“郡县治则天下安”。唯有积极运用法治思维和法治方式创新社会治理,不断提升县域社会治理法治化水平,妥善解决社会转型过程中的诸多社会问题,才能最终推动国家治理体系和治理能力现代化目标的实现。

(一)社会转型给社会治理领域带来新的课题

社会转型,顾名思义就是社会之型的重大转变。这个概念源自西方现代化理论和发展社会学理论,率先在社会学、经济学等学科使用,用来表示一个社会正在经历的深刻变革和巨大转折,呈现的是一种社会发展状态的变化、一个历史阶段抑或一种趋势,是一个动态的过程。而从一种社会之型转变为另一种社会之型之间的过渡时期,就是我们通常意义上所指的社会转型期,社会转型期是每个发达国家都经历过的社会发展历程。

自改革开放以来,随着我国经济社会的不断发展,特别是工业化、信息化、城镇化、市场化、国际化不断加快,我国经济体制深刻变革、利益格局深刻调整、社会结构深刻变动、思想观念深刻变化,社会活力得到显著增强。同时,社会转型期所具有的焦躁不安情绪蔓延、利益冲突加剧、社会风险频发、公众需求多样、社会竞争激烈等特征表现鲜明;经济社会发展水平和阶段性特征集中反映到社会治理领域,如人口资源环境之间矛盾日益凸显、社会矛盾纠纷多样多发、流动人口与特殊人群服务管理任务繁重、社会稳定风险交织叠加,公共安全风险面广量大、信息网络管理运用面临严峻挑战、非公有制经济组织和社会组织服务管理有待完善等,都给社会治理带来一系列新课题。

从经济层面来看,在我国经济体制深刻变革和经济快速发展的进程中,随着经济结构战略性调整的不断推进,大批人员需要下岗转岗,以多种形式创业就业;随着农村生产力不断发展,大批农村富余劳动力需要转移就业;地区之间、城乡之间的发展差距以及部分社会成员之间的收入分配差距依然较大,统筹兼顾各方面利益难度加大;随着多种所有制经济共同发展,社会组织形式需要作出相应变动;工业用地、城市用地需求急剧增加,容易在农村土地征用、城镇房屋拆迁中产生大量矛盾;长期存在的粗放型发展方式在安全生产、环境保护、产品质量等方面引发不少社会问题,等等。这些问题在我国经济快速发展过程中都是难以完全避免的。我国用三十多年时间实现的快速发展,相当于西方发达国家用上百年时间才走完的发展历程,西方国家在不同时期渐次出现的许多矛盾和问题在我国相对短的时间里集中表现出来。当前和今后相当长一个时期，为实现我国发展战略目标，我国仍然要坚持以经济建设为中心，坚持发展是硬道理，特别是在加快转变经济发展方式过程中，需要着力解决经济发展中长期积累的深层次矛盾和问题，这就导致社会结构、社会组织形式、社会利益格局等方面将会继续发生深刻变化，既有的社会矛盾、问题与新生社会矛盾、问题将会长期存在。

从社会层面上看，在改革开放推动下，社会流动性和开放性显著增强。例如，计划经济时期我国实行以"单位制"和城市街居、农村社队制相结合的基层社会治理模式，党和政府主要通过单位、街居、社队联系群众、整合社会利益、调节社会矛盾。现在，机关和企事业单位等承担的社会治理功能大部分已经剥离出去，越来越多的人由"单位人"变成"社会人"。非公有制经济组织、新社会组织等快速发展，城乡流动人口大量增加，导致城乡结构、就业结构、人口结构、居住结构等发生重大突化，这些都对社会治理提出了新要求。

从思想文化层面看，改革开放以来，人们思想活动的独立性、选择性、多变性、差异性明显增强。一方面，人民群众文化消费多层次、多方面、多样化的特征更加明显，公平意识、民主意识、权利意识、法治意识、监督意识不断增强。另一方面，我国思想道德领域出现了一些不容忽视的现象，诸如一些人理想信念出问题，一些腐朽落后思想文化沉渣泛起，拜金主义、享乐主义、极端个人主义有所滋长，部分社会成员思想道德失范，有些人世界观、人生观、价值观发生扭曲，一些人心理失衡、道德失范，引发了一些社会矛盾和问题。

近些年来，随着各地区、各部门对社会治理的重视程度不断提高、支持力度不断加大，一些社会矛盾纠纷得到了较好的化解和处理，但社会治理中的各方面问题仍然不同程度存在。这些存在的问题，原因是多方面的，既有现阶段经济社会发展水平限制带来的问题，也有社会治理理念思路、法律政策、方法手段等方面不适应带来的问题；既有长期历史遗留的问题，也有社会深刻变革带来的问题；既有思想观念上的问题，也有体制机制上的问题。要妥善解决好社会治理领域存在的这些问题，需要我们增强紧迫感，坚持不懈地在社会治理理念思路、体制机制、方法手段等方面大胆实践和探索研究。

（二）社会转型期对县域社会治理提出新要求

面对社会转型期矛盾积聚、稳定风险增大、社会多元化等因素给社会治理带来的挑战,我们必须着力改变日常社会治理中的思路、机制、法律、政策、方法和手段等方面存在的不适应问题,谋求与社会主义初级阶段基本国情相适应,与社会主义市场经济体制和我国政治制度相适应,与开放、动态、信息化社会环境相适应的治理理念,以先进的理念带动社会治理水平的提升。具体来说需做到以下几点:

第一,要注重以人为本。社会治理,说到底是对人的管理和服务,要真正使社会治理“接地气”,就必须坚持以人为本、执政为民,增强对群众诉求的回应能力,从群众路线入手,强化群众参与理念,健全群众参与体制机制,使群众路线和群众观点贯穿在社会治理工作的始终。在日常管理中,一些政策、措施、工作之所以得不到一些群众的理解支持,甚至引发矛盾冲突,一个重要原因就在于思想观念、管理方式、工作作风等方面没有充分尊重群众、贴近群众、依靠群众、保护群众、服务群众。一些社会治理职能部门和工作人员习惯于以管人者自居,居高临下,服务意识淡薄;有的把部门利益和个人利益凌驾于公共利益、群众利益之上,与民争利,甚至出现乱收费、乱罚款的现象。加强社会治理,必须要贯彻全心全意为人民服务的根本宗旨,坚持人民主体地位,把群众满意不满意作为工作的出发点和落脚点,以人民群众利益为重、以人民群众期盼为念,充分尊重人、理解人、关心人,让人民群众切实感受到权益受到保障。

第二,要注重多方参与。现代社会治理既是政府向社会提供公共服务并依法对有关社会事务进行规范和调节的过程,也是社会自我服务并依据法律和道德进行自我规范和调节的过程。在日常的社会治理中,一方面要不断提高政府的社会治理能力和成效,另一方面要不断增强社会自我管理能力。目前,一些地方社会治理部门服务意识和能力亟须加强,一些群众组织行政化问题依然存在,一些地方的城乡社区自我管理、自我服务功能还没有充分发挥出来,人民群众参与社会治理和服务的渠道仍显不宽。要从传统的单一的管理转向符合时代发展要求的协同治理,做到多方参与、形成合力,在发挥好党委领导核心作用和政府主导作用的基础上,发挥好各种社会力量在社会治理中的协同、自治、自律、他律、互律作用,充分调动人民群众参与社会治理的积极性、主动性、创造性,形成推动社会和谐发展、保障社会安定有序的合力。

第三,要注重源头预防。社会在快速发展过程中不可避免会发生一些社会矛盾和问题,关键是要及时发现矛盾和问题,分析研究其产生的原因、发展的规律,从源头上主动解决问题、减少矛盾,把社会治理的关口前移,不断增强工作的前瞻性、主动性、有效性。一方面,政府的各项决策在做到前要广泛听取群众意见,经过充分论证和必要听证,保证决策符合客观实际,符合群众要求;另一方面,要将各种利益诉求的解决、利益矛盾的削减,尽可能放在群众自治范畴和基层工作范围内解决,增强社会和谐,激发社会活力。要积极构建探索源头治理、动态协调、应急处置三者相互衔接、相互支撑的治理机制,最大限度地使社会矛盾不积累、不激化,使突发事件不蔓延、不升级。这不仅仅是社会治理部门的责任,也是各级党委和政府、各部门、各单位的共同责任。

第四,要注重统筹兼顾。当前,我们面临的社会矛盾和问题,很多是源于利益诉求,而且往往是历史遗留下来的老矛盾、老问题与发展中出现的新矛盾、新问题交织在一起而成后。这就要求我们必须按照统筹兼顾的要求,正确反映和协调各个方面、各个层次、各个阶段的利益诉求,兼顾好各方面群众关切的问题,正确处理权利和责任、利益和风险的关系,让政府、社会组织、企业和公众都认识、明确其参与和推动社会治理现代化的责任,鼓励社会各方面参与社会事务和公共管理;做到善于引导教育人民群众,不断提升公众的责任意识和判断能力,完善公众参与公共活动的机制,实现社会治理多元主体互动,促进社会动态平衡。同时,要学会更多地运用民主的方式、群众路线的方式、说服教育的方式,努力通过平等的沟通、协商、协调、引导等方法进行社会治理。

第五,要注重综合施策。从一定意义上讲,市场经济就是法治经济。在中国特色社会主义法律体系已经形成,全党全国致力于全面推进依法治国、加快建设社会主义法治国家的新形势下,切实加强相关领域立法、执法工作,大力推动各项社会治理工作做到有法可依、有法必依。要加强社会主义法治理念教育,坚持依法执政、依法行政、公正司法,维护群众合法权益,维护社会和谐稳定。要大力加强法治宣传教育,在全社会树立依法办事、守法光荣的风尚,引导群众理性合法地表达利益诉求。要综合运用经济调节、行政管理、道德约束、心理疏导、舆论引导等手段,规范社会行为,调节利益关系,减少社会问题,化解社会矛盾。要把广泛运用现代信息技术作为社会治理的有效手段,充分发挥“互联网 +”(大数据)对社会治理的促进作用,提升社会治理信息化水平。

（三）推进县域社会治理法治化的重要性和必要性

县域治理的重要性来自县政的重要性。在中国现行省、市（地级）、县、乡（镇）四级地方政府行政建制中，县政介于省市和乡镇之间，具有承上启下、沟通上层和基层的重要作用。县域社会治理工作具有其自身特点，县级行政建制特点也决定了县域社会治理工作的内容和目标，其与党和国家的社会治理的工作内容、目标既相同又不同。李克强总理指出，“我国是单一制国家，实行中央统一领导、地方分级管理的体制。对中央的大政方针，地方必须统一步调，不折不扣地贯彻执行。同时还要看到，我国是一个大国，各地情况千差万别，发展很不平衡，必须从实际出发，发挥地方因地制宜管理经济社会的作用”。[1]

随着社会转型，多元利益格局逐步形成，因利益诉求而引发的各种矛盾纠纷多数发源于基层，集中于县域。从近些年来发生的一些县域群体性事件来看，加强对县域社会治理特点的分析研究，探索我国县域社会治理路径的创新，对于推进县域法治社会建设、促进基层社会稳定发展、推动县域法治进程，进而实现国家治理体系和治理能力现代化具有十分重要的意义。具体来说：

第一，推进县域社会治理法治化，有利于夯实法治中国建设的根基。加强县域社会治理法治化，有助于为推动县域法治建设提供有力的社会支撑和有效的社会依托，从而为法治中国建设打下坚实的基础。只有各社会主体信奉法治、信守法律，形成全社会对法治的普遍信仰，铸就尊法、学法、守法、用法的社会环境，法治建设才有坚实的社会依托和广泛的群众基础，才能筑牢法治中国建设的发展根基，为社会治理纳入法治轨道注入生生不息的动力之源。

第二，推进县域社会治理法治化，有利于更加扎实地推进国家治理体系和治理能力的现代化。在当代中国，县域治理是国家治理体系的有机组成部分。推进县域社会法治化，要求发挥县域社会主体自我管理、自我约束、自我服务的功能，健全基层群众自治的制度规范，完善多元共治的运行体系，建立依法维权的矛盾化解机制，形成政社互动的良好格局，从而为实现

〔1〕参见李克强：《在地方政府职能转变和机构改革工作电视电话会议上的讲话》，载中华人民共和国中央人民政府网站：http://www.gov.cn/ldhd/2013-11/08/content_2523935.htm，最后访问日期：2017年1月13日。

社会治理现代化创造必要条件,提供重要保障。

第三,推进县域社会治理法治化,有利于深化全民法治教育、弘扬法治精神。全民守法是法治社会建设的基础,全民法治教育与县域社会治理法治化密切相关,没有全民尊法、学法、守法,社会治理法治化就无从谈起。深化全民法治教育,不仅要加强对法律知识、法律条文的传授,更要突出法治理念的塑造和法治精神的弘扬。推进县域治理法治化,有助于推动全民法治宣传教育从传授法律知识技能向传播法治价值理念转变,有助于塑造全社会法治信仰创造良好环境,有助于潜移默化、润物无声地增强公众对法律的认知、对法治的认同,进而促进公民法律意识和法律素质的不断增强,推动全社会法治信仰的有力提升。

第四,推进县域社会治理法治化,有利于依法化解矛盾、维护稳定。依法化解社会矛盾,切实维护人民群众合法权益,是社会和谐稳定的前提。法治社会就是公众广泛享有法律赋予的各项权利、切实履行法律规定的各项义务的权利和责任相统一的社会。推进县域社会治理法治化,就是以化解社会矛盾、维护基层民众基本社会权益、维护社会公平正义为目的,切实做到建立健全多元矛盾纠纷化解机制,畅通公民依法诉求渠道,保障公民依法享有对社会公共事务的知情权、参与权、表达权和监督权,切实维护公民的各项社会权利,落实基层群众自治,促进多元利益诉求理性沟通、社会矛盾纠纷依法解决、社会事务依法管理等方面,进而促进社会安定和谐。

(四)推进县域社会治理法治化的基本原则

法治是治国理政的基本方式,也是社会治理的基本方式。社会治理的核心是多方参与,而参与的方式是平等协商,将纵向结构变为扁平结构,这就需要一个共同的平台,这个平台就是法治。具体来说:

第一,必须围绕法治中国建设这个大局。建设法治中国的目标不能只是简单地将法治建设的任务切割为由各基层组织、各行业、各部门的任务来完成,而应统筹规划、协调发展和整体推进。县域社会治理虽然在空间范围上是特定的,就是县域的区划范围,其特定性要求治理要着眼于县域内乡镇和广大农村的社会实际,选择和运用切实可行的社会治理工具。但在推进县域社会治理的进程中,必须紧紧围绕“法治中国建设”这个整体和大局。当出现利益冲突时应主动让位大局,不能将局部工作和利益置于大局和整体利益之上,搞特殊化、地方保护、部门保护,借口服务地方发展,设置“禁区”和“特区”,破坏社会主义法治的统一,妨碍和影响党和国家的大局。

第二,必须坚持在党的领导下有序推进。坚持党的领导是社会治理法治化的鲜明特征,在推进县域社会治理法治化工作中必须要充分发挥党的政治核心和领导作用,保障县域社会治理工作扎实、有序推进。各级党委必须要统揽全局、协调各方,切实把社会治理纳入经济社会发展的总体布局,将其放在更加突出的位置,科学制定政策,支持政府履行职能,引导社会各方面积极参与社会管理和服务,把党的政治、组织优势转化为管理、服务优势;必须要有效发挥基层党组织的战斗堡垒作用,加强和改进党对基层治理工作的领导,并依托基层党组织,进一步加强基层治理组织建设,整合各方资源,壮大管理力量,组织基层单位和社会各方力量共同参与社会治理,推动形成齐抓共管的工作格局;必须要打造一支善于运用法治思维和法治方式深化改革、推动发展、化解矛盾、维护稳定的干部队伍,不断提升引领社会、组织社会、管理社会、服务社会的能力。

第三,必须以约束和规范公权力为重点。从一定意义上讲,法治建设的实质就是把权力关进制度的笼子里。县级政府必须严格依据"权力清单"行使权力,法定职责必须为,法无授权不可为。基层法院和检察院应该依法独立公正行使审判权和检察权,自觉运用法律机制抵制任何党政机关和领导干部违法干预司法活动的行为。要加强对县级政府的规范性文件进行审查和监督,保证其合法性和合宪性。要通过党内监督、人大监督、民主监督、行政监督、司法监督、审计监督、社会监督、舆论监督等各种机制强化对基层政府行使公权力的制约,不断健全权力运行制约和监督体系,有权必有责,用权受监督,失职要问责,违法要追究。

第四,必须以激发基层社会活力为目的。基层具有最为丰富的生活实践,对社会问题的反映最直接、最生动。县域社会治理工作的内容与民众生活密切相关,普通民众正是通过县域社会治理的优劣评价政府的工作乃至国家的治理能力的。治理理念的核心内容,就是组织民众广泛参与社会事务管理,在完善和创新县域社会治理中,首先要厘清国家和社会的分界,政府有所为、有所不为,坚持政企分开、政事分开,理顺政府与市场、政府与社会的关系;同时要促进各种社会组织的发展,促进基层政府与各种经济组织、社会组织、志愿者个人的合作共赢。县级政府应为社会主体预留充分的自治空间,支持其自我约束、自我管理,保障其自治权利,发挥市民公约、乡规民约、行业规章、团体章程等社会规范在社会治理中的积极作用;积极构建基层政府与社会之间的良性沟通机制,为民众提供参与公共决策的平台和机会，提高公众参与的水平，使民众成为良好社会秩序的创造者。

第五，必须以培育法治文化为基础。推进县域社会治理法治化，必须坚决摒弃“人治”观念，避免出现法治形式化、手段化、部门化等错误倾向。要加强法治文化建设，努力在全社会树立“法治的信仰”，尊重法律权威，坚守公平正义，确立以法治为基础的生活方式，使人们认识到法律不仅是全体公民必须遵循的行为规范，而且是维护公民权利的有力武器，增强人们自觉尊法、学法、守法、用法的意识。要健全普法宣传教育机制，着力实现法治宣传教育的普遍化、常规化和制度化。要加强公民道德建设，坚持德法并举，弘扬中华民族的优秀传统文化，将社会主义核心价值观融入法治建设中，增强法治的道德底蕴，以道德滋养法治精神，强化道德对法治文化的支撑作用。

二、以法治思维和法治方式推进社会治理创新

中共十八届三中全会《决定》从完善和发展中国特色社会主义制度、推进国家治理体系和治理能力现代化的高度，做出了创新社会治理体制的战略部署。中共十八届四中全会进一步提出推进法治社会建设的重大战略任务，强调要推进多层次多领域依法治理，提高社会治理法治化水平。法治是国家治理最基本的形式，也是社会治理的根本手段和最佳模式。善于运用法治思维和法治方式推进社会治理创新，就是要改进传统社会治理方式，推动社会治理各类主体在遵守法律规定、尊重法治精神、遵循法制逻辑的前提下，充分运用法治、依靠法律，调节社会关系、维护社会秩序、规范社会行为，依法化解社会矛盾、维护社会稳定，加快社会治安综合治理的法治化进程，最终在法治轨道上实现社会善治。

县域社会治理要针对出现的新变化、新情况，以变应变、以新应新，大力推动理念思路、体制机制、方法手段创新，切实提高社会治理法治化水平。具体来说：一是要更加注重精细治理。把精细化、标准化、常态化理念贯彻到县域社会治理工作中，注重数据分析、细节论证、流程管理，把社会治理工作特别是流动人口和特殊人群服务管理、社会矛盾预防化解、综合服务平台建设等重点工作要求转化为标准、原则转化为程序、政策转化为制度，增强工作规范性，减少工作随意性。二是要更加注重社会共治。动员社会各方积极投身县域社会治理实践，激发起社会自治、自主能动力量，推动形成党政主导、社会共治的社会治理体制，构建全民共建共享的社会治理格局。三是要更加注重科技支撑。紧紧抓住新一轮科技革命的契机，大力推动现代

科学技术与县域社会治理工作深度融合,用现代科技手段改造工作流程、创新工作模式,提高社会治理智能化水平。四是要更加注重联动融合。进一步整合县域社会治理政策资源、力量资源、服务资源、信息资源,提高工作要素集成度和综合利用率,推进县域社会治理由单项突破走向整体推进、由分散建设走向融合发展、由局部见效走向全面提升。五是要更加注重法治保障。善于从法治层面谋划治理思路、善于通过法治方式预防化解矛盾、善于运用法律手段防范打击各类违法犯罪、善于利用制度、机制、规范县域社会治理各项工作,不断提升县域社会治理法治化水平。

(一)社会治理的提出

"社会管理"中的"社会",是可以和政治、经济、文化并列的一个狭义概念。在我国,"社会管理"是进入新世纪以后才出现的新概念,在党提出"以人为本"的科学发展观以后,将"社会建设和管理"正式列入党和国家的工作职能。2004 年中共十六届四中全会上通过的《中共中央关于加强党的执政能力建设的决定》,第一次将社会建设和管理单列为一项工作任务。其中指出,社会事业就是指扩大就业再就业和社会保障、教育、科技、文化、卫生、体育,还有计划生育、节约资源、保护环境等各项事业,同时提出"加强社会建设和管理,推进社会管理体制创新"的工作任务,全会还提出了"建立健全党委领导、政府负责、社会协同、公众参与的社会管理格局"的工作目标。

中共十八大以来,以习近平同志为总书记的党中央高度重视社会治理和社会建设,提出了一系列新思想、新观点、新论断。中共十八大对社会管理体制在"党委领导、政府负责、社会协同、公众参与"的基础上增加了"法治保障"。中共十八届三中全会首次在文件中使用了"社会治理"这一概念,并就创新社会治理作出了重要部署。在中共十八届三中全会《决定》中提出要"紧紧围绕更好保障和改善民生、促进社会公平正义深化社会体制改革……加快形成科学有效的社会治理体制,确保社会既充满活力又和谐有序"。中共十八届四中全会《决定》指出,"加快保障和改善民生、推进社会治理体制创新法律制度建设"。这一系列重要论述为深入推进法治中国建设指明了方向,也为我们推动从社会管理向社会治理创新与转变提供了遵循的基础。要解决好社会治理工作中的各种纷繁复杂的问题,关键要创新社会治理理念思路、体制机制、方法举措,着力推动社会治理从管理走向治理。

推动社会治理从管理走向治理,首先应准确理解和把握管理、治理的内涵及其相互关系。管理是指一定组织中的管理者在特定的环境条件下,对所拥有资源进行有效的决策、计划、组织、领导、控制,以达到既定组织目标的过程,一般自上而下进行。治理是指各种公共或私人机构或个人管理其共同事务的诸多方式的总和,是使相互冲突的或不同的利益得以调和并且采取联合行动的持续过程,既包括自上而下的管理,又包括了自下而上的自治。

从管理到治理,虽然只有一字之差,但其内涵却发生了深刻变化。与传统的“社会管理”的主体仅仅是政府部门不同,“社会治理”中的“治理就是对合作网络的管理,指的是为了实现与增进公共利益,政府部门和非政府部门(私营部门、第三部门或公民个人)等众多公共行动主体彼此合作,在相互依存的环境中分享公共权力共同管理公共事务的过程”。“社会治理是在一个既定的空间范围内,由多元行动者运用各自权威对社会组织、社会事务和社会生活的规范、协调和服务的过程,其目的是满足社会需求,维持社会秩序。”[1]一定意义上说,治理是更加全面、更加系统、更高层次的管理。第一,治理是着眼根本的管理。管理的社会属性决定了其权力来自执政者的授权,以权力为先导,侧重于社会控制,通过管控、约束和整治等强制力加以实施。治理权力主要来自公众的认可,以权利为先导,注重对人的服务、管理,强调以人为本、服务为先,充分尊重群众、依靠群众、服务群众,解决好人民群众最关心、最直接、最现实的利益问题,努力促进人的全面发展,从而从源头上、根本上解决社会管理领域的问题,达到社会的长治久安。第二,治理是系统综合的管理。管理往往过多地依靠行政的单一手段,偏重处理特定阶段、特定层面、特定群体的诉求,通过管、控、压等办法加以实施。而治理则把社会作为一个有机整体看待,强调统筹兼顾、综合施策,把法律规范、行政管理、经济调节、道德约束、心理疏导、舆论引导等多种手段有机结合起来,把刚性管控、柔性服务和理性调和有机结合起来,协调各个方面、各个层次、各个阶段的利益诉求,推动社会管理领域各种问题的解决,促进社会动态平衡。第三,治理是主体多元的管理。管理主体局限于政府部门或社会公共机构,是其向社会提供公共服务并对有关社会事务进行规范和调节的单向过程,往往重政府作用、轻社会参与。而治理主体,不仅有政府部门、社会公共机构,还包括各种社会组织、企事业单位及公民个人等多元主体,通

---

〔1〕 何增科:《从社会管理走向社会治理和社会善治》,载《学习时报》2014年1月28日。

过多边互动和交往合作共同参与管理，形成党委、政府与社会力量互联、互补、互动的社会管理和公共服务网络，凝聚社会管理的整体合力。第四，治理是规范有序的管理。管理以法制为保障，通过严格实施法律、制度，以实现管理活动的各项目标。治理则以法治为保障，不仅注重形式意义上的法律制度及其实施，更强调实质意义上的法律至上、权利保障，不仅要求严格依法办事，还强调通过“善治”，强化社会规则意识，夯实社会运行基础，从更高层次上规范社会行为、维护社会秩序。

（二）以法治引领县域社会治理创新

县域作为具备完整行政功能的最低一级地方政府，县域社会治理的成效，直接关系到民生，并与国家的稳定、发展密切相关。大胆实践，积极总结经验，努力寻求县域社会治理法治化的新路径，是值得研究的一项重要任务。

1. 健全完善社会矛盾源头预防机制

实践表明，大量社会矛盾和问题涉及民生领域，必须通过加强社会治理、着力改善民生加以解决，并通过民生改善促进社会和谐。健全完善社会矛盾源头预防机制，不断强化源头治理，就是要将社会治理关口前移，着力解决影响社会稳定的源头性、根本性、基础性问题，最大限度地使社会矛盾不产生、不积累、不激化。要达到这个目标，需要做到以下几点：

一是健全完善社会稳定风险评估机制。实施社会风险稳定评估工作是维护群众合法权益、从源头上预防减少社会矛盾的重要举措。要注重从五个方面完善社会稳定风险评估机制，努力使评估过程成为倾听民意、化解民忧、赢得群众理解支持的过程。(1)要进一步强化群众参与。畅通民意表达渠道，采取公示、问卷调查、实地走访和召开座谈会、听证会等多种方式，广泛听取群众意见，在此基础上科学确定风险等级。(2)要进一步强化评估主体责任。县级党委和政府作出决策的，由党委、政府指定的部门作为评估主体，特别重大的决策事项，由稳评工作领导小组组织实施；有关部门作出决策的，由该部门或者与其他有关部门商议决定指定的机构作为评估主体。(3)要进一步强化评估结果运用。评估报告认为决策事项存在高风险的，应当区别情况作出不予实施的决策，或者调整决策方案、降低风险等级后再行决策；存在中等风险的，待采取有效的防范、化解风险措施后，再作出实施的决策；存在低风险的，可以作出实施的决策，但要做好解释说服工作，妥善处理相关群众的合理诉求。(4)要进一步强化评估制度建设。健全报备制度，县域各级各部门每年初围绕即将出台的重大决策，认真梳理确定需要开展稳评的事项，对新增的稳评事项要及时报备；建立重大项目联评制度，对涉及多地、多部门、多层级的重大复杂项目，督促评估主体组织相关单位开展联评。(5)要进一步强化责任追究。对不按规定的程序和要求进行评估，以及不根据重大决策稳评结论、无视社会稳定风险作出实施有关事项决策，造成较大或者重大损失等后果的，依照有关规定对责任人给予相应处分。

二是切实维护司法公正。公正司法事关群众切实利益，事关社会公平正义，是影响社会和谐稳定的一个重要因素，必须要下大力气通过严格教育、严格管理、严格监督，切实解决执法司法中不严格、不公正、不文明等问题，有效维护司法公正。一要强化执法教育。深入持久开展社会主义法治理念教育、政法干警核心价值观教育实践活动，进一步统一执法思想，引导广大干警从思想深处解决为谁掌权、为谁执法、为谁服务的问题，努力提高干警把握运用法律政策能力、群众工作能力、信息化实战应用能力、突发事件处置能力，始终保持忠于党、忠于国家、忠于人民、忠于法律的政治本色。二要严格执法管理。对容易发生执法偏差、人民群众反映比较强烈的案件，建立健全案例指导制度，规范自由裁量权的行使，进一步细化执法标准，细化执法、执勤、处突工作规范，确保政法干警做到既严格公正廉洁执法，又理性平和文明规范执法。三要严密执法监督。健全执法巡视、执法评议和案件评查制度，及时发现、解决执法司法中存在的不公正、不文明、不规范以及不作为、乱作为的情况；加强对立案、侦查、批捕、起诉、审判、执行、司法鉴定、公证等重要执法环节的监督；同时深入推进执法司法公开，建立集立案、办案、审批、查询、监督于一体的执法办案管理监督系统，实现管理监督全程化、实时化、公开化，努力做到以公开促公正、以透明保廉明。

三是构建社会矛盾纠纷排查调处机制。积极建立社会矛盾动态排查机制，建立健全社情民意定期分析汇报、矛盾纠纷零报告、矛盾纠纷分级预警和排查责任追究等制度，采取定期、集中、滚动和日常排查相结合的方式，构建动态排查矛盾纠纷的长效机制，不断提升对不稳定因素的预知预防能力。“大调解”机制改变了以往调处部门单一、调处手段简单的现象，有效地整合了社会资源、实现了整体联动，大大提高了调解工作的质量，有效提高了化解矛盾纠纷的针对性和工作效率，是新时期社会治理用整合的理念凝聚力量、用统筹的办法提升水平、用综合的手段解决问题的具体体现。进一步深化“大调解”机制，充分发挥党委、政府统一领导、政法综治牵头协调、调处中心具体负责、司法部门业务指导、职能部门共同参与、社会各方整体联动的运作模式的作用，最大限度地整合各种调解资源和调处手段。探索建立社会矛盾多元调处机制，不断创新发展社会矛盾调处体系，进一步完善人民调解、行政调解和司法调解协调运行机制和诉调、公调、检调等对接机制，健全县、乡、村三级矛盾调处工作平台，强化征地拆迁、医患纠纷、劳资纠纷、环境保护、职业健康、食品安全和交通事故、消费权益等专业调处工作，构建多层次、全覆盖的矛盾调处责任体系，提高矛盾纠纷整体化解效能。充分发挥基层干部、群防群治力量优势和社会工作者作用，广泛发展信息员、调解员，组织动员老干部、老党员、老模范等热心人士参与调解工作。充分发挥群众自治作用，探索创新如“民事民议”“民事民管”等形式，努力实现群众自我教育、自我服务、自我管理，依靠人民群众化解矛盾纠纷。通过设立专家咨询委员会、设立“两代表一委员”调解接待室、组织社会力量开展调处以及政府购买服务等办法，建立第三方参与的矛盾调处化解机制，提高矛盾调解的权威性、中立性、公正性。加强医疗卫生、劳动关系、征地拆迁、环境保护等领域的专业性、行业性调解组织建设，着力提高矛盾化解的针对性和实效性。

四是畅通群众诉求表达机制。畅通群众诉求表达渠道是保障公民申诉权利、密切党和政府同人民群众联系、舒缓社会紧张关系的重要措施。要继续发挥我国的信访制度在及时反映群众诉求、解决群众关心的利益问题等方面的积极作用，同时根据新的形势变化和实践的需要，积极探索民生热线、绿色邮政、网上信访、视频接访等创新手段，全面推行“阳光信访”，深入推进“大接访”“大走访”活动，把依法解决合理诉求作为重点。尤其是对信访积案，要找准症结、落实措施、包案化解，为群众快捷高效地表达诉求、提出意见建议提供更多便利。不断完善诉讼、仲裁、行政复议等法定诉求表达机制，推动群众的合理诉求在法治轨道上得到有效解决。充分发挥人大、政协、人民团体、社会组织、基层群众自治组织以及传媒等的社会利益表达功能，及时准确地反映人民群众最关心的利益问题，推动群众反映的问题能够在基层解决。健全群众利益保护机制，通过增加被征地拆迁农民在土地增值中的分配比例、同步考虑他们的就业和社会保障问题、建立严格的环保准入标准和承接地补偿机制、引入第三方评估监管机制等，依法妥善解决征地拆迁、环境保护等领域矛盾问题，确保群众权益受到公平对待、利益得到有效保护。健全群众利益协调机制，统筹好群众的现实利益和长远利益、个体利益和集体利益，不断改进群众工作方法，发动党员干部定期收集责任区内的群众意见、建议,有效帮助解决群众合理诉求,努力做到民意代言、事务代办、诉求代理。

2. 加强流动人口和特殊人群的服务管理

社会治理属于社会学范畴,其核心是对人的服务管理。实践证明,要实现社会和谐稳定,在县域社会治理中必须要注重抓好以特殊群体为重点的社会治理工作,不断健全完善以特殊群体为重点的社会治理网络,努力从源头上预防和减少违法犯罪。具体来说:

一是构建流动人口服务管理体系。人口流动是经济快速发展的产物,是与城镇化进程伴生的人口现象。流动人口的服务管理是当前很多县级党委、政府在抓社会治理中遇到的一件急事、难事,其给县域公共资源供给、社会公共服务体系运作和社会治安稳定等带来了压力和考验,必须要积极适应动态化、法治化、社会化治理的要求,妥善予以应对。坚持把流动人口服务管理纳入县域经济社会发展规划,着力解决流动人口在劳动就业、社会保障、子女入园入学、医疗卫生、住房等方面存在的实际问题,加强对农民工特别是新生代农民工的人文关怀,逐步实现基本公共服务由户籍人口向常住人口全覆盖,大力推进如流动人口服务管理中心等服务站点建设,帮助流动人口融入当地生活。加大外来人口就业和保障力度,提升外来人员集中住宿、集中服务、集中管理水平,严密管控以出租屋为重点的流动人口落脚点,进一步完善可疑流动人口网上跟踪管控机制,主动挖掘打击犯罪。扎实推进流动人口信息社会化采集工作,构建社会化信息采集平台以及外来人口信息数据库和服务平台,切实提高服务管理效率,完善"以证管人、以房管人、以业管人"模式,随时掌握各类人口动态变化情况,不断健全综合管理运行机制。着力加强流动人口中党组织、共青团组织建设,发挥流动党、团员在流动人口服务管理中的积极作用。

二是构建特殊人群服务管理体系。做好特殊人群服务管理工作,必须要把管理与服务、控制与疏导、改造与帮扶有机结合起来,着力创新特殊人群服务管理体系,提高服务管理水平。积极探索推广建设特殊人群服务管理基地等有效做法,推进特殊人群服务管理基础设施建设。例如,由政府主导,综治办、司法行政等部门牵头,相关部门共同参与,建设具有食宿、教育、培训、救助等功能的综合管理服务基地,推动在县(市)层面建立刑释人员和社区服刑人员综合管理服务基地、易肇事肇祸倾向的精神病人收治中心等。落实分类管理措施,推动建立特殊人群数据库和信息化管理平台,健全社区服刑人员衔接管控机制、刑释人员有效安置机制、吸毒人员定期排查和动态管控等制度机制,全面提高特殊人群服务管理的综合效能。加大政策保障力度,推动有关部门分类研究制定促进特殊人群就业和社会保障工作的相关政策,坚持“帮教科学化、安置多元化、管理信息化、工作规范化”的工作思路,认真落实刑释人员帮教安置工作措施,按照合理比例配备社区矫正、禁毒和安置帮教社工,做好规范化的衔接管理,畅通多元化的安置渠道,开展多层次的帮教活动,提高特殊人群服务管理工作社会化水平。

三是强化预防青少年违法犯罪工作。积极开展形式多样的青少年思想道德教育和法治教育,注重做好对在校生的普遍性预防工作,努力减少在校生违法犯罪。大力开展校园及周边治安秩序整治、“扫黄打非”和文化市场管理,积极创新形式,引导青少年采取理性、合法、有序的途径反映诉求,净化青少年成长的社会环境。探索开展青少年事务专职社工试点等工作,提升预防青少年违法犯罪工作的职业化、专业化水平。加强对有不良行为青少年的教育、帮扶、矫治、管理,建立健全流浪儿童救助机制,对心理和行为偏执、对现实社会不满的青少年,要建立心理干预机制,及时对其疏导不良情绪、化解心理危机、培养健康心态。落实对特殊未成年人的抚养、监护、教育、管理等方面的救助政策和措施,努力降低未成年高危人群犯罪率。加强对流浪未成年人等特殊青少年群体的救助保护、帮助教育和疏导矫正。

3. 推进公共安全体系建设

随着工业化、信息化、城镇化、市场化、国际化进程日益加快,社会利益主体日趋多元化,人流、物流、资金流、信息流不断加快,社会公共安全面临更重的任务、更大的压力。面对社会治安的新形势、人民群众的新期待,只有切实加强和深入推进公共安全体系建设,打造社会治安防控体系升级版,努力提高驾驭动态条件下社会治安局面的能力和水平,才能跟上时代步伐,不断提升公众的安全感和满意度。具体来说:

一是构建立体化、现代化的社会治安防控体系。积极推动将社会治安防控体系建设作为党委政府的民心工程、实事工程,将其纳入当地经济和社会发展发展规划,及时制定本地区社会治安防控体系建设年度实施方案,并列入年度财政预算,明确基础设施、技防设备、装备建设等目标任务,做到与城乡规划、旧城改造、社区建设、基层综治服务管理平台建设等同规划、同部署、同落实。进一步完善应急管理体系,强化应急平台、专业应急指挥系统、城市应急联动建设,狠抓应急队伍建设、突发事件舆情引导、突发事件善后处置,确保应急处突出手快、控得住、处置得好。推动建立综合应急救援队伍、政府专职消防队和各类专业应急救援队伍,使各类突发公共事件能够得到实时处置、使受灾民众24小时内能够得到基本救助。大力培育专职巡防队伍,规范巡防勤务,有效构筑整体联动、规范管理、专群结合、全面覆盖的巡防新模式。

二是打击突出治安问题和整治治安重点地区。针对违法犯罪的新情况、新问题,认真研究其规律特点,及时统一执法司法指导思想,贯彻落实宽严相济的刑事政策,协调一致地打击犯罪,着力形成打击合力,实现法律效果与社会效果的统一,有力遏制和震慑犯罪。坚持"零容忍"政策,针对人民群众反映的突出治安问题,要切实加大对重大现行犯罪、涉黑涉恶犯罪以及"两抢一盗"、电信诈骗等多发性犯罪的打击力度;提高严厉打击、精确打击、合力打击犯罪的水平,强化重点场所行业有效管理;大力推进信息管理系统建设,逐步向重点特种行业(场所)延伸;切实解决漏管失控问题,适时组织专项打击行动,着力解决突出治安问题,维护社会秩序,净化治安环境。积极推动社会治安重点地区排查整治工作全面覆盖,探索建立治安地区分类管理等制度,按照"哪里治安混乱就重点整治哪里"的原则,坚持面上整治和专项整治相结合,健全县域社会治理长效机制,有效防范、化解、管控社会治安风险,确保社会安全稳定。

三是提升科技防范水平。把技防建设作为动态化、信息化条件下社会治安防控体系建设的重要支撑,作为构建立体化、现代化社会治安防控体系的基础工程,按照"全时空、多层次、宽领域、广覆盖、高智能"的要求,大力推进技防城、技防乡镇、技防社区、技防单位、技防家庭建设,全力打造升级版技防建设。加快技防城建设步伐,进一步巩固已有成果、开展提档升级建设,进行扫盲补漏,推进社会治安防控体系建设走完"最后一公里"。不断加快技防建设步伐,进一步完善社会治安综合治理各项措施,织密防控网络,扩大技防覆盖面,努力实现主要街面路面、治安卡口、警务查报站技防建设等全面达标,以及金融网点、加油(气)站、金银珠宝营业场所等易被侵袭目标安防建设全面达标,沿街商铺、城镇居民和农村家庭技防入户率全覆盖,最大限度挤压违法犯罪空间。健全公共安全监督体系,建设安全生产责任网、监督网、保障网,健全交通安全综合治理工作机制,完善消防基础设施建设,夯实公共安全基层基础,落实公共安全责任,提升监督管理水平。提高起点规划、有重点有步骤地推进公共安全视频监控建设、联网和应用工作,提高公共区域视频监控系统覆盖密度和建设质量,加大城乡接合部、农村地区公共区域视频监控系统建设力度,推进技防新装备向农村地区延伸,逐步实现城乡视频监控一体化。

4. 构建覆盖城乡的公共法律服务体系

公共法律服务体系建设是社会治理法治化建设的重要组成部分。在县域社会治理中,推动建立覆盖城乡的公共法律服务体系,是适应人民群众日益增长的法律服务需求,在更宽领域、更深层次、更高水平提升司法行政服务能力和服务水平的惠民工程,对于促进专业法律服务资源在城乡之间均衡布局、合理配置、科学组合,解决基层单位和群众法律服务的客观需求,依法及时化解社会矛盾纠纷,维护县域社会和谐稳定具有重要意义。具体来说要做到以下几点:

一是健全法律服务网络。统筹律师、公证、基层法律服务、法律援助、司法鉴定等业务,着力建设县(市、区)、乡镇(街道)和村(社区)公共法律服务平台,完善服务便民化措施,大力发展建设律师事务所和公证处,规范发展基层法律服务所,努力打造"城市半小时、农村一小时"法律服务圈。推动乡镇普遍设立公共法律服务中心,城市街道可根据本地实际需要设立公共法律服务中心等,方便群众找得到、信得过、用得起法律服务。大力推进县级公共法律服务中心及窗口建设,可依托司法局建立,有条件的县(市、区),可将现有多个中心整体迁入进驻公共法律服务中心,设置法律援助、法律咨询、公证、司法鉴定等接待窗口,实行"一站式"服务。注重网上网下、线上线下资源的集聚整合,通过完善机制、整合资源,加快网络服务平台建设,推动网络服务平台与实体平台有机结合,努力形成协调有力、优势互补的综合服务格局。乡级公共法律服务中心及窗口建设,目前是公共法律服务体系的薄弱环节。积极推进乡镇(涉农街道)公共法律服务中心建设,可根据实际情况依托司法所建立,如将窗口设置在司法所或乡镇(街道)行政服务中心;司法所人员充足的条件下,可设立法律咨询、法律援助、人民调解等多个服务窗口,设置在乡镇(街道)行政服务中心的,可设立综合窗口,接待分流法律咨询、法律援助、人民调解等服务事项。

二是拓展法律服务领域。围绕服务保障和改善民生,加强民生领域法律服务,立足公共服务体系的重点领域,拓展教育、就业、社会保障、医疗卫生、住房保障、文化体育等领域的法律服务,推动法律服务向群众生活的全过程延伸渗透。围绕服务社会和谐稳定,健全完善法律服务人员参与信访、调解、群体性案(事)件处置工作机制,进一步扩大法律援助和司法救助的覆盖面,优化法律援助办案流程,推动大律师、名律师亲自办理法律援助案件,完善法律援助案件质量评估制度,加强侦查、审查起诉和审判阶段法律援助工作。完善与公检法机关的协作配合,建立与司法救助的衔接机制,努力为困难群众提供符合标准的法律援助。兴办一批法律服务领域的便民利民法治实事,为维护和实现人民群众合理合法的利益诉求,贴近服务、全程服务,不断提高人民群众对法律服务和法治建设的满意度。

三是创新法律服务方式。更加注重公共法律服务组织网络体系建设,通过整合法律服务资源,积极打造县(市、区)和乡镇(涉农街道)公共法律服务中心、社区法律服务站(点)、村法律顾问和便民服务站,设立统一的法律服务窗口,集中受理和解决群众法律服务事项,提供综合性、“一站式”服务。其中,服务平台建设是公共法律服务体系建设的关键环节,是提供综合性公共法律服务的中心。这就要求加强县(市、区)公共法律服务中心建设,积极探索构建“一个门进来、一站式服务、一揽子解决”的综合性公共法律服务平台,将法律服务、法治宣传、人民调解、法律援助等功能集于一体,形成覆盖城乡的公共服务站点,推进公共法律服务信息集聚、人才集聚和产品集聚,优化整合各类公共法律服务资源,为服务对象直接提供公共法律服务产品、开展多种形式公共法律服务,满足人民群众多方面的法律服务需求。大力推行“一村(社区)一法律顾问”制度,通过构建村(社区)法律顾问的工作方式,采取多种形式引导律师事务所等法律服务机构,通过在基层增设机构,建立工作站、联络点等方式,以司法便民服务站为主要服务载体,推动法律服务资源下沉,将城区的法律服务资源覆盖到城乡、延伸到基层农村,为农村土地流转、集体资产转化、基础设施建设、征地搬迁、民主法治建设、农业转移人口市民化等提供专业法律服务。

四是确保法律服务质量。建立健全法律服务标准体系、强化服务全程化监管、建立健全服务质量评价机制等制度,提供讲诚信、讲品质、有标准、有质量的法律服务。积极推动公共法律服务纳入县域经济社会发展规划和政府公共服务范围,真正落实公共法律服务体系建设的政府购买机制和经费保障机制,切实增强法律援助保障能力。县级政府要按照政府主导、社会协同、专业发展、项目合作的原则,制定政策措施,鼓励、引导社会力量参与公共法律服务。有效落实政府责任,强化政府在公共法律服务体系建设中的组织、协调、实施和保障等作用,制订公共法律服务体系建设中长期发展规划,明确指导思想、目标任务、工作要求、主体责任、保障机制等,为公共法律服务长期发展提供指引。要推动建立以公共财政保障为主,社会捐助资金为辅的财政和资金保障机制,将公共法律服务纳入政府公共服务的范畴;建立公共法律服务的专项财政资金,推动公共法律服务事业的发展。规范公共法律服务资金使用的各项制度,确保公共法律服务资金真正用在为公众提供公共法律服务;将法律服务纳入政府采购目录,既化解政府公共法律服务资源不足的问题,又为公共法律服务持久发展提供保障;建立健全公共法律服务资金使用的法律监督机制,推进公共法律服务资金使用情况的信息公开,主动接受全社会的监督。

5. 夯实基层基础

县域社会治理重点在基层、难点在基层、希望也在基层。必须始终把基层组织建设作为推进县域社会治理的一项重要内容,努力做到将新增力量重点投向基层,经费保障优先落实到基层,各项保障措施优先兑现到基层,以有力的人、财、物等方面的投入,为县域社会治理提供坚强有力的基础平台,奠定坚实的物质基础。具体来说:

一是加强社会治理三级平台建设。2017 年 4 月 25 日,习近平总书记在安徽省凤阳县小岗村主持召开的农村改革座谈会上强调,要推进县乡村三级综治中心建设,构建农村立体化社会治安防控体系。按照资源整合、工作融合、功能聚合的要求,大力推进县乡村三级综合服务管理平台规范化建设。建强县级枢纽平台,按照硬件建设标准化、组织结构实体化、运行机制高效化、工作手段精细化、保障措施常态化的要求,推进县(市、区)综治工作中心规范化建设,充分整合综治维稳力量资源,对区域内矛盾调解、信访处理、治安防控、法律服务以及人口服务管理等工作进行统筹、协调和指导,实现社会治理职能聚合、服务集约、关口前移、联动有力。规范镇级实战平台,推动乡镇(街道)综治工作中心实现实体化运作,充分整合基层社会治理和民生服务资源,完善矛盾纠纷联调、社会治安联防、重点工作联动、突出问题联治、基层平安联创、服务管理联抓六项工作机制,切实增强其实战功能。做实社区基础平台,全面推行“一委一居一站一办”服务管理新架构,推进村(社区)综治工作中心建设,配齐配强工作力量,做到综治维稳工作机构一体化运行、人员一体化管理、业务一体化安排,为群众提供一站式、精细化、动态化服务管理,切实发挥基层维稳第一道防线作用。

二是推行网格化管理模式。加强城乡社区网格化服务管理,以村(社区)为单位,城市社区依托楼栋、巷道等,农村社区依托村庄,将辖区划分若干社会治理网格单元,由各类综治工作力量为主组成网格管理团队,将社区管理服务的触角延伸到每家每户,以网格化承载社会治理精细化,努力做到排查全覆盖、管理无缝隙、服务全方位,着力提升基层服务管理水平。按照“人口规模适度、服务管理方便、资源配置有效、功能相对齐全”要求,根据社区、小区楼幢、自然村落分布特点和人口数量、居住集散程度、群众生产生活习惯等因素,科学合理划定网格,实现服务管理全覆盖。依托“一委一居一站一办”社区组织,可由城乡社区党组织书记或村(居)委会主任负责网格化服务管理工作。根据城市和农村社区不同特点,采取“专兼结合、以兼为主”的办法,充分整合现有各类服务管理力量,特别要是发挥村(社区)干部、大学生村官等作用,配齐、配强专兼职综治网格员队伍。通过政府购买服务方式,探索如对专职网格管理员在一定范围内统一公开招录、统一组织管理、统一劳动报酬。

三是发展壮大基层群防群治队伍。坚持专门工作与群众工作相结合、始终依靠群众的方针,在有效发挥政法部门职能作用的同时,广泛发动和组织动员广大人民群众,充分调动群众参与的积极性,通过开展形式多样的群防群治活动,切实发挥群众在县域社会治理中的基础性作用,推动形成共居一地、同保平安、众志成城的生动局面。要在加强专职群防力量建设的同时强化义务群防的力量建设,充分发挥基层党组织和广大基层党员的模范带头作用,探索推进如“平安先锋工程”等活动,以共产党员和治安志愿者为骨干力量,积极引导和带动其他基层组织和广大群众参与社会治理。深入开展平安志愿者、治安红袖标、五老巡防队、军警民大联防、联户联防等形式多样的群防群治活动,不断发展壮大义务巡防队伍,大力加强社区村庄义务巡逻、街头路面流动巡防、场所部位治安守望等队伍建设,加强对义务巡防群治队伍的组织管理,明确职责、健全制度、强化培训、落实保障,切实发挥其作用。

四是加强社会组织和非公经济组织服务管理。在社会组织服务管理方面,推动社会组织在机构、人事资产、财务等方面与政府部门脱钩,完善党委政府向社会组织购买服务机制。加强社会组织党建工作,把各类社会组织纳入党委政府主导的社会治理体系。强化依法监管,健全社会组织负责人管理制度、资金管理制度、年度检查制度、社会组织查处退出制度,形成登记审批、日常监管、税务稽查、违法审查、信息披露、公共服务和行政处罚等各环节信息共享、工作协调的管理机制。在非公经济组织服务管理方面，以加强和完善党建工作为核心，在非公有制经济组织加强党组织建设，实现非公经济组织党的工作全覆盖；以和谐劳动关系创建为重点，健全企业劳动关系监测预警机制，完善企业经营管理者、工会、员工共同参与的员工权益平等协商和工资增长集体协商制度；以健全劳动保障监察执法机制为载体，加大劳动保障监察执法力度，强化对突出问题的专项整治，督促非公有制经济组织遵守劳动法律法规，着力解决规范用工、拖欠工资、欠缴社会保险、职业危害、安全生产等方面的突出问题。

五是强化信息化建设。坚持以信息化为主线，不断加强县域社会治理信息平台建设，建立与信息化相适应的工作运行机制，以信息共享应用为核心，逐步形成党委政府统一领导、有关职能部门各司其职、社会力量共同参与的社会治理信息系统。充分运用新一代互联网、物联网、大数据、云计算和智能传感、遥感、卫星定位、地理信息系统等技术，创新社会治安防控手段，提升公共安全管理数字化、网络化、智能化水平。针对基层基础工作中存在的信息收集不够及时、信息反馈不够高效、信息渠道不够畅通等问题，大力加强基层信息化建设，全面掌握社情民意和治安动态，努力做到基础工作信息化、信息工作基础化、基础信息一体化，形成全方位、全时空、多领域的信息网络。健全互联网监测、研判、预警、处置机制，进一步充实网络安全管理力量，完善网上舆论导控机制，形成联动处置机制，切实落实网上涉稳重点人属地管理责任制；不断提高信息研判和信息推送的精准度，确保一旦发生重大网络舆情，能够及时应对、妥善处置。推动构建网络行为诚信体系，推进网上电子政务、网上信息公开和网上服务平台、网上互动平台建设，健全网络信息服务和上网服务“黑名单”制度。加强网络技术手段和管理力量建设，建立互联网基础信息资源共享机制，完善投诉、查处和不良后果责任追究机制，为构建虚拟社会综合防控体系提供有力的技术支撑，建立实时动态更新的基础信息数据库，重要信息系统全面落实信息安全等级保护工作要求。

三、县域社会治理创新的实践考察——以江苏为例

中共十八届四中全会《决定》指出：“推进多层次多领域依法治理。坚持系统治理、依法治理、综合治理、源头治理，提高社会治理法治化水平。”创新社会治理，应紧紧围绕经济社会发展目标，牢牢把握最大限度激发社会活

力、最大限度增强和谐因素、最大限度减少不和谐因素的总要求,坚持以服务群众、保障民生为根本宗旨,以促进和谐、维护稳定为根本任务,以加强基层、夯实基础为根本途径,以健全制度、完善机制为根本保障,加强源头治理、深化综合治理、推动共同治理、实现依法治理,加快构建符合中国特色、时代特征、县域特点的社会治理体系,全面提升社会治理法治化水平。

改革开放以来,特别是进入新世纪以来,江苏省经济持续快速发展,人民生活不断改善,社会保持和谐稳定。但随着经济体制深刻变革、社会结构深刻变动、利益格局深刻调整、思想观念深刻变化,社会矛盾多发,社会问题凸显,社会风险增大。为了保障和促进“两个率先”,更好地维护社会和谐稳定,不断满足全省人民群众新要求新期待,江苏省委十一届十次全会决定把社会管理创新工程作为江苏省“十二五”时期实施的“八项工程”之一,并进行一系列重大部署。2011 年 5 月,江苏省委、省政府召开全省创新社会管理加强群众工作会议,制定《关于实施社会管理创新工程切实加强群众工作的意见》,提出力争在创新社会管理、建设和谐社会方面走在全国前列,并提出实现社会稳定工作、依法治省水平、基层基础建设、社会管理绩效“四个位居全国前列”的具体目标。2012 年 11 月,江苏省委十二届四次全会又强调要深入实施社会管理创新工程,健全社会管理体制,创新社会管理机制,完善基本公共服务体系,全面提高社会管理科学化水平。

多年来,江苏省各地在省委、省政府的正确领导下,多措并举加强县域社会治理,取得较好成效。通过强化典型引路,树立、宣传、推广一批先进典型,注重发挥先进典型的示范引领作用,放大先进典型的示范辐射和带动效应,实现由点到面,由“盆景”到“花园”,有力推进县域治理法治化进程,进一步夯实社会治理的基层基础,群众安全感和法治建设群众满意度不断提升。有力促进县域社会治理工作跨上新台阶,形成了全面推进,整体发展的良好势头。

案例一:泰州市海陵区创新政法综治工作中心“大集中”模式,构建基层大稳定工作格局

泰州市海陵区立足中心城区实际,以体制、机制优化为重点,突出抓好政法综治工作中心这一关键平台建设,将其作为维护社会和谐稳定的重要抓手,积极探索中心城区社会治理工作新路子,政法综治工作中心大集中“海陵模式”焕发出新活力。具体来说:

(一)适应社会治理新需求,着力打造高标准的“大集中”。高标准推进

中心硬件建设。在2009年京泰路街道政法综治工作中心“大集中”试点成功的基础上,各镇街通过新(改、扩)建、置换和购买等方法分类推进,开展中心标识、标志规范化建设,切实做到中心整体标志、标识,中心外部机构内部部门挂牌、职责制度、印章、台账“五个统一”,全面实现政法综治工作中心大集中。创新推进中心组织架构建设。区委、区政府将镇街综治办、公安派出所、司法所、信访办、“610”办、维稳办等基层政法综治单位整合到政法综治工作中心集中区域办公。中心主任由镇街政法委书记担任,常驻中心办公。根据工作需要,吸收相关综治委成员单位进驻中心窗口办公。两级财政强化中心经费保障。将政法综治工作中心建设作为为民办实事工程,纳入区、镇两级财政预算,确保中心建设经费足额到位。按照区和镇1∶1的比例,将中心日常办公经费和专项工作经费纳入两级经费保障体系。

(二)破解中心运作难题,全面提升“大集中”社会治理和服务水平。整合中心窗口功能。围绕“便民、利民、高效”的工作目标,按照职能相近、业务相联的原则,打破中心部门壁垒,对进驻中心各部门的服务窗口进行重新整合,在中心办事大厅统一设立接待受理、综合服务、监督投诉三个窗口。中心人员不再按部门进行分类,而是在中心主任统一指挥调度下,固定在相应窗口办公,专门负责所在窗口的工作,实行由中心“牵头抓总”,实行“一窗式”对外服务。简化中心工作流程。按照“一个窗口受理、一个流程办结”工作目标,建立了中心“三统一”的工作新流程,接待受理窗口统一负责受理、分流、送达;综合服务窗口统一负责具体事项办理,一切过程均由中心工作人员负责流转办结;监督投诉窗口统一负责接受群众的反映和投诉,实行中心窗口工作全程监督,有效杜绝了多头受理、推诿扯皮现象,大大提高了工作效率。健全中心日常工作制度。坚持工作靠制度来规范、人员靠制度来管理、运转靠制度来保证,建立健全了议事例会、首问责任、情况报告等十四项内部工作制度,并以基础建设、人员配备、经费保障、作用发挥、群众满意率五项内容为主体,对每个镇街政法综治工作中心进行百分制考核,分五个等级实行星级动态管理,并严格兑现奖惩。

(三)创新中心联动机制,形成中心加强和创新社会治理强大合力。整合中心资源。按照整合资源、提高效率、方便群众的要求,全面推行中心主任负责制,赋予中心主任分流指派、人员调度、检查督查、工作问责和考核奖惩建议等权限,对中心人员、装备等资源进行整合,做到任务统一安排、人员统一调度、装备统一使用,有效提高了中心的执行力。依托公安系统“大平台”,对进驻中心窗口部门的信息系统进行整合,建成政法综治工作中心社会管理信息平台,实现数据联采、信息联通、服务联动。通过对中心资源整合,做到第一时间搜集社情民意、分析研判社会矛盾和热点社会问题、共享联通社会治理信息。强化部门联动。对涉及多个职能部门的重大矛盾纠纷,一经窗口受理,中心立即启动应急机制,由中心主任牵头召开中心联席会,明确主协办单位,对所有事项都要求限期办理,并实行“双反馈一回访”制度,确保矛盾化解到位。把综治平安、法治建设全局工作与部门工作进行统筹安排、有机结合,通过中心实现对辖区内的人防、技防、物防资源的统一调度,因地制宜地指导基层开展综治平安、法治建设活动,促进基层创建工作的蓬勃开展。紧扣社会治理新要求,全力推进中心社会治理的行政资源、专业资源和社会资源的集中融合,努力构建镇街党委政府负责、政法综治工作中心牵头、相关部门协同、社会力量参与、科技手段支撑的基层社会治理组织架构。强化上下联动。区委政法委加大组织协调力度,推动区政法各部门、进驻中心各单位的主管部门加强与中心的联系沟通。全面推行中心人员片区挂钩负责制,工作人员分别负责一个片区(1 个至 2 个村或社区),积极发挥中心与村(社区)基层网格联络员作用,每天与挂钩片区保持直接联系,每周深入挂钩片区开展指导、督查活动一次,主动收集片区社会治安和相关信息,集中统一汇总到中心,由中心统一分配到人,限期办理办结到位,形成社会治理强大合力。

案例二:宜兴市坚持服务与管理并举、教育与帮扶并重,积极探索新形势下特殊人群工作机制

宜兴市紧扣“对人的管理和服务”这一工作核心,坚持以人为本、服务为先,积极创新特殊人群服务管理工作,着力融入社会关怀、消除社会排斥、体现社会公平,有力促进了社会安宁和谐。

(一)建优平台、人性服务,全面促进两类人员回归融入社会。一是构建全覆盖工作网络。在市、镇两级建立社区矫正和安置帮教工作领导小组及其办公室,在村(社区)设立帮教联络点,根据矫正工作人员与矫正对象比例情况,公开招聘并配备镇级专职工作人员,形成了司法所执法人员、派出所联络员、专职工作者和志愿者、监督员“3 +2”专群结合、专兼结合的工作网络。二是建立高标准帮教平台。建立集监督管理、教育矫正、心理矫正、公益劳动、技能培训、就业指导、临时安置等多功能于一体的管理教育服务中心。这样既实现了教育、监管、服务、疏导等工作的一体化、规范化运作,又

通过设立生活安置区、与企业联合设置公益劳动基地，为两类人员中的“三无”人员、特困人员提供3个月至6个月的免费食宿、就业安置等服务，有效破解了两类人员临时安置难问题。三是创设社会化安置渠道。实施百家企业爱心帮教基地建设工程，动员社会企业每年预留1个至2个工作岗位解决两类人员就业需求，通过优秀企业家示范引领，在广大企业中营造共促社会帮教的浓厚氛围。建立健全就业培训和创业帮扶机制，组织开展劳动技能、中专学历培训和就业指导，完善专业心理矫治服务机制，健全救助帮困机制，有效协调落实帮困资金。

（二）突出重点、亲情帮扶，从源头上预防青少年违法犯罪。市委、市政府出台《关于加强教育引导有效控减青少年违法犯罪的实施意见》，在各级、各类学校中部署开展“四帮一”教育活动，即分别建立由一名退休老教师、一名在职教师、一名优秀学生干部与学生家长组成的帮教小组，对有不良行为或严重不良行为的学生实行全方位教育帮扶。明确“四个注重”，即注重以建立亲情、保护自尊为前提，以辅导提高学习成绩为切入点，以思想教育和规范言行为主要内容，以正面引导、激励为主要方法。建立“五个一”制度，即每月一次与被帮教学生谈心、每月一次与任课教师联系、每月一次与家长沟通、每月一次到被帮教学生家交流、每月一次听取被帮教学生的思想汇报，引导其自我管理，养成良好行为习惯。

（三）综合矫治、救困助业，着力帮助吸毒人员过上正常生活。本着“教育、挽救、感化”的方针，健全吸毒人员服务管理机制，确保基本无失控吸毒人员。一是建立社区戒毒康复体系。在各镇（街道）建立社区戒毒（康复）工作站，结合禁毒社工与吸毒人员比例，公开招录并配备专职禁毒社工。依托戒毒（康复）站及社区卫生医疗体系，逐一建立戒毒对象档案、签订戒毒协议书，全面开展美沙酮维持治疗和戒断症状控制工作。二是建立动态管控帮教机制。建立个性化戒毒方案，制定落实定期尿检、谈话和戒毒情况评估等工作制度。对染毒程度较重、吸毒后有自伤等极端行为苗头的吸毒人员，由社区民警会同吸毒人员家庭、社区、单位等力量实行动态监管，一旦发现问题，立即依法采取强制戒毒等措施。三是建立生活帮扶机制。建立健全戒毒康复人员基本生活和劳动就业保障机制，对经济拮据、身体有疾病而导致生活无保障的吸毒人员进行救助帮困，对劳动技能差、文化水平低、难以找到工作的吸毒人员进行就业培训，推荐就业机会，使吸毒人员真正感受到社会的关爱和温暖。

(四)动态监测、专业救治,有效预防重性精神病人肇事肇祸。按照“预防为主、防治结合、重点干预、广泛覆盖、依法管理”的原则,建立健全精神病人综合服务、预防、控制工作机制。一是强化专业网络建设。成立市重性精神疾病管理领导小组和技术指导小组,专门承担重性精神疾病管理和业务指导工作;精神病防治医生分片定期到社区卫生服务站,负责重性精神病患者的随访治疗工作;在社区建立由医生、护士、患者家属、社区专干及社区民警组成的个案管理组,加强精神病患者的个案管理,确保工作覆盖城乡、联动运作。二是强化动态排查评估。建立精神病患者动态排查机制,落实信息交换、核对确认、登记备案制度,并与周边城市精神病专科医院建立信息反馈机制,做到底数清、情况明。三是强化分级服务管理。全面建档立卡,区分病情稳定情况,制定落实分类干预、跟踪治疗、随访管理工作机制,确保服务好、不失控。强化集中救助治疗。实施“医保 + 救助”双管齐下,积极推动实现贫困精神病人免费服药复诊全覆盖,针对家庭无监护治疗条件、有现实危害倾向的重性精神病人,由市财政出资在精神病医院设立集中救助治疗点,提供免费食宿、治疗康复、日常医护等一体化服务。

案例三:南京市建邺区创新社区体制机制,筑牢社会治理基础

南京市建邺区着力推动治理力量向社区倾斜、管理资源向社区延伸、财物保障向社区聚集,探索建立以“一委一居一站一办”为核心的新型社区工作体制,有效提高基层社会治理科学化水平。新型社区组织架构得到了中央组织部、民政部的充分肯定,被称为“中国特色的建邺模式”。

(一)按照“强基固本”思路,精心设计社区管理架构。一是加强社区党委建设,充分发挥党组织领导核心作用。所有社区成立社区党委,区、街选派 22 名科级或副处级优秀机关干部担任社区党委书记,加强基层党组织建设,充分发挥社区党委在社区管理中的领导核心作用,增强基层组织整合区域资源的能力。完善社区居委会,增强社区自治功能。依法梳理、整合居委会工作事务,剥离居委会行政事务,使其主要负责组织发动群众,依法履行“四自”职能。调整充实人民调解、治安保卫、公共卫生、计划生育、群众文化等下属委员会,结合不同社区的特点和需要,相应发展老龄工作、少儿工作、民族事务等特色委员会,形成“5 + X”居委会组织架构。区财政增设专项经费由居委会统筹使用,保障社区工作有效运行。二是建实社区管理服务站,突出服务群众功能。在社区设立管理服务站,全面承接和履行政府延伸至社区的各项公共管理与服务职能。服务站接受社区党委的领导,接受居委

会的指导和监督,站长由街道下派干部担任。服务站直接面对群众,一站式办结民生事项,可以有效减少因民生事项得不到及时妥善解决而引发各种矛盾和问题,从而把可能引发的矛盾吸附消化在社区。三是深化社区综治办建设,增强社区治理综合治理能力。社区综治办主任由社区党委书记担任,副主任由社区专职干部担任。以创建"五有五无"社区为载体,规范社区综治工作。按照"1246 模式"配强社区综治组织,即每个社区综治办有 1 名专职副主任、2 名调解员、4 名专职保安、6 名综治社工,根据治安状况,每个社区配备 8 至 14 名夜巡人员。同时,按照"六个一"的标准规范社区综治工作,即统一办公用房、统一标志标识、统一工作制度、统一装备设备、统一社工制服、统一经费标准。出台《关于进一步加强和完善社区政法综治工作机制的意见》,按照"一办两会三中心四网络"要求规范各项工作。

(二)按照"三转变"要求,努力提升社区管理成效。一是以民生为导向,转变街道职能。该区全部剥离所有街道经济职能,成立"一办三科",主要承担综合管理、公共服务、维护稳定和指导自治等四项民生职能,把街道工作中心由发展经济转变为社区管理和公共服务上来,实现了与社区工作无缝对接和良性互动。二是以社区需求为导向,转变社区资源配置。通过公推直选、择优委派等途径,先后从区级机关和街道选派区管干部和后备干部,担任社区党委书记和管理服务站站长,并将原区、街两级城管队员、社区民警、保安、流动人口协管员及民政、劳动等部门的社区专职工作人员的管理考核权限下沉至社区,由社区统一管理、统筹使用,保证有人干事。调整区街财政预算体制,按有关部门核定的社工人数、居民户数以及社区党的建制,单独编制社区财政预算,区财政在街道设立社区资金管理专户,保证有钱干事;区财政还加大投入,通过建设、购买、租用、置换等方式,改善社区办公条件,保证有条件干事。以民意为导向,转变社区考核模式。三是委托省民调中心,每季度组织一次社区民意调查,及时收集了解社区群众诉求。通过座谈会、建言会等形式广泛征求居民意见,作为制定社区工作目标任务的依据。每半年召开一次"四报告一评议"活动,由社区党委书记、居委会主任、管理服务站站长和综治办主任分别向群众报告工作,接受群众代表现场评议和打分,公开唱票、现场公布结果,评议结果作为选拔任用干部的重要依据,真正体现"工作做得好不好,群众说了算"的考核评价导向。

(三)按照"三化"标准,精心构建社区管理机制。一是实行社区管理网格化。以社区为核心,以综治社工、民政社工、楼幢长、辅警组成一个网格团队,在全区建立400多个网格。每个网格团队负责300户,做好各项社区社会治理工作,把社区管理服务的触角延伸至每家每户。每个网格团队每周上一次住户门,每户有一名联络人,每片有一本住户工作记录,每个网格有一个手机微信(短信)群,随时把社区事务告知每户居民。网格团队现场发现的问题能解决的当场解决,解决不了的通过社区、街、区三级政法(综治)联席会会办解决,从而使矛盾70%以上化解在社区、20%以上化解在街道,少数重大疑难矛盾在区得到解决。二是实现社区管理精细化。按照服务对象不同类别、不同特点,提供个性化服务。根据市民对低保、医保、计生、养老、幼托等不同需求提供菜单式服务。社区成立流动人口服务管理中心,流动人口协管员按片区全部下派管理中心;成立全省首家以流动人口为教育服务对象的民间机构——南京市协作者社区发展中心。按照市民化待遇、亲情化服务、人性化管理的原则,为流动人口做好各项服务工作。成立社区重点人员关爱服务中心,中心由社区综治办主任负责,人员由居委会副主任、服务站副站长、社区民警、综治社工、社会志愿者等人员组成。每人挂钩结对帮扶一名重点人员,实现对各类重点人员"一对一"管理。三是实行社区管理信息化。该区开发了"社区综合管理平台"和"社区综合服务平台",实现了与区"数字建邺"终端平台的联网共享。通过社区信息化平台的建设,居民群众在社区就能办理社会救助、劳动保障、计生服务、居家养老等民生事项,不出小区大门就能了解相关政策法规、工作指南、通知公告、资讯服务等内容。建立完善社区网站,通过网络进行情况发布,了解社情民意,为行动不便的老人提供"远程义诊"。

案例四:无锡新区推进非公经济服务管理,构建新区特色发展路径

无锡新区紧密结合自身实际,坚持服务发展、保障民生,努力促进企业与职工、环境、社会的全面协调发展,逐步构建非公有制经济组织服务管理工作机制,努力形成具有新区特色的社会治理新路径。

(一)坚持党政主导,构建非公有制经济组织服务管理的组织体系。在加快推进经济社会转型发展中,始终把非公有制经济服务管理作为加强社会治理的重要内容,坚持党政主导,着力构建非公有制经济组织服务管理的组织体系。一是构建完善的领导机制,加强组织领导。成立了由组织、综治、人社、工会等部门参加的非公经济服务管理工作领导小组,明确职能处室和联络员,建立联席会议、走访帮扶、信息报送等制度,协调解决服务管理中遇到的突出疑难问题,努力形成"党委政府统一领导、组织综治牵头协调、职能部门各司其职、非公企业共同参与”的齐抓共管工作格局。二是搭建专门服务平台，拓展服务功能和网络。设置企业服务发展局，协助企业解决建设、管理、上市等方面的问题，处理安全生产事故、劳资矛盾等各类矛盾纠纷，通过一站式多功能服务中心，开展高效便捷服务；设置各功能园区管委会，通过公共服务、投资融资、人力资源、教育培训、外包业务促进、综合服务六大公共服务平台，为企业提供保姆式贴身服务管理。三是坚持以党建为引领，强化基层党组织龙头作用。按照“非公经济建到哪里，党建工作跟进到哪里”的要求，加大党组织在非公经济中的覆盖面。通过实施党建、统战、工会维权、人才服务、企业服务等有机结合的“党群一体化”工程，党建示范点和党员示范岗创建的“双示范”工程，政村企共建的“三结对”工程三大工程，放大非公企业党组织效能。四是加强非公经济群团组织建设，夯实服务管理工作基础。充分发挥工会、共青团、妇联、工商联等群团组织的工作优势，切实履行组织、引导、服务广大非公企业员工和维护其合法权益职能。开展“和谐工会——幸福之家”创建活动，组织非公经济和新社会阶层参与高级研修，引导鼓励非公经济人士参选人大代表、担任政协委员等社会职务，为地区事务建言献策，参与社会服务管理。

（二）引导企业履责，激发非公有制经济组织参与社会治理的热情。紧紧围绕争创全市“企业履行社会责任示范区”的目标，按照“管好自己的人、看好自己的门、办好自己的事”的要求，充分调动非公企业参与社会治理的积极性和创造性，努力做到问题自己解、矛盾不外交，以每个单元的和谐稳定，促进全区的和谐稳定。一是积极开展企业履责宣传，提升认知度。无锡新区政府向千余家企业发放了《责任先锋——无锡新区企业社会责任体系建设》和《无锡新区推进企业社会责任体系建设》书册，邀请专家学者作相关学术报告，增加企业对社会责任的感知认同，提高辖区企业履行社会责任的能力。二是健全完善企业社会责任建设体制机制，明晰履责标准。制定了《无锡新区企业社会责任导则》，导则共分权益责任、环境责任、诚信责任、和谐责任四大项，下设劳动合同、环境绩效管理、社会事业等十五个子项，通过导则引导企业完善自身战略，加强组织、制度和文化建设，建立有效的社会责任管理体系。三是建立完善企业社会责任建设的工作网络，鼓励和支持非公企业参与社区建设，大力发展公益事业。四是开展企业履责评选，增强履责动力。推动全区非公企业发布社会责任报告，主要围绕保障员工权益责任、维护新区环境责任、企业诚信责任、安全生产和谐发展等向社会公布情况。拓展企业服务内容,扩大履责范围。加强企业服务员工新型综合体建设,打造"文化娱乐中心、体育锻炼中心、教育培训中心、社交休闲中心、后勤保障中心",营造工作、学习、生活一体化的良好环境,切实增强广大员工的归属感。引导企业构建常态化困难职工帮扶体系,开展各种扶贫济困活动,把温暖及时送给困难职工。

(三)发挥载体功能,为非公有制经济组织营造良好的发展环境。一是以"平安企业"创建活动为载体,为非公经济营造平安的内外部环境。积极推进"感知新区公共安全(技防城)工程",通过各类园区技防设施的改造升级、人防巡逻力量和密度的增强等加强对企业集中区的防控力度,同时进一步加强对企业内部安全保卫、矛盾纠纷化解、安全生产等方面的指导,"平安企业"创建覆盖率达100%。二是以"诚信守法合格企业"创建活动为载体,通过开展"企业诚信倡议书","重合同、守信用企业"评选等活动,提高非公企业诚信守法意识,营造"科学发展、诚信守法、企业为主、标本兼治"的良好氛围。三是以"司法护航"服务企业发展活动为载体,开展对扰乱市场经济秩序犯罪的专项打击行动,突出知识产权保护,加强相关法律法规宣传,引导企业依法经营,营造健康有序的市场经济秩序。四是以构建"和谐劳资关系"为载体,建立职工工资协商共决、正常增长和支付保障三项机制,健全劳动争议预警、调处、仲裁和法律援助四项制度,妥善解决和处理企业与职工因劳动关系发生的矛盾纠纷,切实维护和保障员工合法权益。

案例五:太仓市坚持以人为本理念,构建和谐劳动关系

太仓市坚持以人为本,转变理念思路,创新工作举措,着力构建和谐劳动关系,为企业健康发展创造了良好环境。

(一)创新协作联动机制,合力构建和谐关系。全市形成"党政主导、部门联动、企业配合、职工参与"格局,合力推进构建工作。充分发挥党政机关主导作用,市委、市政府主动把构建和谐劳动关系纳入经济社会总体规划中谋划,将其作为加强社会治理、构建和谐社会的重要举措、建设更高水平平安太仓的重点任务,予以大力组织推进。充分发挥职能部门指导作用,市人社、法院、工商等职能部门积极履行劳资纠纷调处、劳动争议仲裁、经营市场监管等职能,着力指导企业构建和谐劳动关系。充分发挥社团组织协同作用,加大对企业组建工会的指导、推动力度。通过工会、职代会等形式,组织职工参与厂企决策管理,解决职工在生产经营、后勤服务、福利待遇等方面关心的问题。积极推动企业共青团组织、妇女组织等群团组织建设,协同推

进企业构建和谐劳动关系。充分发挥企业主体作用,引导各类企业履行社会责任,正确处理企业经济效益与职工权益的关系,增进职工福利待遇,不断提高职工幸福指数,主动构建和谐劳动关系。充分发挥职工主观能动作用,引导广大职工"以厂为家",主动参与企业管理,理性表达利益诉求,依法维护合法权益,积极参与和谐劳动关系的构建。

(二)创新平等协商机制,兼顾劳资共同利益。建立健全政府、企业、职工三方协商机制,兼顾劳资双方共同利益,妥善解决利益诉求,稳定企业用工队伍,全市企业职工流动率较佳水准。职工工资集体平等协商,建立健全企业工资集体协商制度,组织开展"要约行动",实施点 3 家、片 50 家、面 1000 家相结合的典型推荐计划。职工工资递增平等协商,市政府研究出台企业职工月薪最低增长指导意见,劳资双方通过工资递增协商。职工福利待遇平等协商,在政府的监管和企业的配合下,企业职工"五金一险"参保率逐年提高,职工各类假期得到合理安排,千余家女工较为集中的企业全部签订特殊保护专项合同。

(三)创新调处化解机制,维护企业和谐稳定。始终把减少和避免劳资纠纷、维护企业和谐稳定作为构建工作的出发点和落脚点。一是以畅通渠道及时疏导矛盾。通过搭建互联网政企服务平台,开通市民、政务直通车和市长信箱,设立"12333"投诉热线和举报信箱,开辟广播、电视、报纸"行风热线"专栏,全方位多渠道获取掌握职工利益诉求,及时有效疏导矛盾。二是以创建活动促进减少矛盾。通过开展规范用工企业、工资平等协商企业、诚信企业创建活动,并与优惠扶持政策挂钩,引导企业在依法经营、诚信经营中减少矛盾纠纷。三是以排查预警源头防范矛盾。建立每月"123"劳资纠纷排查模式,建立企业重点项目、重要事项、重大决策稳定风险评估机制,建立企业信息管理系统,实现劳动关系实时动态预警、提示,及时发现、及早处理企业劳资纠纷。四是以调解手段着力化解矛盾。市成立劳动人事争议人民调解委员会,设立市、镇(区)、村(社区)劳动人事争议人民调解中心、站、室,在市劳动人事争议仲裁院成立调解庭,健全劳调组织调解、人民调解、行政调解、仲裁调解、司法调解"五位一体"调解机制,及时调处各类劳动争议矛盾纠纷。

(四)创新多元服务机制,增强构建工作后劲。强化机关部门的服务职能,不断推动和谐劳动关系发展。一是综治工作进企业。将综治工作站(室)引进企业,牵头组织企业、工会、调解组织排查化解劳动争议纠纷。二是维权工作进企业。开辟职工信访、维权热线、法律援助等维权通道，拓展职工维权诉求渠道；通过职工权益监督、工会委员值班、职工代表例会等制度，维护企业职工合法权益。机关服务进企业，以深化平安企业创建为抓手，以千名机关干部服务千企为载体，指导企业构建和谐劳动关系，培树先进典型，示范引领全市和谐劳动关系构建工作。

案例六：海安县强化为民理念、创新服务举措，全面推行群众事务党员干部代理制

海安县针对社会转型时期基层社会出现的新情况、新问题，把做好群众工作作为加强社会治理的根本性、基础性、经常性工作，及时发现和认真总结基层首创的干部下访制、信访代理制等典型做法，规范形成群众事务党员干部代理制并在全县推广。

（一）紧贴群众需求，建立代理服务模式。明确代理内容，突出以孤寡、残疾家庭、贫困家庭和缺资金、劳力、技术的"三缺"家庭为重点对象，面向广大群众开展"三代"服务：民意代言，党员干部定期搜集责任区内的群众意见、建议和要求，做群众的代言人，畅通民意表达渠道；事务代办，帮助责任区内群众代理各类证照、申请、审批等手续，做群众的代办人，主动为民办实事；诉求代理，对群众的合理诉求，在力所能及的范围内，主动征求当事人意见，在获得授权或委托的前提下，帮助其联系、咨询有关部门，争取其合法利益最大化。健全代理网络，各镇依托便民服务中心，建立代理中心，设立导办室，实行一站式服务，直接办理镇级权限事项，全程代办县级及以上权限事项；各村（社区）设立代理站，受理群众需要到镇以上机关、部门办理的事务，直接提供便民服务；村（居）民小组建立代理点，党员干部直接受理群众事务。三级代理网络覆盖基层，城乡全面建成"15 分钟管理服务圈"。规范代理运作，坚持群众自愿、流程公开、依法办事、无偿服务的原则，充分尊重群众的自主选择，代理项目、办事手续、成本收费、服务程序全部公开，严格依法代办有关事项，所有代理、代办事项一律免费服务。建立代理登记、首问负责、办结回复制度，一般事务随时受理，48 小时内办结；群众急需或急办事项不受代理时间限制，必须及时受理、限期办结，转委托事项必须全程跟踪，办结后第一时间反馈当事人。县镇两级设立代理代办事务举报电话，便于群众及时反映办理工作中的问题，使群众事务代理工作在严格的制度约束下和广泛的监督之下规范运行。

（二）完善代理手段，落实真情服务措施。一是确定责任网格，实行定格

代理。所有县、镇机关和村(居)党员干部按照社会治理网格实行定格代理,向责任网格内的群众发放联系卡,公布姓名、联系电话和服务事项。代理人在责任区每月做到“四个一”,即记好一本民情日记,召开一次群众座谈会,搜集一件共性诉求,联系一个群众增收项目。受理群众事务后必须承诺解决期限,做到“诺必践,践必果”。二是注重整合资源,实行集中代理。对个人受理和站、点统一受理的事项进行梳理,分类流转职能部门统一办理,提高效率;对代理人或单个部门难以解决的问题,通过县、镇、村三级联动,相关部门集中会办,确保事事有落实、件件有交代。三是关爱特殊群体,实行结对代理。对空巢老人、留守儿童、贫困人员等特殊对象加大服务力度,确定能力强、群众信得过的党员干部提供结对帮扶服务。代理群众事务不仅提高了服务群众的效果,党员干部也在与群众零距离接触、面对面交流中切身感受到老百姓的疾苦冷暖,接受了生动的群众观教育,宗旨意识明显强化。

(三)加强机制建设,确保代理服务实效。强化组织领导机制。各镇、各部门全部建立以党政主要负责人为组长的领导小组,加强对群众事务党员干部代理工作的组织领导;各级建立代理工作队伍,加强对代理工作的研究策划和组织实施;县、镇两级以联席会议、检查督办、绩效通报等形式不断加大推进力度。全县一直把宣传发动工作紧紧抓在手上,通过动员部署会、机关干部会、党员大会等形式把党员干部全部发动起来,引导广大党员干部在积极参与社会治理工作中充分发挥先锋模范作用,营造服务群众工作比作风、比形象、比实绩的浓厚氛围,使“你动嘴,我跑腿”“你的事,我来办”成为群众事务党员干部代理的真实写照。强化服务保障机制,县、镇两级开展多种形式的教育培训,将代理工作意见及相关制度、考核办法、代理业务常识、事务代理实例编印成实务指南发给党员干部,提高代理人员综合素质、服务水平,特别是依法办事的能力。强化考核奖惩机制,对各镇、各部门每半年检查考核一次,考核结果与评先评优、干部任用直接挂钩;动真碰硬的责任查究、争先创优的激励政策,广泛调动了党员干部的热情。

案例七:仪征市加强农村新型社区建设,创新基层社会治理模式

仪征市积极稳妥地推进农民集中居住区建设,大胆探索与之相适应的农村新型社区治理服务模式,创新农村新型社区建设、治理、服务延伸递进与良性互动的工作机制。

(一)推进集中居住区建设,充分尊重群众意愿。科学规划建设。在农

民集中居住点的设置、规划、建设、房屋分配中，充分听取群众意见，尊重群众意愿，顺应群众期盼，努力预防和减少矛盾纠纷的发生。在规划选点上，进村入户征求群众意见，经过村民代表大会商议，再经镇人大表决，报请市政府批准后，确定建设规划，并将规划图在村务公开栏公示。在建筑质量监理上，村集体选出村民代表与专业监理公司一道，共同监督建材和施工质量。完善激励政策。市政府专门出台《关于推进农民集中居住区建设的实施意见》(仪委发〔2009〕37号)，明确指导原则、规划目标、建设方式和奖补政策；镇制定详细的农户搬迁补偿办法，确定楼房、平房、附属房、宅基地、附着物的搬迁补偿标准，最大限度地减轻农民负担，最大限度地保障农民利益。从老屋搬迁到入住新居，农户只需承担新房屋的建筑成本，其余费用均由市、镇两级财政承担，使农民充分感受到党和政府的温暖。打造优质环境。按照塑造“百年经典”的标准，着力在建筑风格、地形地貌、景观打造、文化内涵、配套设施等方面，打造具有鲜明个性、别致风格的特色乡村，增强集中居住区的吸引力。

(二)提升集中居住区服务，充分考虑群众需求。一是公共服务设施及时到位。水务、供电、交通、广电等部门超前谋划，适时介入，确保农户入住前，路通、电通、气通、给排水通、广播电视通、通讯光缆通。高标准布建垃圾转运、污水处理、医疗卫生、文化体育等公共设施，利用集中居住区公共服务用房和公共场地，设立农村图书室、生产生活用品超市、健身广场、绿化景观等，有效实现了城市基础设施和公共服务向农村的延伸覆盖，城市文明向农村的传播辐射。二是民生保障服务迅速跟进。设立社区就业服务站和社区教育中心，及时提供就业信息服务，免费开展就业技能培训，引导帮扶离农劳动力就地转移就业。开通“一站式”代理服务，为农户代办医保、劳保、五保、低保、计生证、残疾证等。积极开展关爱农民集中居住区留守儿童行动，组织培训“代理家长”“爱心妈妈”，启动“拥抱亲情”关爱活动，推广成立留守老人互助协会，积极为留守妇女提供法律咨询、心理疏导、就业帮扶、健康辅导、法律援助，实现幼有所教、老有所依、妇有所助。三是社会治安防范严密规范。采取条线守防、区域互防的形式，以十户为单元，确定一名户长并担任“红袖标”队员，承接守望、互助、联防职能。按照“同规划、同施工、同使用”的要求，大力推进“技防入户工程”，提升集中居住区群众的安全感。强化集中居住区矛盾排查化解，定期召开治安形势分析例会，及时化解因集中居住而产生的各类矛盾纠纷。四是文化宣传活动深入开展。采取流动展牌、法治大篷车、现场咨询、知识竞赛、散发资料等形式，在新居民中积极开展各类“法律法规宣传日”“法律六进”等法制宣传活动，增强群众守法意识，定期组织市镇艺术团队深入集中居住区巡回演出，丰富群众文化生活。

（三）强化集中居住区管理，充分依托群众自治。一是完善社区管理组织。加强党组织建设，做到集中居住区全覆盖，以此为龙头，健全基层其他群团组织。配强社区居委会人员，加大培训力度，使其尽快胜任新岗位，履行新职责。创新建立农民集中居住区理事会，在社区党组织和居委会领导下管理社区公共事务，组织居民自我管理公共卫生、治安安全、社区服务、邻里纠纷等公共事务。二是整合社区管理力量。按统一标准和要求建立了规范化社区综治办，牵头协调社区稳定、治安防范、人民调解、特殊人群帮教服务等社会事务。在按农民集中居住区规模配备社区党组织和居委会成员的同时，重点加强集中居住区理事会的建设，承担纠纷调解、信息排查、法制宣传、物业管理“四大员”职能。三是创新社区管理制度。实行在职党员向居住社区党组织报到制度、党员志愿服务制度、社区委员兼职制度和理事会工作制度。特别是社区委员兼职制度，通过社区委员在原所在村和现在居住区的交叉任职，统筹协调了村、区利益，理顺了村、区关系。

案例八：泗阳县发挥群众主人翁作用，创新志愿者工作机制

泗阳县注重发挥群众在社会治理中的作用，动员和组织广大人民群众积极参与社会治理和服务，全面实施志愿者建设工程，充分激发社会活力，有力提升了社会治理效能。

（一）打造四类队伍，实现组织发动常态化。把继承和创新群众工作作为加强社会治理的重要法宝，始终坚持群众主体作用，常态化推进四类志愿者队伍建设。一是行政推动，打造机关志愿者队伍。建立部门责任落实机制，将全县机关事业单位人员统一纳入志愿者队伍，利用休息日和业余时间，开展“千名干部进万家”“我的城市·我的付出·我的爱”等社区服务和城市管理公益活动，充分发挥示范带动作用。二是广泛宣传，打造城区志愿者队伍。通过悬挂宣传标语、张贴宣传口号、在电视台和室外屏幕播放宣传片等方式进行广泛发动，在城市各个片区打造“十支百点千人”队伍，即建立纠纷调解、义务巡防、舆情收集等10支志愿者队伍，共计1000余人，围绕居民小区、学校、水电气设施、金融网点等重点目标，设立100个志愿服务点。三是依靠村居，打造农村志愿者队伍。结合农村实际，着力打造村居“五员”队伍，即从低保户中遴选确定素质较高的8名至10名“巡逻员”，在每个自

然村庄中确定1名“信息员”，在路边小店业主中确定2名“守望员”，在村居环卫、养路人员中确定2名“观察员”，在留守人员左邻右舍中建立“爱心帮扶员”。四是依托平台，打造网络志愿者队伍。依托“警务室”网络平台，从网吧业主及网管中物建一批“网上巡防志愿者”队伍，收集网络社情，消除管理盲区。

（二）健全三项机制，实现管理使用规范化。紧密结合形势的发展和变化，不断健全管理机制，逐步规范队伍建设，充分发挥社会治理志愿者作用。一是健全培训机制。充分利用“市民学校”、农村远程教育等载体，开展法规政策、业务技能、典型经验等方面的专题学习，确保每一名志愿者都有人沟通联系、有人组织培训，不断提升参与社会治理的能力和素质。二是健全使用机制。从最初的单一参与社会治安管理，转向参与社会治理服务拓展工作职责。志愿者不仅要及时向公安机关反映社情民意、可疑情况和各类线索，协助开展治安防范、灾害事故预防、重点人员帮教稳控等工作，还要积极参与流动人口管理，协助调处各类矛盾纠纷，配合开展社区公共服务，深入帮扶困难弱势群体，主动参加社会公益活动，在社会治理创新、社会风尚引领工作中全面发挥作用。三是健全督查机制。重点围绕人员、措施、考核、奖励、责任五个方面，对志愿者工作定期开展督促检查，积极查找问题，及时督促整改，切实推动各项工作健康有序开展。三项机制的运行，使该县社会治理志愿者队伍初步形成了组织有网络、管理有系统、联系有专人、考核有机制、激励有措施和动员社会化、责任具体化、运行规范化、监督日常化、效能最大化的“五有五化”运转模式。

（三）采取四项举措，实现表彰激励长效化。坚持精神激励和物质奖励相结合，充分发挥典型引导作用，推动志愿者建设工作长效开展。一是设立专项奖励基金。专门设立志愿者专项奖励基金，严格专款专用，对作出贡献的志愿者给予奖励。二是实行积分奖励。坚持过程性与结果性考核相结合，实行“积分卡”制度。对提供有效信息或协助治安、交通、消防管理及参加公益活动等行为，赋予相应积分；对开展重点人员帮教、管控等工作的，按季度予以积分；对提供重要信息的，实行“一事一奖”。所有积分奖励及时录入社会治理志愿者信息管理系统。三是评选优秀志愿者。根据志愿者积分排名及贡献情况，每年评选出100名优秀志愿者，颁发荣誉证书和奖金，给予精神和物质奖励。机关志愿者不参与积分排名奖励，但积分情况列入年度述德考核，作为评先评优的重要依据。四是推行十项优惠政策。每年在评选100名优秀志愿者基础上，授予金、银、铜牌奖。金、银、铜牌奖志愿者除积分奖励外，还分层次享受公安、工商、税务、住建等10个部门提供的购房优惠、免费体检、子女优先择校就读并免除书本和住校费、免结婚证工本和照相费、免收工商执照工本费、免“一事一议”筹资筹劳、免驾驶证和行驶证年审费及特种行业许可证工本费、免有线电视费、免费赠送报刊十个方面的优惠政策。

四、小结

在党中央“四个全面”的战略布局中，全面推进依法治国不仅是“四个全面”重大战略的重要组成部分，而且是协调推进“四个全面”的制度基础和法治保障。实现经济发展、政治清明、文化昌盛、社会公正、生态良好，必须更好地发挥法治的引领和规范作用，推进国家治理体系和治理能力现代化，为党和国家事业发展提供根本性、全局性、长久性的制度保障。县级行政在我们国家的组织架构和政权体系中处在承上启下的关键环节，就国家治理体系和治理能力而言，县域治理是最重要的基础层级，是发展经济、保障民生、维护稳定、促进国家长治久安的重要支撑。一个县就是一个完整的区域共同体，在全面建成小康社会、全面深化改革、全面推进依法治国、全面从严治党中进程中起着十分重要的作用。社会治理最具基础性的层级是县，县域社会治理在国家社会治理中起基础性作用，县域社会治理的推动发展，是推动国家成功治理的基础。

社会转型期给社会治理带来了新的挑战。要妥善解决好社会治理领域存在的各种问题，迫切需要在社会治理理念思路、体制机制、方法手段等方面大胆实践和探索研究，着力改变日常社会治理中的思路、机制、法律、政策、方法和手段等方面存在的不适应问题，以法治思维和法治方式积极推进县域社会治理创新，以理念的先进带动社会治理水平的提升，让法治融入社会治理、社会生活，使之成为构建现代公民人格、建设民主法治社会的基础，从而更好地维护最广大人民群众根本利益，最大限度增加和谐因素，增强社会活力。以法治引领县域社会治理创新，需要积极构建完善社会矛盾源头预防机制，推动社会治理关口前移，着力解决影响社会稳定的源头性、根本性、基础性问题；要不断加强流动人口和特殊人群的服务管理，健全完善以特殊群体为重点的社会治理网络，努力从源头上预防和减少违法犯罪；要大力推进公共安全体系建设，打造社会治安防控体系升级版，努力提高驾驭动态条件下社会治安局面的能力和水平;要着力构建覆盖城乡的公共法律服务体系,大力实施法治惠民实事,在更宽领域、更深层次、更高水平提升法治服务能力和水平;要有效夯实基层基础,始终把基层组织建设作为推进县域社会治理的一项重要内容,加强社会治理三级平台建设,推行网格化管理模式,发展壮大基层群防群治队伍,加强社会组织和非公经济组织服务管理,强化信息化建设,为县域社会治理提供坚强有力平台,奠定坚实基础。推进县域社会治理法治化是一项复杂而庞大的系统工程,涉及多个部门、多个行业,必须充分发挥党委、政府、社会各界、人民群众等各类主体和各层各级的积极作用,强化协调配合,完善各方互动、部门联动和典型带动的工作格局,努力形成推进工作的整体合力。

第六章　基层民主法治建设

自改革开放以来，我国基层自治制度在不断探索中完善，《村委会组织法》以及《城市居委会组织法》已经修订并付诸实施；社区居委会和社区服务体系建设、村委会换届选举以及村级组织运转保障机制相关文件的先后下发，为广大基层提供有力的法律制度保障。基层自治组织建设不断加强，载体不断健全，群众自治组织基本实现了全覆盖，新型城乡自治组织不断涌现。各地基层审判、检察、公安和司法行政机关及其派出机构建设不断健全，司法服务更加贴近群众、便利群众，我国基层治理已经步入制度化、法治化的轨道。当前，“四个全面”战略布局的实施，依法治国方略的全面推进，乃至实现中国梦的宏伟蓝图绘制都内化为基层法治建设的重要内容和目标任务，为基层法治建设开辟了广阔的发展空间。基层民主法治建设迎来了一个难得的发展机遇。

一、基层法治建设概述

“基层”是人们经常使用的一个概念，有相当多的人把“基层”等同于乡镇或者“基层政权”，这就是颇有代表性的片面的基层观。这种基层观缩小了“基层”的范围与内容，妨碍了基层民主制度的建设。因此，有必要让我们的论述从探讨基层概念入手。从汉语字典的意义上说，基层的概念是指各种组织中最低的一层，它与群众的联系最直接。即直接面对人民群众,直接接受人民群众的监督,其一切管理活动都具有直接性。而本书中所讲的基层法治建设,是指在中国共产党的领导下,各地村(居)民委员会、企事业单位等组织落实依法治国基本方略,夯实依法治理工作基础,依据宪法和法律的规定,充分发挥自身职能和作用,引领广大基层干部群众参与基层治理活动,有效推动基层日常事务和各项工作纳入法治化轨道的过程。

各地的法治建设活动是从基层依法治理开始,从基层基础抓起的。基层法治建设是推进依法治国的基础和重要渊源。多年来,在地方党委的统一领导下,基层依法治理工作蓬勃开展,各地做了大量卓有成效的工作,收到了显著成效。现阶段进一步推动基层法治建设,就是要全面提升基层党组织建设和基层依法治理水平,进一步巩固党的执政基础和群众基础,提升基层干部运用法治思维和法治方式维护稳定、化解矛盾、促进发展的能力,推动基层群众知法守法、依法办事形成风尚。

二、基层法治建设工作的重要性

当前,我国正处在改革攻坚期和深水区,注重从基层推进法治中国建设,这是重大而紧迫的现实需要。而在这个过程中,农村和城市社区的情况又有所不同,为了深入剖析这两种不同情况,在此分农村和社区两个部分进行进一步分析。

(一)农村法治建设现状及重要意义

多年来,我国社会主义新农村建设以及农村基层法治进程取得了明显进步,基层依法治理有了显著的成效。这表现为:一是多年来,全国人大及其常委会共制定和颁布了20多部农业法律。涉及农村的行政法规、地方性法规、部门规章等也逐步制定完善,有关农业、农村、农民的法律、法规体系已基本形成,推动“三农”工作深入发展已经迈进法制化轨道。二是经过多个五年普法规划的实施,有计划、有组织并且持续进行了多年的普法教育,广大农民的法治观念和法律意识、维权意识、参与意识不断增强,农村普法工作领导体制和工作机制已经建立健全并且进一步完善,农村基层干部依法履职、依法办事、依法推动发展的能力逐步提高。三是村民自治组织体系进一步健全,多种形式的基层自治实践,丰富了基层法治建设,得到了群众的广泛参与和欢迎。各地基层自治组织普遍实行了“四民主两公开”,即民主选举、民主决策、民主治理、民主监督,村务公开以及财务公开。村民自我教育、自我服务、自我发展迈入制度化、规范化轨道。四是法律服务网络基本形成，农村法律服务体系以及法律援助等法律服务工作水平不断提高，广大农村的社会治理环境和执法氛围不断改善，农村社会总体保持安全、和谐、稳定。[1]

在我国，农业、农村、农民问题一直是关系全局发展的重大课题。随着改革的纵深发展，"三农"问题的重要性也日显突出，农民权益如何得到有效保障，农村社会公平正义的实现受到关注。农业是我国国民经济的基础，农业的稳步发展是国民经济健康协调发展的前提和保障；农民经济、政治、文化的进步和发展，是全社会进步和发展的重要内容。全面推进依法治国，根基在农村、难点在农村、希望也在农村。党的十九大报告强调，要"实施乡村振兴战略"，"加强农村基层基础工作，健全自治、法治、德治相结合的乡村治理体系"。[2] 这一重要论述，为新时代当代中国农村基层民主法治建设指明了方向。具体来说：

1. 加强农村民主法治建设是推进社会主义新农村建设的根本保证。在新农村建设中，中央出台了一系列支农、惠农政策，这些政策措施在农村的贯彻落实，很大程度上取决于农村民主法治建设工作搞得好不好，如果有关政策规定、实施程序、办理结果都不公开，农民群众对此缺乏了解和参与的机会，政策措施就不可能达到预期效果。因此，只有加强农村民主法治建设，依法落实农民群众参与村级重大事务治理的各项权利，才能真正把党和政府关于农村改革发展的政策措施落到实处，才能真正促进社会主义新农村建设顺利开展。

2. 加强农村民主法治建设是推进村民自治的必然要求。过去，在一些地方和一些乡村，工作中经常会出现一些忽视甚至剥夺农民群众合法权益的现象。对一些村里重大事项，他们不知情，没有村务治理的监督权，严重挫伤了农民建设社会主义新农村的积极性。而究其根本原因就是"村民自治"的民主权利没有得到落实，因此，加强农村民主法制建设，归根到底就是为了促进农村基层依法治理工作，实现依法治理农村经济文化和社会事务，依法协调处理各方面的利益关系，依法保障广大农民群众参与治理村级公

[1] 参见陈延荣：《对当前农村法治建设的调查与思考》，载 http://www.npc.gov.cn/npc/xinwen/rdlt/sd/2015－07/07/confent.1941241.htm。

[2] 参见习近平：《决胜全面建成小康社会，夺取新时代中国特色社会主义伟大胜利》（2017 年 10 月 18 日），载《人民日报》2017 年 10 月 28 日。

共事务的民主权利,充分发挥法治在维护和保障农民群众合法权益方面的重要作用。

3. 加强农村民主法治建设是巩固党在农村执政基础的重大举措。只有加强农村民主法制建设,使广大农民群众真正做到对基层经济、政治和社会事务的民主决策、民主治理和民主监督,依法决定和治理自己的事情,才能更好地调动农民群众的主动性、积极性和创造性,坚定广大农民跟党走中国特色社会主义道路的决心,从而不断巩固党在农村的执政基础。

4. 加强农村民主法治建设有利于推动和促进和谐社会建设。在农村实现社会和谐,创造美好生活,是广大农民群众梦寐以求的理想。推动农村法治建设,就是要赋予广大农民群众同等的发展机会,以此逐步弥合城乡差距以及贫富差距,最终实现共同富裕。推动新时期社会主义新农村的法治建设,是社会主义新农村建设的重要基础,也是必须的保障,没有法治作为保障的农村建设,不可能推动形成和谐的社会主义新农村。加快推进社会主义新农村法治建设,既适应了农村经济社会发展的客观要求,同时也体现了农民群众的自身利益和共同愿望。

(二)社区民主法治建设现状及重要性

城乡社区法治建设是基层群众自治的生动实践,是社会主义协商民主建设的重要组成部分和有效实现方式。近年来,各地基层坚持有事多协商、遇事多协商、做事多协商,积极创新实践,探索了居民议事会、居民理事会、民情恳谈会、社区治理委员会以及社区听证、社区论坛、社区评议、社区议事园等协商民主机制,有效维护了群众的切身利益,促进了社会和谐与进步。各地深入贯彻中央和省委、省政府决策部署,大胆探索、勇于创新,健全基层民主协商机制,推动社区减负增效,完善社区服务体系,进一步提升社区治理水平,以实现社会治理体系和治理能力现代化为目标,坚持以推进“政社互动”为重点,着力推动社区依法治理。城乡和谐社区建设示范单位创建工作取得了显著成效,为增进民生幸福、促进社会和谐作出了积极贡献。

加强城乡社区法治建设,有利于畅通群众利益的诉求表达渠道,保障人民群众依法行使民主权利;有利于扩大群众参与,健全基层党组织领导的充满活力的基层群众自治机制;有利于找到群众意愿和要求的最大公约数,促进基层民主健康发展。具体来说,应做到以下几点:

1. 实现社会“善治”,应从社区依法治理开始。如何实现良好的社会治理,即“善治”,是当前社会治理研究的目标。当前,我国正处于社会转型时期，多元利益主体并生，社会结构日益复杂，人民群众多元性、平等性和包容性参与需要日益高涨，传统的命令、管理等强制性手段已难以适应经济社会发展的需要，迫切要求建立健全多方参与的协商机制。而在发扬社会主义民主、表达群众意愿、保障人民当家作主方面，社区协商民主往往可以更充分地实现公众的民主权利。就基层而言，完善社区协商机制，扩大公众参与度，使其积极建言献策，可以更好地推进社会治理法治化。应当充分发挥社会主义民主政治的独特优势，在党的领导下，在社区推进协商机制建设，深入了解民意，广泛集中民智，平衡协调各方面利益关系，维护人民群众合法权益。积极推进并且畅通公民诉求表达渠道，健全完善立法协商、社会公示、决策听证、专家咨询等制度，充分调动公众参与协商的意识和热情。

2. 加强社区治理法治化建设，有利于维护城市发展与和谐稳定。社区处于最基层，加强社区治理法治化建设，能够从潜移默化中掌握社区群众的思想动态，了解到一些潜在的社会矛盾，通过法律方面的释疑解惑以及调解、沟通，将矛盾直接消灭在萌芽状态，无形中充当了社会稳定第一道防线。此外，将法律带到基层群众身边，让法律走进群众生活，日常生活中的“小事”“琐事”“麻烦事”在社区层面得到解决，有助于人民群众养成依法行使自己的权利，积极履行自己应尽的义务，从而养成遵纪守法、依法办事的良好习惯。与此同时，加强社区法治建设力度不仅有利于引导和规范广大群众和基层干部的各种法律行为，充分发挥法律专业人才对各种社会关系和经济关系的社会调节作用，体现治理体系法治化的特点，还能有效维护广大群众的合法权益，减少和及时解决各种矛盾和纠纷，营造和谐稳定的社会环境，为经济的快速发展打下良好基础。

3. 加强社区建设，是社会治理法治化的基础和抓手。近年来的社区建设与发展正是顺应着改革潮流的这种需要，从基层开始的一种社会治理的改革探索。但是城市社区建设的经验又表明，这不是简单地把党政工作重心从过去的工作“单位”转移到生活“社区”。社区本身不是政府的延伸，而是来自草根社会的区域性“共同体”。所以，在社区建设的过程中，建立起具有中国特色的基层社会的善治结构，是一项基础性工作，也是通过社区建设取得社会善治的基本途径。在社区层面是最能直接感受到善治的这种理念导向的。因为在社区层面，人们对切身需求和贴身公共事务最有发言权，最能形成自我解决的办法。所以，社区是培养公众民主习惯和治理能力的学校，是社会善治的起点。

三、基层民主与社会自治

中共十八大《报告》指出:“在城乡社区治理、基层公共事务和公益事业中实行群众自我管理、自我服务、自我教育、自我监督,是人民依法直接行使民主权利的重要方式。”[1]贯彻党的十八大精神,应当进一步健全基层民主制度,发展基层民主,保障人民享有更多、更切实的民主权利。

基层民主制度主要是指我国的基层群众性自治制度,是指基层群众性自治组织形式及其运作方式,它是基层群众性自治组织自我教育、自我治理、自我服务、自我监督的方式、方法、程序的总和,是人民参与治理国家事务和社会事务的一种形式,是社会主义民主制度的一个重要方面。我国《宪法》第111条第1款规定:“城市和农村按居民居住地区设立的居民委员会或者村民委员会是基层群众性自治组织。”基层群众性自治是非政权型的,即非国家性质的自治,而是一种社会自治。在我国社会主义民主建设过程中,从民主主体的范围看,发扬基层民主,保证基层组织和成员直接行使民主权利,依法治理自己的事情,创造自己的幸福生活,是社会主义民主最广泛的实践;从民主建设的目的和途径来看,发扬社会主义民主,则是为了让人民群众当家作主,调动人民群众的积极性。而要实现这个目的,除了让人民群众有权选举代表,监督国家权力机关,参与对国家事务的治理外,更重要的一个途径就是加强基层民主制度建设,让人民群众对基层的公共事务进行治理,并逐步使这种治理规范化、制度化。城乡群众性自治组织,在我国城市就是居民委员会,在农村则是村民委员会。群众性自治组织既是基层政权的基础,又是党和国家联系人民群众的桥梁和纽带。群众性自治组织直接、经常接触城乡社会,是党和国家联系城乡基层最广泛的基层组织,同时也是国家在城乡的落脚点。基层群众可以通过基层自治组织贯彻执行国家的政策、法律,也可以通过自治组织向国家机关反映自己的意见和建议;同时,群众性自治组织本身又有自己的固有事务,其中有直接与当地人民福利有关的社会事务和按法律规定的自治团体应有的事务,如办理本居住地区的公共事务和公益事业、调解民间纠纷、协助维护社会治安等。

(一)实现基层自治的工作要求

1.健全基层党组织领导的充满活力的基层群众自治机制。基层群众自

[1] 胡锦涛:《在中国共产党第十八次全国代表大会上的报告》,人民出版社2012年版。

治制度包括城市居民委员会制度和农村村民自治委员会制度。在城市，进一步完善居民委员会协调会制度、听证会制度、评议会制度、居民来访制度、居委会工作报告制度等，进一步发挥城市居民在社区治理、公共事务和公益性事业中自我管理、自我服务、自我教育、自我监督的积极性主动性。在农村，进一步完善村民民主选举、民主决策、民主管理、民主监督的方式方法，提高农村公共事务、公益性事业的自我管理水平和调解民间纠纷、维护社会治安的自觉性。扩大有序参与，更多地吸收城乡居民参与基层事务的管理，就涉及基层群众利益的事务广泛听取居民的意见和建议。推进信息公开，把城乡社区管理涉及的事务尽可能地向居民公开，让每一位居民心里都有一本"明白账"。加强议事协商，凡涉及居民的公共事务和公益性事业，就开展议事协商，尽可能地达成一致性意见，妥善处理好各种不同意见和利益关系，维护城乡社区和谐稳定。

2. 健全以职工代表大会为基本形式的企事业单位民主管理制度。进一步强化职工在本单位经营管理和各项事务中的民主管理、民主监督作用，审议企事业单位的重大决策，管理企事业单位内部事务，监督行政领导行使管理职权，维护职工合法权益，保障职工参与管理和监督的民主权利，确保企事业单位各项事业健康、可持续发展。

3. 促进实现政府管理和基层民主有机结合。基层工会、共青团、妇联等团体以及各类社会组织是基层群众自治的重要依托。加强对基层各类组织的领导，积极培养各种有利于促进社会公共利益、基层民主和社会自治功能的社会组织，推动基层各类组织广泛发扬民主，提高工作透明度，引导和规范基层各类组织健康有序发展。在此基础上，充分发挥基层各类组织在维护群众利益、反映基层群众诉求、管理基层事务、扩大群众参与等方面的积极作用，增强基层各类组织的自治功能，实现政府管理和基层民主的有机结合。

在基层党组织的领导下，将基层民主纳入社会治理的大格局中，发挥社会治理多元化主体的作用。把基层民主与社会治理结合起来，以人民群众参与选举、决策、管理和监督的全方位制度建设，解决政府"不该管，管不好"的问题。事实上，让群众以制度化方式参与社区事务管理和监督，既能降低政府行政成本，又可完善基层治理体系，已成发展趋势。随着新型城镇化的推进，应当把基层民主与城镇化建设结合起来，实现政府行政管理与基层群众自治有效衔接、良性互动的新型治理格局。有的城市在小区改造和房屋拆迁中,由群众讨论并提出改造方案,再由政府整合、协调,使基层政府决策模式悄然发生变化。

同时,在推进社会治理法治化的过程中,坚持协商共治,鼓励群众参与,在党委领导的前提下,搭建基层群众参与决策、公共事务的平台,让老百姓在为自己争取合法权益的同时,了解政府的工作目标,并将自己的意见建议及时传送给基层政府,使最终出台的决策更为科学、合理,操作性更强。大力推广“政府主导,社会共治,群众参与”的治理模式,不断优化政府决策机制。积极通过发布媒体信息公告、在门户网站开设专题、官方微博互动等方式,积极搭建政府与群众的协商平台,主动听取群众意见,赢得群众的理解和支持。积极开展基层民主协商,不断健全党组织领导的充满活力的基层群众自治机制,进一步创新村(居)民会议、民主恳谈会、社区论坛等协商形式,让群众知情有渠道、参与有平台、监督有手段、共享有机会,努力变“替民做主”为“由民做主”,充分调动群众参与公共事务协商的热情。积极推进企业协商、劳资对话等经济领域的协商机制,推行企业职工工资集体协商机制和协调劳动关系三方机制,努力构建和谐劳资关系。不断拓展协商民主的内涵,创新协商民主的形式,加强协商民主的平台建设,推进社会主义协商民主制度化发展。始终把夯实基层基础作为重要内容,系统调配、统筹安排,优化整合相对分散的社会资源,夯实县域社会治理法治化的工作基础。在纵向上,充分调动相关单位和职能部门积极参与和支持,强化合力,提高效率,降低社会治理成本。在横向上,注重整合服务团队资源,发挥党员干部作用,提升团队服务能力,使群众及时享受到快捷、方便的服务。

(二)在民主自治中的规定动作中实现基层良治

1. 民主选举:提升基层自治组织治理能力

基层自治制度是否能够得到有效落实,首先要看村(居)委会民主选举工作情况怎么样;民主选举工作是基层自治制度的重要环节。民主选举是村(居)民自治的基础,也是推动城乡自治组织整体建设的有效途径,通过选举,选出人民群众“放心人”,是推进城乡基层依法治理工作的前提条件。这就是要使城乡基层中的人才充分涌现出来,在基层党组织的领导下,赋予其组织推动基层依法治理的广阔舞台。

2. 民主管理:得到群众信任和支持

民主管理是抓手,应当依法建制,以制治理,不断完善各项民主自治制度,把广大村(居)民紧紧地团结在基层自治组织的周围,形成自我教育、自我服务、自我管理的良好局面。注重建制的针对性和可操作性，体现群众的想法和意志，充分调动村(居)民参与民主管理的积极性。

3. 民主决策：群众自己的事自己做主

逐步规范民主决策制度，通过制定规范的民主决策、民主议事制度，对村(居)民会议、村(居)民代表会议的职责、议事范围和议事程序作出明确规定，涉及村(居)民利益的重要事项提请村(居)民会议讨论表决，大事由村(居)民说了算。这也就是说，民主决策将基层日常事务的决策过程由群众来决定。

4. 民主监督：让基层治理置于阳光之下

民主监督是保障，村(居)务公开、财务公开是广大村(居)民对村(居)事务实行民主监督的主要内容，也是城乡基层民主法治建设的重要基础。加强民主监督是促进村(居)务公开和财务公开的有效手段。只有这样，老百姓才称其是“阳光工程”“民心工程”。

(三)基层民主自治的几种实践模式

1. 太仓市政社互动模式

太仓市多年来致力于“政社互动”工作，取得了明显成效。具体来说：

(1)明确“政社分开”，出台互动纲领。2008 年，太仓市委、市政府成立“政社互动”研究工作领导小组，组织专门力量进行破题攻关。同时，在全市范围内进行广泛宣传，破除“三大阻力”，形成“三大共识”：一是破除基层政府习惯行政包揽、对自治组织“还权不忍心、放权不放心”的思想阻力，在推动依法行政、建设法治型服务型政府方面形成共识；二是破除自治组织习惯“行政依赖”、一旦离开行政“指挥棒”就变得束手无策的运行阻力，在发展基层自治、提高自治能力方面形成共识；三是破除政府部门与自治组织行政隶属关系根深蒂固、行政责任无限延伸的社会阻力，在规范政府权力、发展基层民主方面形成共识。在此基础上，市政府于 2009 年 5 月出台《关于建立政府行政管理与基层群众自治互动衔接机制的意见》，成为开展“政社互动”实践的纲领性文件。

(2)明确权责边界，制定“两份清单”。“政社分开”的核心是政社之间权责的明确。依据法律规定，通过部门清理、专家审核、村(居)讨论、社会公示，梳理出《基层群众自治组织依法履行职责事项》(10 项)和《基层群众自治组织协助政府工作事项》(29 项)两份“清单”。前者为自治组织履职清单；后者为行政权力限制清单，对政府权力进行确权勘界，法无授权的行政事项退出村(居)自治组织。“两份清单”划清了“行政权力”与“自治权利”界限,为推进“政社互动”奠定了坚实基础。

(3)剥离行政责任,签订协助协议。在明晰权责基础上,把废止村(居)行政责任书作为推进“政社互动”的突破口。2010年4月,在城厢镇、双凤镇先行试点,“政社”双方平等协商签订协助管理协议书,明确协助管理的项目和要求,明确政府必须提供的行政指导和财政支付,明确双方的履约评估和违约责任。协议书的签订,正确处理了“三个关系”:一是正确处理基层政府与自治组织的关系。协助管理协议书坚持社会主体平等法律地位,体现了相互尊重和互动。二是正确处理履行法定职责与协助政府管理的关系。凡属法定义务,自治组织依法履职;凡依法需自治组织协助管理事项,政府实行“支付协助”;凡法律未赋予自治组织责任和义务的事项,政府实行“购买服务”。三是正确处理民主管理与村(居)干部自行管理的关系。协助管理协议书需经村(居)民代表会议表决通过,从机制上防止了“村干部自治”替代“村民自治”。基层群众自治组织与基层政府签订协助管理协议书,此举被评为江苏省首届“十大法治事件”之一。

(4)弱化行政考核,实行双向评估。“双向评估”就是协议双方对其履约情况进行相互评估。“双向评估”实现了“两个改变”。一是把政府的权力限制为“履约评估”而不再是“行政考核”,确保了自治组织的行政剥离,体现了契约双方的“主体公平”;二是把过去政府的“单向考核”改变为契约主体的“双向评估”,体现了协议双方的“权利公正”和“义务平等”。政府部门要对村居的协议履行情况进行评估,村(居)组织也要对政府协议规定的行政指导、专业服务、支付兑现以及行政干预等情况进行评估。

2.“学孔样本”:把议事会建在村小组上的

怀仁市学孔乡有7个行政村87个村民组,所有村民小组都被改为村民议事小组。议事小组设议事长1名,议事代表2名至4名,议事成员就是每个家庭的代表。议事长与议事代表由议事成员推选产生,也可由议事员轮流担任,他们之间不存在任何上下级关系,议事长与议事代表没有报酬,其工作职责就是召集议事成员开展议事决策活动。改村民小组为议事小组后,每个小组还有自己的议事规章制度、议事室、议事便民服务队等,在人口多、较边远的议事小组,乡里还专门安装了免费电话,只要议事成员有问题需要反映,就可免费向村里、乡里打电话。议事小组除了有议事制度与硬件设施外,议事小组还必须在乡里的指导下,在讨论问题时,保证议事成员人人发言,保证议事成员轮流领学与农村有关的政策法规,保证议事成员为村里的建设献计献策,保证议事成员监督村里的各种村务公开。学孔乡还制定奖励机制,每月向议事长发放一定奖金,以鼓励其积极性。对积极为议事制度、农村发展献计献策的议事代表和议事成员,乡里也给一定奖励。通过这种奖励机制,不仅保证了这种制度的落实,也保证了这种制度的常态化。村民议事会是村级自治事务的常设议事决策机构,根据村民会议、村民代表会议授权,行使村级自治事务决策权、议事权,讨论、决定村级日常事务。一般而言,一个村委会有一个村民议事会。但在实践中,由于村委会包含很多村民小组,村民议事会只能由每个小组内选举的代表参加。每次召开村民议事会,都需要村委会提前组织,通知议事会成员,召开会议很不方便。同时,由于是村民代表参加议事会,普通村民对议事会所议之事并不了解。也就是说,在行政村范围内建立村民议事会,容易导致三方面的结果:一是不能保证村民的广泛参与;二是由于各小组之间的利益差异,议事会可能很难达成共识;三是需村委会统一组织,且各小组离村委会较远,很难召开议事会。为避免以上弊病,学孔乡创新性地在村小组内建立议事会,搭建村民参与村务决策与管理的平台,让更多村民有机会参与基层社会治理。学孔乡有 7 个行政村 87 个村民组,所有村民小组都建立了议事小组。通过成立村民议事小组,将村民自治的决策权、执行权和监督权既相互分离又相互制衡,从而形成学孔"村支部领导、议事会决策,村委会执行、监委会监督"的治理新模式,在真正意义上实现了民事民议、民权民定。议事制度的形成,不仅理顺了民气、解决了民事,还挖掘出民智、集中了民力、发展了民富。[1]

3. 习水"四事工作法"

应如何激发干部创业干事激情,发挥群众主体力量参与经济社会建设呢?近年来,习水县在认真总结各基层党组织"4451 工作模式、村民自治、两议四评"等经验做法的基础上,在全县推行"群众说事、民主议事、干部理事、公开晒事"的"四事"基层工作法,变"干部出题、群众解题"为"群众出题、干部解题",齐心协力推动同步小康建设。习水县以村为单位在党员、知名人士、五老人员等人中通过民主选举组建村民议事会、村监会,带头听取群众心声,代表群众说事,以落实群众意见消除群众疑虑为己任,做到取信于民。以同步小康驻村工作为契机,选派 688 名干部驻村开展工作,到群众

[1] 王酒、陈富强:《村民小组"变身"议事小组》,载《贵州日报》2014 年 3 月 6 日,第 2 版。

家门口听取民声、了解民意;全县党员干部亮身份、亮职责、亮承诺,公开联系方式;在网上开通书记、县长信箱受理群众诉求;整合县、乡、村、组 512 个服务站(点),建立群众说事室、群众工作中心(站),设置征求意见箱 350 个,搭建了集网络、通讯、队伍、阵地“四位一体”的群众说事平台。在群众说事的基础上开展民主议事,让群众的事群众自己做主,充分发挥群众参与的积极性和主动性。针对群众说事内容,一般常规性事务由干部直接受理;对大额资金使用、涉及群众切身利益等重大事项,由乡镇党委审定后,采取村“两委”提议、村民组议事会审议、村民代表大会决议的程序进行民主议事,通过后实施。二里乡钟家湾村曾是远近闻名的上访多、矛盾多、百姓怨气多的“三多村”,推行“四事”基层工作法后,在村干部的引导下,村民自己议事、自己管事,难题逐个破解。[1]

4. 贵阳“三会一评”

贵阳市认真贯彻中央关于“围绕促进科学发展、促进社会和谐这个中心任务开展创先争优”的要求,将创先争优活动与加强和改善社会管理、促进社会和谐结合起来,在小河区、金阳新区积极开展城市基层管理体制改革试点工作。改革试点社区通过设立社区服务中心,成立“居民议事会”,实行“三会一评”(群众意见收集会、议题讨论会、议事决策会、述职评议),探索建立了新型城市社区扩大民主的新机制,突出社区居民的主体地位,让他们依法直接行使民主权利,有序参与社会公共事务和公益事业,有效解决了社区居民在社会事务中“参与无平台、意见没人听、说话不管用”的现象,推动了民主决策、民主管理和民主监督,保障和扩大了城市基层民主,实现了行政管理与群众自治的有效衔接和良性互动。目前,这一工作方法已通过文件予以规范,在全市 11 个区(市、县)31 个改革试点社区中全面推开。[2]

5. 凤冈“党群直议制”

凤冈开展以深化拓展服务型党组织为主线,以农村基层民主治理方式改革为切入点、扩大党组织的覆盖面,对村组的重大事务采取党员和群众直接提议、评议,并全程参与审议、决议的“党群直议制”。

---

〔1〕 周进:《习水"四事"工作法让干部俯身基层为民解忧》,载人民网—贵州频道:http://gz.people.com.cn/n/2014/0716/c194827-21684171.html,最后访问日期:2017 年 3 月 10 日。

〔2〕 廖斌、邵家学:《贵州贵阳:推行"三会一评"探索扩大城市基层民主新机制》,载人民网—理论频道:http://theory.people.com.cn/GB/40557/227442/231175/15820349.html,最后访问日期:2016 年 12 月 17 日。

“党群直议制”是指：一方面，在自然村寨或村民小组、相对集中连片的区域设立党支部或党小组，形成“党员→党小组→组级党支部→村党总支→村党员代表大会”党内议事体系。另一方面，以村民小组为单位，选举建立组民主议事会。再由每个组推选出 2 名代表，组成村民代表会议，建立“村民→组议事会→村民委员会→村民代表大会”的村民议事体系。

在两个方面的议事体系中，组级“两会”是党群直议的主体，负责讨论决定涉及本组的公益事业、产业发展、危房改造、农村低保、组规民约等一般事项，以及对涉及本组群众关心的热点、难点问题或重大事项进行收集和梳理，讨论提出意见建议，及时提交村“两会”审议、决议，及时组织党员、群众予以实施。[1]

四、基层民主法治建设面临的问题

随着我国社会主义市场经济不断发展的同时，农村社区治理出现了许多新问题。

（一）制约农村法治建设的问题及原因

通过多年的努力，农村基层民主法治建设取得了可喜的进步，为法治江苏建设顺利推进夯实了基础。但我们也应清楚地看到，在农村基层民主法治建设过程中仍存在着一些薄弱环节。主要表现在[2]：

（1）习惯性思维较多。基层群众自治组织在日常生活中，往往会结合本地方、本区域特点，制定了一些措施，但这些措施规定的可操作性有时并不强，当面临一些具体的实际问题时，基层干部经常会根据这些“原则性”规定，行使较为随意的“自由裁量权”，效果难以乐观。根据《村民委员会组织法》第 17 条第 2 款规定，“以暴力、威胁、欺骗、贿赂、伪造选票、虚报选举票数等不正当手段，妨害村民行使选举权、被选举权，破坏村民委员会选举的行为，村民有权……举报，由乡级或者县级人民政府负责调查并依法处理”。但是，这里的“依法处理”究竟依什么“法”，以及相关的一些问题却没有相应的明确规定。换句话说，即使有不少已经制定的“村规民约”，但不少基层

---

〔1〕 罗星汉、李坤、王其伦：《凤冈"党群直议制"聚民心促发展》，载《贵州日报》2013 年 7 月 10 日。

〔2〕 参见宁波市江北区人大常委会教科及卫工委：《基层民主法治建设状况的调研及思考》，载宁波市江北区人大常委会网站：http://rd.nbjiangbei.gov.cn/art/2014/10/15/art_10022_424151.html，最后访问日期：2017 年 3 月 20 日。

干部和村民遇事仍然习惯以传统的思维和方法解决问题,较少选择使用法律手段。例如,以民主选举方式产生村民委员会可以说是我国社会主义法治建设取得的重大进步,同时也是加快农村基层法治建设的客观要求。但由于直选村委会在我国尚处于开始阶段,选举并不太规范,所选的村干部往往是在本地宗族中有拥有较大影响,并采取承诺的方式当选的,因而代表本宗族成员利益或者部分选民,在工作中经常首先考虑部分选民的关系和利益。

(2)解决具体问题力度不够。恳谈制度的确立、接待室的设置,是基层民主法治建设的一大平台。通过此类方式,农村基层组织充分表达了听取群众建议的美好意愿,体现了干部对群众的尊重,建筑了彼此沟通的桥梁。基层领导所要做的第一步是聆听,第二步是解决,即将群众提出的建议进行梳理归纳,然后再有针对性地提出切实可行的措施并将之落到实处,这才是关键。在实践中,第一步得到了充分的实现,而第二步往往不了了之。时间充当了淡化一切的良药,但本质的问题却始终存在,于是同一矛盾不断重复外化为不同形式,让倾诉者累、聆听者疲。应当注意,群众提出意见的目的或许也在乎一个发泄的空间,但最在乎的是问题的妥善解决。

(3)少数干部群众法治意识仍然不足。通过普法教育,全民的法律意识、学法、用法的自觉性不断增强,但从面上的情况来看,占人口大多数农村村民的普法教育工作力度明显不足。主要表现在:一是农村的普法教育工作活动远远少于城镇,尤其是村级自行组织的普法教育活动极少,对农村老年人的普法教育工作几乎成了死角,农民的法律意识、法制观念较市民相比淡薄得多。二是农村干部群众的法制观念相对滞后,部分农村干部依法治理村级事务的意识、能力和做法与新形势下农村工作的要求相比,还有较大的距离。三是农村民主法治建设发展不平衡。就全县区范围而言,各村民主法治建设发展不平衡。有些村各项制度完善,但有个别村则明显滞后,存在较多问题,如因村级财务治理、土地征用、房屋拆迁等引发的村民集体上访事件等“热点、难点”问题时有发生,严重影响了社会安定。

(4)用法难、执法难。“用法难”,一个是不懂法,一个是用不起法。一方面,一些农村基层干部不学法、不懂法,法律知识缺乏,法律素质偏低,以言代法、以权压法,依法搞经济建设、处理社会事务的能力和水平不高。从普通群众来看,法律意识淡薄、用法意愿低,往往信官不信法、信权不信法。另一方面,用法程序多、耗时长、费用高,群众无法及时获取有效的法律帮助,形成“有法难用”的困局。“执法难”,主要反映在受长期以来形成的“法不责众”思想的影响,在极少数地方抗法现象时有发生,行政执法、司法执行难以顺利落实,良好的法律没有完全通过公平有效的执法行为得到体现,降低了法律权威。

此外,封建迷信活动在一些地方还比较盛行。有些地方盲目兴修寺庙,有的打着宗教的幌子,从事封建迷信活动,对人们思想形成束缚,对老百姓观念形成误导,影响群众尊法、学法、守法、用法。一些边远农村家族势力、宗族势力左右农村局面的现象仍然存在。有的农民在处理纠纷的过程中,不是求助于法律,而是依赖家族的力量来解决问题。

随着市场经济的发展,大多数农民已经认识到法的重要性,对于一些基本法律知识有一定的了解,但是他们对法律的地位和作用认识不足,法治观念整体上还是比较淡薄。这种现象的形成有主观原因,但更重要的是客观原因。客观原因具体为:

一是传统文化的影响。虽然中国的法律文化传统源远流长,但是随着改革开放,市场经济的发展,社会的变迁飞快,传统的效力已经无法保证社会秩序,而新的法治观念并没有完全形成。加之我国法治发展历史较短,而人治观念根深蒂固,影响了法治观念在普通民众中的传播和生成。

二是经济发展的制约。在广大农村,尤其是偏远地区的农村,农民大多依靠土地为生,土地是生产和财富的源泉,但从另一个方面来说,依托土地发展起来的经济往往局限在本村或者本乡,信息需求量相对较小。这种情况下,市场经济的发展和普及其实是比较缓慢的。因为市场经济体制在广大农村没有真正建立起来,仅靠土地生活的农民就较难摆脱传统法律文化的影响,与改革发展现实需要相适应的法治观念也就较难形成。

三是法律服务的缺位。经济基础决定上层建筑,多年来农村与城市在经济、政治、文化、社会生活等多方面形成的差别导致法律服务体系建设也呈现出城乡二元结构状态,即法律服务资源在城乡之间分布很不均衡。法律服务机构和人才资源主要集中在城市,农村难以得到优质、高效的法律服务,并且还在不停加深一种误解,即贫穷的农村不像发达的城市有诸多问题需要诉诸法律所以对法律的需求较少;而现实情况是,正是因为农村法律服务资源稀缺导致农民受援助率低,这样增加了农民维权的难度,削弱了农民维权的主动意识,导致农村人通过其他途径去解决,更带来农村的不稳定。

（二）社区“善治”组织体系存在的难题及原因

当前，随着新型工业化、信息化、城镇化、农业现代化的深入推进，经济社会发生深刻变化，城乡居民利益诉求和价值取向呈现多元化趋势，城乡居民政治参与、权益保障、诉求表达等机制还不够完善，社区法治建设程序和决策监督机制还不够健全，影响了城乡居民的诉求表达和权益保障。社区治理是我国实现“善治”的起点，在我国社区治理中当前存在最主要的问题是在社区组织体系方面。应该看到，改革开放以后，我国在社区和社会组织的制度建构方面都有一些进展，但总的说来其发展仍不尽如人意。具体来说：

1. 在社区组织的体制建构方面，尽管我国早已有了相关的法律法规，政府也多次发文强调大力推动社区建设，但迄今为止在大多数城市社区中仍未形成足够成熟的社区组织体制。与承担社会治理和社会服务的重任相比，社区组织目前仍然存在几大缺陷：一是体系不够完整、功能不够健全，大部分社区组织都没有与完成社会治理和社会服务相适应的专门化机构，因此其功能还很不健全；二是工作人员的专业化水平不够高，与政府机关人员和企事业单位的治理人员和专业人员相比，社区工作人员的平均受教育程度和工资待遇的差距仍是巨大的；三是公众对社区组织和社区事务的参与还很不够，在绝大多数社区中，参与社区组织和社区公共事务的，仍主要以社区中的老年人为主，而中青年群体的参与热情和实际参与率都较低。

2. 社区组织的资源调动和利用能力也存在很大的差距。应该看到，在过去的十几年许多城市都加大了对社区的投入，但迄今为止在社区公共资源调动方面仍存在几个方面的问题：一是政府为社区提供的资金还远远不够。目前，大部分社区所获得的公共资金仅能维持最基本的工作人员开支和办公经费，仍然难以支撑开展全方位的社区治理和社会服务等方面的公共活动。二是在政府以外的资源投入还很不够。例如，城市社区自身拥有的社区公共资源严重不足（如活动场所、经费），以及社区居民对社区公共事务的投入不足。资源问题不解决，社区组织是难以有效承担起基层社会治理职能的。从公共资源的分配和使用的角度来看，政府对社区的经费投入中许多是以纵向的系统而开展的项目活动，经费随着项目走，并且是由政府各有关部门在决定项目的立项和经费的分配，而社区组织在其中往往只是被动地执行项目。这种资源分配方式虽然能够有效地使社区组织协助完成政府各个部门的社会治理和服务项目，但对加强社区组织自身的能力建设作用不大。

3. 由于大量“单位人”已经向“社会人”转变，一些传统社会治理方法出现紧张态势。其中最突出的问题：一是治理对象而治理方式未变。原有的单位组织治理功能不断弱化，面对越来越多的流动的、分散的“社会人”，在很大程度上通过单位组织治理社会的基础产生了新的变化。这样，政府由原来的管单位变成了既要管单位部门，还要管大量的分散的个人。对象变多了，变复杂了，而传统的社会治理模式还没有适应这种变化，于是在部分地区和某些环节出现了治理短板的现象，一些社会矛盾和社会纠纷由此产生。二是治理目的变了，认知方式未变。如果说传统的社会治理之目的主要是管制，以此来保持安定团结，那么现代社会治理既要安定秩序，也要活力与效率，要在发展中实现积极的动态的高层次的稳定。然而，还有不少地方、部门和单位为治理而治理，为了稳定而稳定，阻碍社会流动的现象仍然突出。三是治理的主体变了，而观念滞后。以前是传统的以政府为唯一中心的治理结构，而政府不是万能的，特别是面对一个开放的动态的社会，需要发展其他的社会治理主体，形成多中心的、多主体的共同治理社会的治理结构。显然，由社会协同的自我治理和大众参与的社会自治还没有成长起来，担心管不住出问题的观念仍然大有市场。四是治理的内容变了，治理方法和思维没有及时更新。治理固然有管制调控之意，但治理的本质是服务。例如，对流动人口，对吸毒人员，对流浪儿童、服刑人员未成年子女、农村留守儿童，对有违法恶习的青少年，对民间组织、新兴社会组织，对于文化娱乐、网吧、废旧物品收购等新兴行业特种行业，对上学、医疗、就业有困难的群众，有的要以管为主，有的则要以服务为主。在很多地方和部门实行“谁主管、谁负责；谁审批、谁治理；谁登记、谁治理”。这种社会治理办法，还要进一步细化和人性化。20 多年前党和政府就非常关注“单位人”转变成“社会人”带来的社会治理问题，在这方面也采取了很多改革措施。然而，改革开放以后，城市企事业单位的性质和功能发生了重大的变化。在改变了“企业办社会”的模式之后，企事业单位在社会治理和社会服务方面的功能大大弱化。摆脱了社会治理和社会服务等“社会事务”后的企事业单位大大提高了自身运行的效率，但从其身上卸下的社会治理和社会服务等事务应该由谁来承接，如何承接，仍需要我们今后深入的研究。

五、基层民主法治化的推进方略

当前，我国城乡基层社会结构较为复杂，人民群众多元性、平等性和包容性的参与需要日益突出，迫切要求建立健全多方参与的协商机制。在基层民主法治化的推进方略过程中，党的领导是核心，应始终坚持。在基层民主自治的探索中应当始终坚持“党建引领”，把准工作方向、把好关键环节、强化组织建设，党员深入群众听民情、解民惑，确保村(居)民自治工作沿着正确的方向稳步有序推进。

开展村(居)民自治，需要村(社区)干部解放思想，冲破陈旧思维方式、工作方式的禁锢，增强新的社会条件下做好群众工作的本领。而在发扬社会主义民主、表达群众意愿、保障人民当家作主方面，社区协商民主往往也可以充分实现公众的民主权利。完善社区协商机制，扩大公众参与度，积极建言献策，可以更好地推进社会治理法治化。应当充分发挥社会主义民主政治的独特优势，在党的领导下，在社区推进协商机制建设，深入了解民意，广泛集中民智，平衡协调各方面利益关系，维护人民群众合法权益。积极推进并且畅通公民诉求表达渠道，健全完善立法协商、社会公示、决策听证、专家咨询等制度，充分调动公众参与协商的意识和热情。

(一)推进基层民主自治

完善村(社区)自治组织建设，健全以群众自治组织为主体、社会各方面广泛参与的治理体系。健全“四民主两公开”制度，完善市民公约、乡规民约、行业规章、团体章程。制定并推广符合法治精神、切合基层实际的乡规民约。建立健全村(居)民自治组织，完善村(居)民大会和村(居)民代表会议制度等工作运行机制。加强社会组织民主自治建设，健全以职工代表大会为基本形式的企事业单位民主治理制度，保障职工参与治理和监督的民主权利。全面落实“一委一居一站一办”城乡新型社区治理服务体制，逐步推行政社互动，落实社区工作准入制度，制定社区依法履职事项清单，清理和规范政府委托基层群众自治组织协助工作的事项，推进社区减负增能。健全基层议事规则和民主治理制度，推进协商民主，全面落实村(居)务公开，推进村(居)务活动规范化、民主化、法治化，让群众明白，促干部清白。各地出台的自治章程、村规民约、社区公约等自治性文件，必须符合国家法律、结合各地民情，并尽可能对权利义务的范围和执行等作出细致明确的规定，才能使之有效实施、发挥作用。推行“政社互动”，坚持党政主导，扩大群众参与;坚持以人为本,强化服务管理;坚持依法自治,发展基层民主;坚持因地制宜,实施分类指导等基本原则。着力理顺基层群众自治组织与基层政府及其职能部门的权责关系,进一步规范政府行政行为,增强社会自治功能,构建社区、社会组织和社会工作专业人才"三社联动"机制,努力实现基层政府职能转变、基层群众自治组织活力增强、居民群众广泛收益等多方共赢的局面。

推行"一村(社区)一法律顾问"制度。长期以来,由于经济文化发展水平、信息传播、传统思维习惯等原因,大部分农村尚没有形成"学法用法""依法办事"的氛围。实践中农村出现矛盾纠纷不习惯运用法律手段,这也是导致村民频繁上访的根本原因之一。因此,积极推进村(社区)法律顾问和便民服务站建设正是实现公共法律服务体系全覆盖的抓手之一。在构建覆盖城乡的公共法律服务体系中,应大力推行"一村(社区)一法律顾问"制度。通过构建村(社区)法律顾问的工作方式,采取多种形式引导律师事务所等法律服务机构,通过在基层增设机构,建立工作站、联络点等方式,以司法便民服务站为主要服务平台,推动法律服务资源下沉,将城区的法律服务资源覆盖到城乡、延伸到基层农村,为农村土地流转、集体资产转化、基础设施建设、征地搬迁、民主法治建设、农业转移人口市民化等提供专业法律服务。

加强基层社区依法治理。社区居民委员会是社区居民自治的组织者、推动者和实践者,其职责包括:宣传宪法、法律、法规和国家的政策,教育居民遵守社会公德和居民公约、依法履行应尽义务,开展多种形式的社会主义精神文明建设活动;召集社区居民会议,办理本社区居民的公共事务和公益事业;开展便民利民的社区服务活动,兴办有关服务事业,推动社区互助服务和志愿服务活动;组织居民积极参与社会治安综合治理、开展群防群治,调解民间纠纷,及时化解社区居民群众间的矛盾,促进家庭和睦、邻里和谐;治理本社区居民委员会的财产,推行居务公开;及时向人民政府或者它的派出机关反映社区居民群众的意见、要求和提出建议。

(二)推进城乡基层法律服务均等化

公共法律服务体系建设是社会治理法治化建设的重要组成部分。中共十八届四中全会《决定》明确要求"建立完备的法律服务体系"。[1] 推进县

---

〔1〕 参见《中共中央关于全面推进依法治国若干重大问题的决定》,人民出版社2014年版。

域社会治理法治化，应当建立完备的法律服务体系，为基层单位和人民群众提供便捷有效的法律服务，依法及时化解社会矛盾纠纷，维护县域社会和谐稳定。具体来说：

1. 公共法律服务体系覆盖城乡。公共法律服务体系建设是适应人民群众日益增长的法律服务需求，推动法治建设的有力抓手，是法治惠民工程的有效载体。加强县(市、区)公共法律服务中心建设，应当积极创造条件，整合现有资源，积极探索建立“一个大门进来，集中受理，分头办理，一揽子解决问题”的综合性公共法律服务平台，使其将法律服务、法治宣传、人民调解、法律援助等功能集于一体，努力实现县(市、区)司法行政管理资源和法律服务资源的高效集聚。公共法律服务体系覆盖城乡要求注重公共法律服务组织网络体系建设。公共法律服务组织网络体系建设要求各级司法行政机关通过整合法律服务资源，打造县(市、区)和乡镇(涉农街道)公共法律服务中心、社区法律服务站(点)、村法律顾问和便民服务站，设立统一的法律服务窗口，集中受理和解决群众法律服务事项，提供综合性、“一站式”服务。加强县(市、区)公共法律服务中心建设，形成覆盖城乡的公共服务站点，推进公共法律服务信息集聚、人才集聚和产品集聚，优化整合各类公共法律服务资源，为服务对象直接提供公共法律服务产品，开展多种形式公共法律服务，满足人民群众多方面的法律服务需求。

2. 将公共法律服务纳入地方经济发展规划和政府公共服务范围。这就要求县级政府按照政府主导、社会协同、专业发展、项目合作的原则，制定政策措施，鼓励、引导社会力量参与公共法律服务。落实政府责任，强化政府在公共法律服务体系建设中的组织、协调、实施和保障等作用，制订公共法律服务体系建设中、长期发展规划，明确指导思想、目标任务、工作要求、主体责任、保障机制等，为公共法律服务长期发展提供指引。公共法律服务是政府主导、司法行政部门负责，社会广泛参与的公益性社会事业，是政府公共服务的主要内容。公共法律服务的重要特征之一是由公共财政提供经费支撑。构建完善的公共法律服务体系要建立以公共财政保障为主，社会捐助资金为辅的财政和资金保障机制。公共财政应当将公共法律服务纳入政府公共服务的范畴，建立公共法律服务的专项财政资金，推动公共法律服务事业的发展；规范公共法律服务资金使用的各项制度，确保公共法律服务资金真正用在为公众提供公共法律服务；将法律服务纳入政府采购目录，既化解政府公共法律服务资源不足的问题，又为公共法律服务持久发展提供保障;建立健全公共法律服务资金使用的法律监督机制,推进公共法律服务资金使用情况的信息公开,主动接受全社会的监督。通过将公共法律服务体系建设纳入当地经济社会发展规划,真正落实公共法律服务体系建设的政府购买机制和经费保障机制。

3. 推进公共法律服务窗口建设。公共法律服务中心是司法行政服务群众的综合性实战平台和服务窗口,加快各地公共法律服务中心建设重在资源整合和要素集成。各地公共法律服务中心应当统一使用司法行政徽章、“12348”标识和宣传用语。推进公共法律服务窗口建设要重点落实县、乡两级公共法律服务窗口建设。县级公共法律服务中心应当依托司法局建立。有条件的县(市、区),可通过整体迁入的方式,将现有多个中心进驻公共法律服务中心,设置法律援助、法治宣传、法律咨询、公证、司法鉴定等接待窗口,实行一站式服务。暂不具备条件的,可在法律援助中心或公证处等群众认知度较高的处所,通过派员入驻、开设窗口等形式,集中开展对外服务工作。要注重网上网下、线上线下资源的集聚整合,通过完善机制、整合资源,加快网络服务平台建设,推动网络服务平台与实体平台有机结合,努力形成协调有力、优势互补的综合服务格局。乡级公共法律服务机构是公共法律服务的重要载体,总体来说,目前乡级公共法律服务机构服务能力不强、质量不高,是公共法律服务体系的薄弱环节。提高基层服务能力,构建基层优质公共法律服务网,是联结公共法律服务体系的重要纽带。因此,推进乡镇(涉农街道)公共法律服务中心建设,优化法律服务资源整合,形成面向群众的法律服务聚集点和枢纽,对构建覆盖城乡的公共法律服务体系意义重大。乡级公共法律服务中心,可根据实际情况设置在司法所或乡镇(街道)行政服务中心。

(三)切实改善村(居)委会设施建设

加强工作用房和村居民公益性服务设施建设。新建住宅小区和旧城区连片改造居民区的建设单位应当按照国家有关标准要求,将公共服务设施配套建设纳入建设工程规划设计方案。工程的设计、施工及验收使用,应广泛征求村(居)民及所在地乡镇(街道办事处)的意见。老城区和已建成居住区没有村(居)民委员会工作用房和居民公益性服务设施的或者不能满足需要的,建议由区(县、市)人民政府负责建设,也可以从其他社区设施中调剂置换,或者以购买、租借等方式解决,所需资金由地方各级人民政府统筹解决。积极推动村(居)综合服务设施建设,提倡“一室多用”,提高使用效益。积极推进信息化建设。整合村(居)现有信息网络资源,鼓励建立覆盖区(县、市)或更大范围的社区综合信息治理和服务平台,实现数据一次收集、资源多方共享。整合面向村居民群众、驻区单位服务的内容和流程,建设集行政治理、社会事务、便民服务为一体的村(居)信息服务网络,逐步改善村(居)委会信息技术装备条件,提高村(居)居民信息技术运用能力,全面支撑村(居)治理和服务工作。积极推进村(居)委会内部治理电子化,减轻工作负担,提高工作效率。

不断健全城市社区居民委员会工作体系。社区居民委员会的设置应充分考虑公共服务资源配置和人口规模、治理幅度等因素,按照便于治理、便于服务、便于居民自治的原则确定管辖范围,加快社区居民委员会组织全覆盖。加快城乡结合部、城中村、工矿企业所在地、新建住宅区、流动人口聚居地的社区居民委员会组建等方面的工作。健全社区居民委员会下属的委员会。调整充实社区居民委员会下属的委员会设置,建立有效承接社区治理和服务的人民调解、治安保卫、公共卫生、计划生育、群众文化等各类下属的委员会,切实增强社区居民委员会组织居民开展自治活动和协助城市基层人民政府或者其派出机关加强社会治理、提供公共服务的能力。规范社区居民委员会专业服务机构。为更好地完成社区治理和服务任务,辖区人口较多、社区治理和服务任务较重的社区居民委员会,根据工作需要可建立社区服务站(或称社区工作站、社会工作站)等专业服务机构。

(四)营造良好的法治氛围

努力提高法治的社会影响力,进一步加大宣传力度,积极开展特色突出、契合社情民意的宣传教育活动,大力宣传基层治理法治化建设中的先进典型,深入开展法律进机关、进乡村、进社区、进学校、进企业、进单位活动,努力培育公民的法治意识和法治信仰。落实"谁执法、谁普法"责任制,建立法官、检察官、警察、律师等以案释法制度,引导群众自觉守法、遇事找法、解决问题靠法。充分利用各类"中心、展馆、公园、广场、街区、长廊"等场所建立法治文化阵地宣传法治文化、弘扬法治精神。群众性法治文化活动定期开展并形成制度,乡镇(街道)、村(居)普遍建立法治文化设施(阵地)。强化社会公众诚信教育,营造诚信光荣、失信可耻的社会氛围。

(五)大力打造基层村(居)工作队伍

辖区人口较多、治理和服务任务较重的村(居)委会适当增加若干工作人员。鼓励党政机关和企事业单位优秀年轻干部到村(居)委会帮助工作或建立经常性联系制度，鼓励高校毕业生、复转军人等社会优秀人才到村（社区）担任专职工作人员。鼓励党政机关、企事业单位在职或退休党员干部、社会知名人士以及社区专职工作人员参与社区居民委员会选举，经过民主选举担任社区居民委员会成员。加强对社区居民委员会工作人员的教育培训。根据经济社会发展和社区工作的需要，制订培训规划，丰富培训内容，改进培训方式，提高培训效果。城市基层人民政府或者其派出机关每年至少对社区居民委员会主任培训一次，其他成员每两年至少接受培训一次。组织社区居民委员会成员和社区专职工作人员深入学习中国特色社会主义理论体系，学习党的路线方针政策和国家法律法规，学习社会工作知识，增强他们坚持党的领导的信念，牢固树立爱岗敬业、乐于奉献、一心为民的精神，努力掌握在新的历史条件下做好群众工作的方法和本领，不断提高服务群众和依法办事的能力和水平。鼓励社区居民委员会成员和社区专职工作人员立足岗位，自学成才，支持他们参加社会工作等各种职业资格考试和学历教育考试，不断提高综合素质。

（六）深化基层依法治理载体建设

规范法治乡镇（街道）创建工作，定期表彰省级法治乡镇（街道）创建先进单位，整体提升乡镇（街道）法治建设水平。坚持开展“民主法治示范村（社区）”“和谐村（社区）”“诚信守法企业”等创建活动，不断增强基层民主法治创建的引领和带动作用。加强对平时工作的督促检查和指导，积极探索适合当地实际的基层治理法治化建设工作新思路新举措。注重发现和培养不同层次、不同种类的先进典型，及时总结推广基层法治实践的先进理念、创新思路和成功经验。将平时督查与年度考核结合起来，真实客观的反映基层治理法治化建设工作绩效。

（七）加强对基层组织的领导力度

逐步理顺村（居）委会与相关组织的工作关系。自觉接受党组织的领导。党组织是村（社区）各类组织和各项工作的领导核心。村（居）委会应自觉接受村（居）党组织的领导，积极推进村（社区）党组织建设，为社会主义新农村以及和谐社区建设提供坚强组织保证。健全村（社区）党组织领导村（居）委会开展工作的相关制度，确保党的路线方针政策和各项工作得到贯彻落实。

建立健全社区党组织、社区居民委员会、业主委员会和物业服务企业协调机制，及时协调解决物业服务纠纷，维护各方合法权益。进一步推行社区志愿者注册制度,健全社区志愿服务网络。充分发挥业主大会和业主委员会在社区治理和服务中的作用。推动社区居民委员会积极支持物业服务企业开展多种形式的社区服务,业主委员会和物业服务企业主动接受社区居民委员会的指导和监督。召开业主大会、业主委员会会议应当告知所在社区居民委员会,并听取其意见。强化驻区单位的社区建设责任。建立社区党组织、社区居民委员会、驻区单位联席会议制度,定期研究资源共享、社区共建事项。积极推动驻区单位将文化、教育、体育等活动设施向社区居民开放。推动驻区单位将服务性、公益性、社会性事业逐步向社区开放,为社区居民委员会提供人力、物力、财力支持。探索建立驻区单位社区建设责任评价体系,推动共驻共建、资源共享。把驻区单位履行社区建设责任的情况纳入和谐社区示范单位创建内容,有关部门在评先表优时主动听取社区居民委员会对驻区单位的意见。

六、小结

随着社会主义市场经济体制的建立和发展,我国已经逐步形成了一种竞争、开放、和充满个体创新活力的生产、生活方式。中国现实社会状况表明,社会主义市场经济体制的确立和完善,以及基层单位的蓬勃发展,为我们进行基层的社会主义政治建设开辟了广阔的前景。基层法治建设的实质就是要使基层单位的人民群众直接参与、依法管理自己的事情,创造自己的幸福生活。法治是社会主义民主的基本保障,坚持和完善人民民主专政的国体,坚持和完善人民代表大会的政体,保障人民当家作主的地位,保障公民享有广泛的权利,都离不开社会主义法治。社会主义法治又是社会主义民主的法律化、制度化。没有社会主义民主,就没有社会主义的法治。

当前,我国正处于全面深化改革的关键时期。自改革开放以来,我国基层法治建设取得了显著成就,基层治理法律法规体系基本形成,执法体系已建立,基层依法治理工作不断深入推进,全民学法、知法、守法、用法氛围日益浓厚。基层法治建设既包括法律制度贯彻执行和落实,又包括实践探索、经验总结和能力提升。以基层法治建设推进法治中国建设,既能加强法律的执行力,又有助于促进地方创新和开展法治实践。各级基层领导干部应强化法治思维,要增强法治意识,坚持群众路线,坚持实践观点,注意提升依法办事能力,注重地方良好法治环境的营造。唯有如此,才能真正激发基层法治的活力和生机,加快法治中国建设进程,为中华民族伟大复兴中国梦的实现提供坚实有力的法治保障。

近年来各地高度重视基层法治建设工作，在深化系列法治创建活动、创新法治惠民工作机制、加强基层公共法律服务载体建设等方面探索了许多新举措、新办法。法治乡镇（街道）、民主法治示范村（社区）等指标成为县域法治创建体系重要组成部分，尤其是通过整合基层服务平台，建立了一大批镇（街道）法治惠民服务中心、法律服务中心，有效提升了人民群众参与法治、支持法治的积极性。这些延伸到基层的法治服务平台，丰富了基层法治实践，增强了县域法治建设活力，为县域法治建设积累了宝贵经验。加强基层法治建设是推进基层民主政治建设客观需要，同时也是全面深化城乡基层改革的重要保障。维护国家法治统一和宪法法律权威，以法律的有效实施和群众合法诉求的有效解决为基准，加强基层法治建设，营造法治氛围，让群众树立法治意识，依法参与到基层民主政治建设中来，不断强化基层群众自治组织，依法规范议事制度，推行基层民主，有助于进一步提高全体社会成员学法、尊法、守法、用法的自觉性。坚持执法为民、坚守法治、秉公执法、公开公正，规范和完善行政执法、司法体制机制，提高队伍素质，全面提高基层司法机关公正履职能力，可以有效提高基层群众依法治理社会事务、经济文化事务和自身事务的能力。

参考文献

一、经典文献

1.《马克思恩格斯全集》(第3卷),人民出版社1998年版。

2.《马克思恩格斯选集》(第1卷),人民出版社2012年版。

3.《邓小平文选》(第2卷),人民出版社1994年版。

4.《邓小平文选》(第3卷),人民出版社1994年版。

5.胡锦涛:《坚定不移沿着中国特色社会主义道路前进为全面建成小康社会而奋斗:在中国共产党第十八次全国代表大会上的报告》,人民出版社2012版。

6.《习近平谈治国理政》,外文出版社2014年版。

7.习近平:《关于〈中共中央关于全面推进依法治国若干重大问题的决定〉的说明》,载《中国共产党第十八届中央委员会第四次全体会议文件汇编》,人民出版社2014年版。

8.《习近平关于协调推进"四个全面"战略布局论述摘编》,中央文献出版社2015年版。

9.习近平:《加快建设社会主义法治国家》,载《求是》2015年第1期。

10.《习近平关于全面依法治国论述摘编》,中央文献出版社2015年版。

11.《习近平关于协调推进"四个全面"战略布局论

述摘编》,中央文献出版社 2015 年版。

12. 习近平:《在首都各界纪念现行宪法颁布施行 30 周年大会上的讲话》,人民出版社 2012 年版。

13. 习近平:《关于〈中共中央关于全面推进依法治国若干重大问题的决定〉的说明》,载《十八大以来重要文献选编》(中),中央文献出版社 2016 年版。

14. 习近平:《培养造就一支高素质县委书记队伍》,载中华网:http://3g.china.com/act/945_20289842.html,最后访问日期:2017 年 5 月 10 日。

15. 习近平:《在庆祝中国共产党成立 95 周年大会上的讲话》,人民出版社 2016 年版。

二、中央文献

1.《中国共产党第十八次全国代表大会文件汇编》,人民出版社 2012 年版。

2.《中共中央关于全面深化改革若干重大问题的决定》,人民出版社 2013 年版。

3.《中共中央关于全面推进依法治国若干重大问题的决定》,人民出版社 2014 年版。

4.《中共中央关于制定国民经济和社会发展第十三个五年规划的建议》,人民出版社 2015 年版。

5.《十八大以来重要文献选编》(中),中央文献出版社 2016 年版。

6.《中共中央关于制定国民经济和社会发展第十三个五年规划的建议》,人民出版社 2015 年版。

7.《中共中央国务院关于完善产权保护制度依法保护产权的意见》,载《中华人民共和国国务院公报》2016 年第 34 号。

8.《中共中央关于制定国民经济和社会发展第十三个五年规划的建议》,人民出版社 2015 年版。

三、专著

1. 张培田主编:《新中国法制研究史料通鉴》(第 1 卷),中国政法大学出版社 2003 年版。

2. 程燎原:《从法制到法治》,法律出版社 1999 年版。

3. 程臻宇:《中国地方政府竞争研究》,山东大学出版社 2011 年版。

4. 陈广胜:《走向善治:中国地方政府的模式创新》,浙江大学出版社 2008 年版。

5. 冯兴元:《地方政府竞争——理论范式、分析框架与实证研究》,译林出版社 2010 年版。

6.《调查法权委员会报告书》,法律评论社 1993 年版。

7. 韩玉林主编:《中国法制史通史》(第 6 卷),法律出版社 1999 年版。

8. 何朝晖:《明代县政研究》,北京大学出版社 2006 年版。

9. 何显明:《市场化进程中的地方政府行为逻辑》,人民出版社 2008 年版。

10. 梁治平主编:《法律的文化解释》,生活 · 读书 · 新知三联书店 1994 年版。

11. 梁漱溟:《梁漱溟全集》(第 4 卷),山东人民出版社 1991 年版。

12. 刘亚平:《当代中国地方政府间竞争》,社会科学文献出版社 2007 年版。

13. 刘莘主编:《区域法治化评价体系与标准研究》,中国政法大学出版社 2013 年版。

14. 龙宗智:《检察制度教程》,中国人民检察出版社 2006 年版。

15. 李侃如:《治理中国——从革命到改革》,中国社会科学出版社 2010 年版。

16. 那思陆:《清代州县衙门审判制度》,中国政法大学出版社 2006 年版。

17. 石佑启、朱最新主编:《地方立法学》,广东教育出版社 2015 年版。

18. 孙亚忠:《政府竞争论》,南京大学出版社 2011 年版。

19. 孙伯英:《当代地方治理——面向 21 世纪的挑战》,中国人民大学出版社 2004 年版。

20. 苏力:《法治及其本土资源》,中国政法大学出版社 2004 年版。

21. 萧一山:《清代通史》(一),中华书局 1986 年版。

22. 谢振民:《中华民国立法史》(下),中国政法大学出版社 2000 年版。

23. 谢庆奎:《中国东方政府体制概论》,浙江人民出版社 1998 年版。

24. 唐丽萍:《中国地方政府竞争中的地方治理研究》,上海人民出版社 2010 年版。

25. 王建学编:《近代中国地方自治法重述》,法律出版社 2011 年版。
26. 俞可平主编:《治理与善治》,社会科学文献出版社 2000 年版。
27. 张文显:《法治与法治国家》,法律出版社 2011 年版。
28. 郑永年:《中国模式:经验与困局》,浙江人民出版社 2010 年版。
29. 卓泽渊:《法治国家论》,中国方正出版社 2001 年版。
30. 朱观:《县司法法令判解汇编》,中正书局 1942 年版。
31. 中共中央组织部干部一局编:《干部综合考核评价工作指导》,党建读物出版社 2006 年版。

四、译著

1. [德]柯武刚、史漫飞著:《制度经济学——社会秩序与公共政策》,韩朝华译,商务印书馆 2004 年版。
2. [德]鲁茨欧:《德国政府与政治》,熊炜、王健译,北京大学出版社 2010 年版。
3. [古希腊]亚里士多德:《政治学》,吴寿彭译,商务印书馆 1983 年版。
4. [古罗马]西塞罗:《论共和论法律》,王焕生译,中国政法大学出版社 1997 年版。
5. [英]戴西:《英宪精义》,雷宾南译,中国法制出版社 2001 年版。
6. [美]E. 博登海默:《法理学——法哲学及其方法》,邓正来、姬敬武译,华夏出版社 1987 年版。
7. [美]罗斯科 · 庞德著:《通过法律的社会控制》,沈宗灵、董世忠译,商务印书馆 1984 年版。
8. [美]费正清、费维恺编:《剑桥中华民国史》(下卷),刘敬昆等译,中国社会科学出版社 1994 年版。
9. [美]邓恩:《姊妹革命　美国革命与法国革命启示录》,杨小刚译,上海文艺出版社 2003 年版。
10. [新]郑永年:《中国的"行为联邦制":中央—地方关系的变革与动力》,邱道隆译,东方出版社 2013 年版。

五、论文

1. 柏必成:《论我国地方政府竞争激励机制的优化》,载《中共郑州市委党校学报》2011 年第 6 期。

2. 陈家喜、汪永成:《政绩驱动:地方政府创新的动力分析》,载《政治学研究》2013 年第 4 期。

3. 陈耀:《新理念下的城乡协调与县域经济发展》,载《玉林师范学院》2016 第 6 期。

4. 陈翠玉:《回顾与反思:建国初期的土地改革人民法庭——兼谈对当下司法建设的启示意义》,载《兰州学刊》2010 年第 5 期。

5. 程建:《论单行条例——从内蒙古自治区单行条例立法现存问题谈起》,载《内蒙古大学学报》(人文社会科学版)2002 年第 6 期。

6. 范红霞、戴素萍:《简论清末地方自治与地方行政体制近代化》,载《兰州学刊》2005 年第 3 期。

7. 冯飞飞:《民族区域自治地方单行条例立法:分析与展望——基于广西壮族自治区自治县单行条例的文本解读》,载《人民论坛》2016 年第 17 期。

8. 封丽霞:《法治视角下的社会稳定》,载《中国党政干部论坛》2011 年第 4 期。

9. 傅娟:《从"放权"的角度看省管县和市管县的一脉相承》,载《管理观察》2014 年第 7 期。

10. 高军:《维稳陷阱及其破解之道》,载《理论导刊》2011 年第 11 期。

11. 贺卫方:《走向具体法治》,载《现代法学》2002 年第 1 期。

12. 胡健:《"瓮安事件"的细节反思》,载《人大建设》2008 年第 9 期。

13. 胡尚元:《建国初司法重建探析》,载《安徽史学》2012 年第 6 期。

14. 黄文艺:《认真对待地方法治》,载《法学研究》2012 年第 6 期。

15. 黄东兰:《清末地方自治制度的推行与地方社会的反应——川沙"自治风潮"的个案研究》,载《开放时代》2002 年第 3 期。

16. 蒋秋明:《民国政府基层司法建设论述》,载《学海》2006 年第 6 期。

17. 金玉:《构建诚信社会的法治思考》,载《经济视角》(中旬)2012 年第 14 期。

18. 寇大伟:《我国城市化发展及其对府际关系的影响》,载《城市观察》2013 年第 12 期。

19. 梁润:《论我国政府职能的转变——以政府行政手段的转变为研究视角》,载《天水行政学院学报》2009 年第 1 期。

20. 李海亮、任进:《中央与地方政府机构调整及其依法规范》,载《广东行政学院学报》2009 年第 2 期。

21. 刘昕杰:《政治选择与实践回应:民国县级行政兼理司法制度述评》,载《西南民族大学学报》(人文社会科学版)2009 年第 4 期。

22. 刘朋:《1949 ~ 1956 年新中国的立法创制与制度立国》,载《理论月刊》2014 年第 8 期。

23. 陆凯阳:《县政决策过程中的若干关系与决策形成》,载《统计与决策》2001 年第 1 期。

24. 龙长安:《清末地方自治与民权保障》,载《电子科技大学学报》(社会科学版)2007 年第 2 期。

25. 罗志强:《健全县委书记权力监督机制的思考》,载《党政干部论坛》2013 年第 10 期。

26. 倪斐:《地方先行法治化的基本路径及其法理限度》,载《法学研究》2013 年第 5 期。

27. 倪星:《反思中国政府绩效评估实践》,载《中山大学学报》(社会科学版)2008 年第 3 期。

28. 史艳萍:《贵州省开发区信息化发展问题研究》,载《贵州商业高等专科学校学报》2015 年第 6 期。

29. 孙文恺:《"法治经济"的理论解读》,载《江海学刊》2016 年第 1 期。

30. 王红茹、张俊才、张一彪等:《"省管县":地方权利再分配》,《中国经济周刊》2007 年第 6 期。

31. 文正邦:《法治中国视阈下的区域法治研究论要》,载《东方法学》2014 年第 5 期。

32. 魏娜:《我国城市社区治理模式发展演变与制度创新》,载《中国人民大学学报》2013 年第 1 期。

33. 吴永明:《清末民初的地方自治述论》,载《江西社会科学》2001 年第 3 期。

34. 徐祖澜:《依法治国的微观求证与实践探索——县域法治在地方法治体系中的价值》,载《兰州学刊》2015 年第 10 期。

35. 徐凯:《公共安全账单》,载《财经》2011 年第 11 期。

36. 徐显明:《论法治构成要件——兼及法治的某些原则及观念》,载《法学研究》1996 年第 3 期。

37. 徐建平:《清末天津县地方自治的社会学考察》,载《河北青年管理干部学院学报》2006 年第 4 期。

38. 许小成:《浅谈社区治理法治化》,载《改革与开放》2015 年第 4 期。

39. 袁明圣:《宪法架构下的地方政府》,载《行政法学研究》2011 年第 1 期。

40. 叶卫平:《经济全球化与经济区域化》,载《中国人民大学学报》2001 年第 4 期。

41. 于访勤:《单行条例质量差原因探析——以〈××省××自治县草原条例〉为例》,载《云南大学学报》(法学版)2016 年第 4 期。

42. 杨小云:《论我国中央与地方关系的改革》,载《政治学研究》1997 年第 3 期。

43. 尹洪阳、杨玉圣:《县域法治论纲》,载《中国政法大学学报》2013 年第 6 期。

44. 郑莹:《论人大作用发挥的现实困境及其解决途径——以城市房屋征收为视角》,载《科学社会主义》2014 年第 3 期。

45. 张文显:《法治中国在砥砺中前行——张文显教授访谈录》,载《南京社会科学》2013 年第 3 期。

46. 张彪、周叶中:《区域法治还是区域法制?——兼与公丕祥教授讨论》,载《南京师范大学学报》(社会科学版)2015 年第 4 期。

47. 周尚君:《地方法治试验的动力机制与制度前景》,载《法学研究》2014 年第 2 期。

48. 周业安:《地方政府竞争与经济增长》,载《中国人民大学学报》2003 年第 1 期。

六、报纸

1. 何可:《郑州废止红头文件 10400 件》,载《河南日报》2008 年 12 月 18 日。

2. 何增科:《从社会管理走向社会治理和社会善治》,载《学习时报》2014 年 1 月 28 日。

3. 罗星汉、李坤、王其伦:《凤冈"党群直议制"聚民心促发展》,载《贵州日报》2013 年 7 月 10 日。

4. 苏卫严:《努力开创法治苏州建设新局面》,载《光明日报》2015 年 9 月 27 日。

5. 万静:《1.6 万件价格管制红头文件已被废止》,载《法制日报》2016 年 12 月 8 日。

6. 吴晓颖:《四川废止五万余件“红头文件”》,载《中国改革报》2009 年 7 月 10 日。

7. 王洒、陈富强:《村民小组“变身”议事小组》,载《贵州日报》2014 年 3 月 6 日。

8. 谢斌:《武汉清退 5 万件红头文件》,载《湖北日报》2009 年 11 月 19 日。

9. 杨明奇、赵勇:《全社会尚法就是核心竞争力》,载《江苏法制报》2015 年 12 月 1 日。

10. 周佑勇:《抓法治,就是抓经济发展》,载《新华日报》2015 年 6 月 26 日。

后　记

本书旨在深入探讨在中共十八大以来全面依法治国背景下，当代中国县域法治发展的理论基础和现实路径。通过对县域法治发展历史进程的梳理，展现了不同历史时期县域法治发展状况，系统研究了中国县域法治发展的法理基础、制度依据和动力机制，重点探讨了中共十八大以来县域法治的新进展、面临的挑战和当代中国县域法治建设的重点，围绕县域的依法施政、依法行政、保障县域经济发展、保护公民合法权利、弘扬社会主义法治文化及县域法治的社会治理法治化和基层民主法治建设等方面逐步展开。

本书是集体智慧的结晶，参与撰写的各位作者分工如下（按写作章节为序）：

前　言　公丕祥
综　述　公丕祥
导　言　王彦强
第一章　倪　斐　刘　旭
第二章　王彦强　骆天纬
第三章　任国平　张　威　张启兵
第四章　范沁芳　柏佳春
第五章　任国平　唐　宁　张启兵
第六章　范沁芳　刘　昱

本书书稿由朱华仁、沈国新、倪斐审校修改定稿，倪斐负责具体的技术辅助工作。中国法治现代化研究院学术委员会主任、江苏省社会科学院院长、党委书记夏锦文教授和“全面依法治国的新时代”六卷本的各卷主编、副主编以及中国法治现代化研究院办公室的有关老师参加了本系列研究著作书稿的统稿会议,提出了宝贵的修改意见和建议。在本书的写作出版过程中,得到了中共江苏省委宣传部、江苏省哲学社会科学规划办公室、江苏省依法治省领导小组办公室、南京师范大学人文社会科学研究院和南京师范大学法学院的大力支持,得到了法律出版社黄闽社长、张雪纯总监、王扬编辑的热忱关照支持。在此,谨一并致以诚挚的感谢!

作　者

2017 年 6 月于南京

图书在版编目(CIP)数据

当代中国的县域法治发展 / 朱华仁主编. --北京:法律出版社,2017
ISBN 978-7-5197-1617-2

Ⅰ.①当… Ⅱ.①朱… Ⅲ.①县-法治-研究-中国
Ⅳ.①D920.4

中国版本图书馆CIP数据核字(2017)第278064号

当代中国的县域法治发展
DANGDAI ZHONGGUO DE XIANYU FAZHI FAZHAN

朱华仁 主编

策划编辑 王 扬
责任编辑 王 扬
装帧设计 乔智炜

出版 法律出版社
总发行 中国法律图书有限公司
经销 新华书店
印刷 北京京华虎彩印刷有限公司
责任校对 王晓萍
责任印制 张建伟

编辑统筹 独立项目策划部
开本 720毫米×960毫米 1/16
印张 17
字数 204千
版本 2017年11月第1版
印次 2017年11月第1次印刷

法律出版社/北京市丰台区莲花池西里7号(100073)
网址/www.lawpress.com.cn
投稿邮箱/info@lawpress.com.cn
举报维权邮箱/jbwq@lawpress.com.cn
销售热线/010-63939792
咨询电话/010-63939796

中国法律图书有限公司/北京市丰台区莲花池西里7号(100073)
全国各地中法图分、子公司销售电话:
统一销售客服/400-660-6393
第一法律书店/010-63939781/9782
西安分公司/029-85330678
重庆分公司/023-67453036
上海分公司/021-62071639/1636
深圳分公司/0755-83072995

书号:ISBN 978-7-5197-1617-2
定价:42.00元
(如有缺页或倒装,中国法律图书有限公司负责退换)